Education Support and Team Approach

教育支援と
チーム
アプローチ

社会と協働する
学校と子ども支援

松田恵示・大澤克美・加瀬 進 編
Keiji Matsuda, Katsumi Osawa, & Susumu Kase

書肆クラルテ

はじめに

　近年、教育（学校）における連携・協働が大きなトレンドになりつつある。本書は、「教育支援」という形で広がるそうした連携・協働のあり方と、そのときに教員や教育支援職に求められる「チームアプローチ」のあり方について考えようとするものである。

　2015年12月に、中央教育審議会から、今後の教育のあり方を変革することを促す答申が示された。「新しい時代の教育や地方創生の実現に向けた学校と地域の連携・協働の在り方と今後の推進方策について」「チームとしての学校の在り方と今後の改善方策について」「これからの学校教育を担う教員の資質能力の向上について —— 学び合い、高め合う教員養成コミュニティの構築に向けて ——」の3つである。また2016年1月には、答申内容をさらに推進するために、「次世代の学校・地域創生プラン —— 学校と地域の一体改革による地域創生 ——」が示されている。

　「チーム学校」や「地域学校協働本部」といった言葉に代表されるこれらの教育施策には、子どもや家庭を取り巻く現代的な環境の変化、教育課題の複雑化・困難化・多様化等々の問題、またそれらに伴う教師の多忙化、さらには21世紀型の新しい能力や資質の育成に求められる子どもの学びの「量と質」の改革といった問題が、その背景にあることがよく指摘されている。また、こうしたネットワーク型の教育システムへの志向は、多くの国でもすでに進んでいる。たとえば、イギリスにおける「拡大学校」の事例や、アメリカにおける「フルサービス・コミュニティースクール」の事例などは、比較的日本でもよく知られている。これらは、教育を取り巻く環境が一様に変化していることを現しているとともに、学校を中心とした教育制度の構造的な変化が進んでいることを示すものでもあろう。こうした変化の内には、もちろん、教育と福祉の連携・協働が進んでいる現実も、大きなトピックとしてあげられる。現代社会に共通する、格差の拡大や社会的絆の瓦解といった社会問題を抱える中で、「こどもを護り育てること」を支える社会の仕組みづくりが、あらたに問われているということでもあろう。

本書では、このように連携・協働をキーワードとして進められようとしている教育（学校）の新しい姿について、特に教育支援職や教職のあり方に焦点を絞りつつ、今後このような動きの中で中心的なプレーヤーとなるであろう、学生、現職教員、行政関係者、関連領域に携わる研究者を対象に、広く問題の枠組みや内容を提起することをねらいとしてまとめられている。この意味では、この種の活動や領域における初めての入門書として読まれることを願うところである。

　本書では、まず、序章で「教育支援」という概念が定義された後、「Ⅰ　学校と協働する社会と教育支援」で、学校が社会と連携・協働して変革を進めるいくつかの側面とそこに横たわる課題が、6つの章にまとめられている。続いて「Ⅱ　学校と協働する子ども支援専門領域と教育支援」では、心と身体の健康支援や、社会・生活福祉と学校が連携・協働して、子どもを支えることの意義が4つの章でまとめられている。さらに「Ⅲ　学校と協働する社会教育と教育支援」では、社会教育と学校教育の連携・協働が広がる様子や、それを支える理念、また、地域においても広がる実践の具体例などが3つの章で検討、紹介されている。

　「Ⅳ　教育支援による学校教育の広がり」では、スウェーデンとイギリスを対象とした現地調査に基づく教育支援やそのネットワーク体制の検討がグローバルな視点からまとめられており、加えて、日本の学校における、体育と理科を事例として取り上げた、より個別な教科学習への展開のあり方が各々2つの章にまとめられている。関連してこのような教育支援について考えるための、基礎的な調査研究として、アメリカでの調査報告の分析と、質と量、教員と教員支援職の両面での調査研究が「Ⅴ　教育支援をめぐる調査と研究」でまとめられている。そして最後に「Ⅵ　教育支援を支える大学での『学び』」では、このような教育変革を支える人材養成に関して、大学での事例を紹介しながら、今後の大学の外部と連携・協働した大学カリキュラムのあり方や教育現場での研修につながる人材養成のあり方などについて、7つの章で論じている。

　また、そもそも本書は、北海道教育大学、愛知教育大学、東京学芸大学、大阪教育大学の4つの比較的規模の大きい国立教員養成系単科大学が、教員養成の諸課題に対応する機構を共同設置し、全国の教員養成系大学・学部との交流の拠点を担うことをめざした「大学間連携による教員養成の高度化支援システムの構築」（通称「HATOプロジェクト」〈各大学の頭文字〉）の取組の成果の一部を活用したものである。

プロジェクト報告書のひとつとして 2015 年度にまとめられた「教育支援とチームアプローチ —— 協働する学校と子ども支援 ——（教育支援人材養成プロジェクト・テキスト用報告書）」を活用し、報告書に寄せられた意見やその後の検討などを踏まえつつ、それをリライトしたものが本書である。このために、各章ごとの記載は省いているが、本書の内容は、先の報告書を転載、修正、加筆したものとなっている。

　このような経緯から、本書が、国公私立の多くの教員養成系大学・学部や教育行政、学校、地域の現場で活用されることを期待している。新しい教育者養成のための、研究、教育の一助を担うものになれば幸いである。

2016 年 7 月

松田恵示、大澤克美、加瀬　進

目　次

はじめに　iii

序　章　教育支援とは何か　── 教育支援の概念 ──　………　松田恵示　1

Ⅰ　社会と協働する学校と教育支援

第1章　学校教育と教育支援　………………………………　木原俊行　16

第2章　教育支援と教育課題
　　　　── 社会に開かれた学びと学校 ──　……………………　松浦　執　28

第3章　社会課題と教育支援
　　　　── 各種調査のデータから ──　……………………　杉森伸吉　37

第4章　チームアプローチの可能性を
　　　　切り拓く教育の意識転換　……………………　大澤克美　45

第5章　「チーム」と複眼的思考
　　　　── チームアプローチ力とは何かについて考えるために ──
　　　　………………………………………………………　松田恵示　55

第6章　学校教育の支援　── 支援者の立ち位置 ──　…………　鈴木　聡　66

Ⅱ　学校と協働する子ども支援専門領域と教育支援

第1章　教育を環境として保障することを支援する
　　　　── 心理的側面 ──　………………………………　松尾直博　78

第2章 「わかった・できた・たのしいね！」
　　　── 子ども理解と環境調整のエッセンス ── ………… 加瀬　進　89

第3章 教育支援と健康支援のつながりをふまえた
　　　包括的支援に向けて ………………………………… 朝倉隆司　101

第4章 福祉教育による教育実践と福祉実践の邂逅をめざして
　　　………………………………………………………… 新崎国広　111

Ⅲ　学校と協働する社会教育と教育支援

第1章 「学び合い」「育ち合い」を大切にする教育支援人材育成と学校支援
　　　── 小学校・美術館・教員養成大学の連携 ── ……… 君塚仁彦　122

第2章 社会教育と学校との連携
　　　── 東京都における公民館・図書館・博物館を中心に ──
　　　………………………………………………………… 倉持伸江　132

第3章 自然体験学習におけるチームアプローチの実現
　　　── 地域における教育支援 ── ……………………… 中西　史　140

Ⅳ　教育支援による学校教育の広がり

第1章 スウェーデンにおける「ワークチーム」と「チームワーク」
　　　── 子どもを支える多職種連携の基盤と機能 ── ……… 加瀬　進　152

第2章 イギリスにおける「拡大学校」の事例 ………… 田嶌大樹　160

第3章 チームで創る体育授業 ………………………… 鈴木直樹　170

第4章 地学における学校教育支援について ………… 藤本光一郎　178

V　教育支援をめぐる調査と研究

第1章　真正の授業を支える教師の専門職共同体と地域共同体との連携
　　　── 米国の学校改革に関する調査研究から見えるもの ──
　　　…………………………………………………………… 渡部竜也　186

第2章　学校教員の職能意識と教育支援
　　　── 学校教員調査 ── ………………………………… 鈴木秀人　200

第3章　教育支援人材の現状
　　　── 教育委員会調査の分析より ── ………………… 腰越　滋　207

VI　教育支援を支える大学での「学び」

第1章　さまざまな職種がチームとして子どもたちを支えるために
　　　…………………………………………………………… 佐藤由佳利　222

第2章　学校インターンシップの可能性と課題 ………… 木原俊行　233

第3章　教員養成教育におけるサービスラーニングの意義
　　　…………………………………………………………… 新崎国広　241

第4章　心理と福祉と教育の協働をめざして
　　　……………………………………………… 下村美刈・岩満賢次　253

第5章　「(仮称) 教育支援人材論」プロトタイプの開発
　　　──〈多職種連携教育〉ワークショップの試みから──
　　　…………………………………………………………… 加瀬　進　259

第 6 章　学生の学外活動への参加から考えるチームアプローチの
　　　　力量形成の可能性 ……………………………………… 松尾直博　267

第 7 章　学校外におけるフィールド体験の意義
　　　　――「多様なフィールド実習」を通して ―― ………… 中山弘之　274

おわりに ……………………………………………………………………　278

執筆者紹介 …………………………………………………………………　279

序章　教育支援とは何か
―― 教育支援の概念 ――

松田恵示

1. はじめに

　「連携」や「協働」という言葉が、近年の教育をめぐっては、盛んに取り上げられるようになった。もちろん、教育においては、これまでもたとえば複数の教師がチームを組んで弾力的に指導にあたる「ティームティーチング（team teaching）」や、子どもたちがグループを組んで学習を行う「グループ学習（group study）」など、人と人との「つながり」を活かした取組が行われてきた。それに対して、近年の教育をめぐって「連携」や「協働」という言葉がよく使われるのは、「学校」と「地域」や、「教職」と「他の専門職」など、学校内部と学校外部の「つながり」を強調するためのものであることが特徴である。特にこうした傾向は、教育政策においてより顕著である。

　平成 27 年 12 月に、「新しい時代の教育や地方創生の実現に向けた学校と地域の連携・協働の在り方と今後の推進方策について」「チームとしての学校の在り方と今後の改善方策について」「これからの学校教育を担う教員の資質能力の向上について～学び合い、高め合う教員養成コミュニティの構築に向けて～」と題された 3 つの中央教育審議会答申がとりまとめられている。これらは、次世代を担う教育の基本的な方向として、学校と社会が一体となって教育が進められるように、地域と学校の関係や学校のあり方、さらにはこのような取組を進めるための教員のあり方について検討されたものである。また、この 3 つの答申内容を具体的に進めるために策定された「『次世代の学校・地域』創生プラン」（平成 28 年 1 月）では、次のようにその趣旨が述べられている。

> 文部科学省は、一億総活躍社会の実現と地方創生の推進には、学校と地域が相互にかかわり合い、学校を核として地域社会が活性化していくことが必要不可欠であるとの考えの下、上記三答申の内容を実現するため、学校・地域それぞれの視点に立ち、「次世代の学校・地域」両者一体となった体系的な取組を進めていく。
> その際、学校にかかる観点からは、「社会に開かれた教育課程」の実現や学校の指導体制の質・量両面での充実、「地域とともにある学校」への転換という方向を、地域にかかる観点からは、次代の郷土をつくる人材の育成、学校を核としたまちづくり、地域で家庭を支援し子育てできる環境づくり、学び合いを通じた社会的包摂という方向を目指して取組を進める。
> （文部科学省、「次世代の学校・地域」創生プラン〜学校と地域の一体改革による地域創生〜、2016）

連携と協働をキーワードに、つながりの中で子どもたちを社会全体で育てるとともに、地域の側も新たに再構築しようとする姿勢がここでは示されている。また、このような教育政策に連動する形で、「チーム学校」「地域学校協働本部」「訪問型家庭教育支援」といった具体的な施策も進み出しており、実践面や研究面でも、こうした政策動向に関連した取組が、今、確実に広がりを見せはじめている。

しかし、そもそもどうしてこのような動きが、現在、生じているのであろうか。また、そもそも、それはいったい具体的には、これまでと比べて何が異なっており、何をめざそうとするものなのであろうか。また、もっとも大切なことは、そのような動きは、子どもを護り、子どもの成長と発達を促し、そして、子どもたちが担い手となる未来の社会を作るうえで、どのような意味を持つのであろうか。

ここで強調される連携や協働という教育をめぐる形態ないし作用は、一方で「教育支援」という共通の行為に基づいてなされるものでもある。連携や協働は、教育を営む主体の複数性を前提にした言葉であり、また、ある教育主体から見た場合には、それは当の教育主体が行おうとしている教育活動に対して、他の主体から「支援」を受けることに他ならないからである。そこでここでは、「教育支援」という補助線を引くことによって、連携や協働が課題として取り上げられる教育の動向についてより具体的に理解するとともに、そのことを通して「教育支

援」という概念の持つ、これからの教育に対する可能性についても、いくつかの視点から考えてみたい。

2. 概念としての「教育支援」

そこで、まず「教育支援」という言葉を、ここでは以下のように定義してみたい。

> 教育支援とは、子どもを支援する場合と教育者を支援する場合の 2 つを含む、学びに関わる他者の行為への働きかけであり、その意図を理解しつつ、補助したり、連携したり、協働したりして、そこでの行為の質を維持・改善する一連の活動を指し、最終的には、学びということがらをなす、子どもの力をつけることである。

この定義は、その多くを実は「支援」という言葉の定義によっている。教育支援という言葉は、教育と支援という 2 つの要素から成っているが、とりわけ「支援」という言葉自体も、日常生活ではよく使われるものの、学際性に富む、大いに多義的な言葉である。

「支援とは、何らかの意図を持った他者の行為に対する働きかけであり、その意図を理解しつつ、行為の質を維持・改善する一連のアクションのことをいい、最終的には他者のエンパワーメントをはかる（ことがらをなす力をつける）ことである」（支援基礎論研究会、2000）。

これは、1993 年に組織された「支援基礎論研究会」が編纂した『支援学』の中で示された「支援」に対する概念規定である。「支援」という言葉の本質を理解するためには、「配慮」とエンパワーメントが「支援」概念に決定的に重要であることを含むここでの定義に強く同意する脇田は、以下のようにさらに補足している。

「支援という行為は、『支援する人』と『支援を受ける人』のセットで成り立つが、『支援を受ける人』の意図を理解し支援を受ける人の主体性に寄り添うことが求められる。『支援する人』は、支援したことがどのように相手に受け止められているのか、このことを『自らかえりみて振り返りつつ』自分を変化させていかなければならない。その意味では、『支援すること』あるいは『助けたい』と

いうことが、自己目的化することなく、相手の立場に立って自分を変えること、つまり配慮と『支援を受ける人』が力をつけることが、『支援』という行為を成り立たせている本質なのである」(脇田、2003、p. 2)。

　教育支援という言葉を、このような「支援」という言葉の土俵に立ってまず考えてみたい。しかし、そもそも「教育」という言葉も、「学ぶ」「育つ」といった子どもの行為を「支援」する営みであるから、配慮とエンパワーメントの重要性や、最終的には、それが子どもの力をつけることに向かうものであることは、二重の意味でもあらためて大切にされる必要があるといえる。

　一方で、教育という営みは、「学び」という営みをめぐって、「教える人」と「学ぶ人」がセットで成り立つ一連の行為である。このことから、教育支援という言葉を使ったときに、それは「『教育』という支援」であるとともに「『教育』の支援」でもあるという面が生じる。つまり教育支援は、「支援を受ける人」が子どもの場合と、教育の主体者、つまり「子どもに教育を行う人」の場合があるわけである。

　ただ、「子どもに教育を行う人」を支援することには、いくつかのパターンが存在する。たとえば、学校の教師を支援する場合、学校の環境整備や子どもの登下校の安全管理を「補助」する場合もあれば、社会教育施設と学校で情報を取り合い、それぞれで行うワークショップや授業を「連携」させることから子どもの学びを促進させようとすることも考えられる。さらには、スクールソーシャルワーカーが教師とお互いに協力し合い「協働」して、困難を抱える子どもや家庭を支えるといった場合もある。

　ただ少なくとも、それらはすべて、単に教師個人を支えるのではなく、そうした補助や連携や協働を通して、最終的には、子どもを支援することに向かっている。その意味では、「子どもに教育を行う人」を支援することが、より豊かな子どもへの支援につながってこそ、教育支援と呼ぶにふさわしい営みといってよい。つまり、「子どもに教育を行う人」と「支援する人」がセットになることによって、子どもはよりよく力をつけることに向かうことを指す言葉として、この「教育支援」を考える必要があるのではないかということである。

　この意味で教育支援とは、「子どもを支援する場合と教育者を支援する場合の2つを含む、学びに関わる他者の行為への働きかけ」ではあるが、最終的にはその両者がともに、「学びということがらをなす、子どもの力をつけること」に向

かうことを指すことは重要である。このように、理念性や方向性を含んだ概念として、教育支援という言葉についてまずは整理しておきたい。

3. 教育支援の現在

次に、学校を中心とした教育支援の現状について少し検討してみよう。図表序-1 は、学校を中心とした教育支援の現状についてまとめたものである。

この図は、真ん中にいる子どもに対して、左に学校教育、上に社会教育、右に家庭教育、そして下に健康支援、社会福祉という、子どもへの4つの働きかけを「機能」として配置し、そこでの教育活動と教育支援を行う人、ならびにその関係性を矢印などの記号で表したものである。

まず、図の左側の学校教育の枠の中には、「教科指導」「生徒・生活指導」「課外指導」という学校での教育活動を、教職員（教諭と事務職員など）が担っていることが示されている。ここに、社会教育の枠の中から「補助的支援」の矢印が

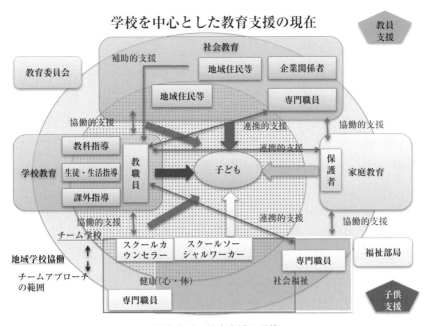

図表序-1　教育支援の現状

5

向けられている。これは、子どもの登下校の安全管理や、学校内外の環境整備（植栽・芝生の手入れ、修繕など）、行事の手助けなど、社会教育の主体者である地域住民から教員の「補助」を行う教育支援活動を表すものである。こうした活動は近年、特に「学校支援地域本部」という名称でも、広げられてきた。もっとも身近に「学校を支援しよう」という取組である。

次に、同じく社会教育の枠の中から、「協働的支援」の矢印が向けられている。これは、社会教育の主体者である専門職員（社会教育主事・司書・学芸員）、あるいは地域住民や企業関係者などが、学校教育を支援するスタッフの一員として、教員と「協働」する教育支援活動を指すものである。たとえば、学校運営協議会を構成し、地域住民が学校の教育課程をともに考えたり、学校運営についてともに考えたりするコミュニティスクールは、学校教育における地域参画型の「協働的支援」の1つといえよう。

また、総合的な学習の時間やその他の教科の授業などでも、単なるゲストティーチャーとしてではなく、教員と社会教育の主体者がともに授業づくりを行うといった取組も「協働的支援」と呼ばれる教育支援活動である。

さらには、部活動などの課外活動における、地域住民や地域のクラブ指導者などによる外部指導者の教育支援活動も、「補助的支援」にとどまらない「協働的支援」となって広がっていくことが期待されている。今後、「社会に開かれた教育課程」が学習指導要領の編成においてもめざされるものとなり、「21世紀型能力」が問題となる学校教育においても、また、情報、環境、科学、芸術、スポーツ、健康、国際、ダイバーシティ（多様性）など、学校教育に求められる広範な教育課題を見渡してみても、社会を教育資源とするとともにこうした学校と地域が協働して教育を進めることはますます求められるところとなってこよう。

さらに、学校教育には、社会教育のみならず、家庭教育、健康、社会福祉のそれぞれから、「連携的支援」の矢印が向けられている。この「連携」と「協働」という言葉の違いは、「協働」が異なる複数の主体がどちらかの主体に寄り添って1つの目標を共有し教育活動を行うことを指すのに対して、「連携」とは、それぞれの主体がそれぞれの教育活動を行うのだが、実施にあたってたとえば、連絡を取り合い協力するなど、相乗効果をねらう形態を指している。

具体的には、社会教育専門職員が、学校にゲストティーチャーとして授業づくりにも参加し教育支援活動を行うことは「学校教育における教員との『協働』」で

あるが、社会教育施設での行事を行うときに、学校と連絡を取り合って協力し、それぞれでそれぞれの目的のもとに開催しつつ、相乗効果をねらうのが連携である。

また、社会教育施設を使っての学習ではあっても、たとえばそれが学校の教科の学習の一環であり、職員が教育支援活動を行っている場合は、社会教育専門職員による「学校教育における教員との協働」になる。それは、子どもへの社会教育という働きかけではないからである。

つまり、「学校教育」「社会教育」「家庭教育」「健康支援・社会福祉」という子どもへの働きかけは、そもそも異なった目標を持つ「機能」であり、そうした機能に必要とされる子どもへの働きかけの専門性に応じて、「教員」「ソーシャルワーカー」「学芸員」などの職種が分かれている。そうした専門性を生かしつつ、職種が担う本来の「機能」以外の「機能」に、当該の「機能」を受け持つ教育主体者と、その「機能」の持つ目標を共有して教育支援を行うことが、「協働」と呼ばれる活動になるということである。

一方で、健康支援や社会福祉の側からも、「協働的支援」の矢印が向けられている。これは、子どもの問題が複雑化、多様化する中で、スクールカウンセラーやスクールソーシャルワーカーなどの専門職支援者が、教員を支え、教員と協働して子どもや家庭の支援にあたっていることを表している。近年、発達障害を含んだ、子どものさまざまな心理的、身体的状況が多様化、複雑化し、その教育的対応や支援方策が個別に求められている。また、いじめや不登校、虐待や貧困といった困難性を抱える子どもや家庭の状況も広がる中で、教員の職能のみでは対応に不十分な課題も多くなっているのが現状である。そうした中で、教員と専門職支援者が協働する教育支援活動の重要性は、今後もますます高まるのではないかと思われる。

ここで、これまでに述べた学校教育と社会教育の協働的支援や学校教育と健康支援、社会福祉との協働的支援と、子どもを囲う内側の楕円が図表序-1には描かれている。これは、近年、議論の進む「チーム学校」という取組の中にある教育支援活動ならびにそれを担う人材の範囲を表すものである。スクールカウンセラー、スクールソーシャルワーカー、部活動支援員なども学校スタッフとして法令上位置づけるとともに、学校内に地域連携担当を担う教員窓口を設け、「多様な専門スタッフが子供への指導に関わることで、教員のみが子供の指導に関わる現在の学校文化を転換する」(文部科学省「チームとしての学校の在り方と今後

の改善方策について」)ことがめざされている。

　これは、社会の変化と学校を取り巻く状況の変化や、そもそも諸外国と比べても教員以外の専門スタッフの割合が少ない日本の現状において、学校教育の質的充実に対する社会的要請の高まりに応えようとする大きな1つのチャレンジであろう。またそのために、校長がリーダーシップをより強く発揮できる学校のマネージメント機能の強化や、教員1人ひとりが力を発揮できる環境の整備も提言されている。つまり学校は、今後、教員と教育支援職との協働によってその教育活動を行っていく場へと、大きなパラダイムシフトが図られようとしているのである。それは、言い方を変えれば、教育の「チームアプローチ化」あるいは「ネットワーク化」が進むということでもあろう。

　さらに図の中には、その外側にもうひとつの楕円が描かれている。これは、こうした協働体制を基盤とする「チーム学校」という学校教育のあり方に対して、社会教育、家庭教育、健康支援・社会福祉に携わる人々が、学校を支援するだけでなく、学校と連携・協力し子どもを護り育てていくことに社会総掛かりで取り組むとともに、学校をプラットホームとした「学び」のネットワークを形成し、地域コミュニティまでをも再生、新たに構築する取組としての教育支援活動ならびにそれを担う人材の範囲を表すものである。こうしたさらに大きな範囲での取組は、「地域学校協働本部」として検討されており、今後、生涯学習社会をめざす教育政策の大きな施策として、より取組が強まると予想されている。

　このことからすると「チーム学校」は、「非教員」が、学校スタッフとして「学校教育における教員との協働」による教育支援活動を行うのであるが、地域学校協働活動本部は、逆に社会教育や家庭教育、さらには健康支援や社会福祉という働きかけに教職員が支援を受けるとともに支援するという双方向の活動でもあり、また、それぞれが連絡を取り合って協力しそれぞれの働きかけをよりよく充実させる並列的な活動でもある、ということになる。

　そして最後に、もちろん家庭教育に対しても、保護者や家庭を対象とした社会教育、健康支援、社会福祉からの「協働的支援」が行われているとともに、このような教育支援活動をキーワードにした子どもを取り巻くネットワークを、一方では教育委員会が、他方では行政の福祉部局が、互いに連携しながら支えている。このような学校を中心とした教育支援の現状は、すでに学校が新しい時代を迎えていることを示すものであると考えられる。

4. 教育支援者の類型と「職」としての自立

　ここまでに、教育支援活動を「補助的支援」「連携的支援」「協働的支援」の3つに分けつつ、学校を中心とした教育支援の現状を、「学校教育」「社会教育」「家庭教育」「健康支援・社会福祉」という、異なる機能を持った子どもへの働きかけのネットワーク化という観点から整理してきた。ここで、特に学校教育支援に関わる教育支援者について類型化したものが、次の図表序-2 である。

　ここでは、縦軸に教育支援者の固有な専門性、横軸には教育支援者の支援に関する力量の高低を置いている。そもそも教育支援において、「連携」や「協働」が成り立つのは、「教員」という学校教育に対する専門性を持つ人材に対して、子どもを支援することにおいて「教員」とは別な専門性に基づいて子どもを支援することができるという、拡張する学校教育に応じた機能を担う力を持っているからこそである。

　たとえば、スクールカウンセラーは、教員の職能ではカバーしきれない、相対的に独立した固有な高い専門性に基づく、心理面から子どもの支援を行う高い能力を有している。また企業関係者は、同様に教員や職員の職能ではカバーしきれない、相対的に独立した固有な高い専門性に基づいて、求められる教育課題に対して支援できる可能性を有している。このように、学校教育に対して「連携」や「協働」という形で教育支援を行う人材は、固有の専門的な力を有していること

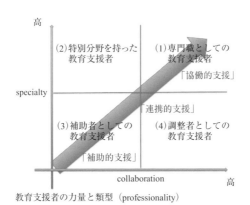

図表序-2　教育支援人材の専門性

がまずは求められることになろう。

　他方では、教育支援がとりわけ先に述べたような、学校教職員や子どもたちに対する「配慮」とエンパワーメントが重要であるとすれば、そうした「支援する力」に長けた人材であることも、また求められることになる。

　今後、このような教育支援者が、専門的な力量を有し、またそのことで主たる生計を立てる「職」としての社会的な地位と役割を築き、安定的に教育のネットワーク化を進めていくためには、このような2つの面からの力量の高さが必要となろう。先の「補助」「連携」「協働」は、この順に2つの面でより高い力量を求められる取組である。もちろんそれは、繰り返すことになるがこのような力量を有する人材を社会的に配置し自立させてこそ、進められる教育のネットワーク化は具体化していくということも意味するものである。

　このことからすると、学校教育に対して「協働」して支援を行うことが「主たる生計を得る生業」としても必要あるいは可能であり、教職員では十分でない面での専門性を持ちながら、一方では教職員の意図を理解し、教育の質を維持、改善し教職員のエンパワーメントを図る役割を遂行する能力を持った人のことを、専門職としての「教育支援人材」と呼んでよいと思われる。

　ただ、教育支援は「協働」だけが重要なのではなく「連携」や「補助」という取組も、また重要な役割を果たすことは言うに及ばない。この点からすると、図表序-2の右上にある「(1) 専門職としての教育支援者」だけではなく、その過程での形態としてある、いくつかの類型的教育支援者も、生涯学習の活用として、あるいは自己実現やボランティア活動の一端として活動を広げまた深めることが望まれるところである。

　と同時に、今後、このような教育支援活動の広がりと深まりからもたらされる「ネットワーク化する教育」においては、学校教員に対して、職員、社会教育施設専門職員、スクールカウンセラー、スクールソーシャルワーカー、クラブ指導者、NPO職員など、さまざまな教育支援人材をコーディネートし、子どものためにともに働きかけることができるという、「つなぐ力」「つながる力」なども強く求められることにもなろう。

　教員という職業は、これまで「教育」という、子どもを指導し子どもを支援する営みを、基本的には「1人で（ソロ・プラクティス）」行うものであった。しかしこれからは、教員以外のスタッフや外部人材の「教育支援」を受けることに

よって、多様な職種や立場の人たちと「みんなで（チーム・プラクティス）」行うことが求められている。ここには、「支援する人」という職業であった教員が、「支援を受ける人」にもなり、またそのことを通じた「協働」が、子どもへの働きかけの基本となることが、職務の遂行上必要となっていることが含まれている。「チームアプローチ力」を育むことが、教員には、今後ますます求められるということでもあろう。教員養成や採用・研修に関わっても大きな改善が求められるところである。

5. 教育支援が求められる背景

ところで、教育支援という行為をキーワードに、連携や協働が進もうとしている学校教育の変容には、どのような背景があるのだろうか。他の章でもおそらくこの問題については、さまざまな観点から触れられることになると思うので、ここでは社会全体の大きな変化との関係から考えておくことにしてみよう。

現在の社会の特徴を表す言葉の中でもっともよく知られているものは、インターネット・電子メディアなどに代表される情報化と、そうしてネットワーク化した社会的関係が地球規模に広がるグローバル化の2つであろう。こうした現代社会の特徴に対して、アメリカの社会批評家 R. セネットは、大変おもしろい主張を展開している。「ノー・ロングターム」という社会の原理である。

グローバル化は、消費社会の進展がその前提となって進んでいる。消費社会では、市場が消費者優先で動くために、消費者の変化にいち早く対応することが企業には求められる。資本が株式という形で反応を求めることもあって、消費者の短期的な動向に左右されない長い時間での取組は、企業活動として好まれない。そうなると、それに応じた組織体制も必要となり、持続的で安定的な組織というよりも、プロジェクト形式で3年から5年ですぐに替えることのできるしくみが多用されることになる。もちろんそこでの雇用は、継続雇用や終身雇用ではなく、期限的な雇用である。

「ノー・ロングターム」という言葉は、このように長い期間や時間を見通した取組の価値が無化した社会の原理を指している。確かに、この視点から学校現場を見てみると、たとえば学校の教育目標や行政の施策などは、おおよそ3年程度で成果を求め期限が設定されることも多い。そしてセネットは、このような時代

には、「ノー・ロングターム」の原理と連動して「絆や信頼関係の欠如」が進むと、論を進める。

　グローバル化しネットワーク化する社会では、遠く隔たった地域での物事が身近な生活と強いつながりを持つことに特徴の1つがある。たとえば、タイで洪水が起これば、タイでの生産に依拠している部品が配給されなくなり、完成品を組み立てる役割を担っている日本の工場が動かなくなる。この時に、日本の工場にいる人々は、どうして工場が動かなくなったのかということについて、自分が実体験する身近な生活の範囲の中からは理解できず、出来事の因果関係をつかむことができない。

　つまりそれまでは"face-to-face"のレベルで物事が起こっていたので、「こうなったからこうなったのだ」といった因果関係を示す時間軸がみんなで共有できていた。けれども、世界が広がり、遠く離れた地域と自分の地域が見えないところでつながってしまうと、どうしてそうなったのかわからないという意味で、それが共有できなくなってしまうのである。そうすると、歴史や伝統は時間軸が共有されてこそ成り立つものであるから、人々の間でそれらは効力のないものになっていかざるをえない。

　こういう変化は生活全般への影響も大きく、結局のところ、社会的な絆や忠誠心、信頼関係などが相対的に弱くなっていく、あるいは崩れていくことにつながってしまう。なぜなら、たとえば「裏切らない」といった信念は長くつき合うからこそ、つまり時間軸を共有するからこそ大事になる価値であり、そもそもその場でしか出会わない関係であれば、こうした価値は、相対的に下がらざるを得ないのである（松田、2014）。

　こうして「社会的な絆の瓦解」という基本的なプレッシャーを受ける社会においては、人々の生活は個別化するとともに、つながりを失いがちになり、子育てや教育などにおいて孤立化する傾向も強まる。経済的な格差や社会的な格差が生じても、コミュニティが包摂する社会の力も弱まり、むしろそこで生じる個別性の高い困難に対しては、排除する動きが強まることになる。そしてこのように、「絆」という人間関係の弾力を失った社会においては、一方では自己責任論が強まり、他方では、公的なものに対する直接的な依存と不満が強まる。

　また、本来はつながりの中で共通性を持っていた学校外での地域や家庭での教育も個別化し、無意図的な教育によって身につけられる生活言語やちょっとした

振る舞いなどの集積である文化資本は、階層や状況によって個に遍在化し、そのために共同同時学習を基本とする学校での教育は困難さと再生産性を拡大させ、教員の職務が、多忙化、複雑化するとともに、教育格差が広がることへともつながっていく。

　だからこそ、学校をプラットホームとした子どもを包むネットワークと、そうしたネットワークに命を与える「教育支援」が求められるのであり、そうした支援のつながりを礎にして、逆に、学校がコミュニティの再構築を果たすハブとなる役割をも期待されているのであろう。こうした傾向は、社会の動向からして、今後もますます強まるのではないかと思われるのである。

6. おわりに
── 教育支援によって広がる子どもと社会の未来 ──

　ここまでに、教育支援とは何か、そしてそれは今、社会の中でどのように広がっているのか、そしてそれが広がる社会の特徴とは何かということについて考えてきた。最後に触れておきたいことは、こうして広がる教育支援は、子どもや、子どもたちが担うこれからの社会にとってどのような意味を持つのだろうかということである。

　もちろん、子どもたちを護り、育て、教えることは、そもそも大人の、あるいは社会の責務であろう。このために、複雑で多様化する社会にあって、学校をプラットホームに、さまざまな立場の人たちが、補助し、連携し、協働して教育にあたることは、子どもたちにとって成長と発達の場を、社会の変化に応じた確かさを持って用意することにつながるのだと思われる。21世紀を生きる子どもたちに求められる力は、こうしたネットワークに支えられた教育によって豊かに実現されるとともに、教育を受けることが困難な状況、あるいは困難を抱えることで教育から排除される子どもたちを生まないためには、こうしたネットワークに支えられた教育が必然だからである。

　しかしそれ以上に、教育支援のネットワークによって学校教育が営まれることは、「学び」という行為が持つ公共性が新しい形で構築され、それなくして人間は生きていけない「社会」というものを再構築する可能性を持つことも、ここでは強調しておきたい。

公共性とは、単に「国家」とか、行政などの「公的組織」が持つ性質のことではなく、「すべての人に開かれていること」、あるいは自身の立場や所属、共同体といった所与の状況にとらわれず自由に考えることができること、といってもよい。学校は公教育を支える場であるが、そこにある公共性とは、本来、国や自治体や公的組織といった、特定の共同体の秩序や利害に基づいて行われる性質を指すのではなく、「子ども」や「社会」あるいは「人間」全般に対して、よりよく生きよう、よりよく働きかけようと考えることから始められることが担保されることを指している。つまり、教育支援は学校が持つ本来の性質＝「学び」のこのような公共性を開く営みでもあるのではなかろうか。
　「学び」という営みが、このような公共性のもとに、すべての子どもたちや、社会のすべての人々に用意されたときに、望ましさや困難さは個別の問題ではなく、みんなのめざすべき、あるいは解決すべき課題として取り上げられ、「学び」を通じて個人と社会の未来が構築される。教育支援の広がりと、学校教育のネットワーク化の動きを、このような大きな社会理念の観点からも、理解し取り組んでいくことが必要ではないかと思われるところである。

附　記
　本章ならびに「Ⅰ第5章」のもととなった「松田恵示「教育支援とは何か」「チームと複眼的思考」『教育支援人材養成プロジェクトテキスト教材報告』2016」の一部を転載し大幅に修正、加筆した「松田恵示『教育支援とネットワーク化する学校支援』スクールソーシャルワーク評価支援研究所（所長山野則子）編、せせらぎ出版、2016」とは、部分的に稿に重なりがあることをお断りしておきたい。

［引用・参考文献］
・支援基礎論研究会編（2000）『支援学―管理性をこえて』東方出版
・大澤真幸（2002）「公共性の条件（上）」『思想10月号』岩波書店
・脇田愉司（2003）「支援とは何か―その背後にあるものから」『社会臨床雑誌11巻1号』
・松田恵示（2014）「『権威主義』vs『個人主義』あるいは『振り移し』vs『表現・創造』」『女子体育56（8、9）』
・R. セネット、斎藤秀正訳（1999）『それでも新資本主義についていくか―アメリカ型経営と個人の衝突』ダイヤモンド社

I

社会と協働する学校と教育支援

I　社会と協働する学校と教育支援

第1章　学校教育と教育支援

木原俊行

1. はじめに

　今日、学校における教育活動に対する多様な支援が検討され、実行されている。文部科学省は、それを「チームとしての学校」と呼び、推奨している[1]。本章では、学校教育に対する多様な支援に関して、その必要性、その類型、その典型事例を示す。また、ある教育委員会が試行的に行っている、教育支援人材の確保や質保証の営みを紹介する。

2. 学校教育に対する多様な支援

（1）その必要性

　学校教育において外部人材を活用するという発想は、もちろん、過去にも存在したし、それを試みた実践家も少なくない。たとえば、学校行事や部活動の指導に関する保護者や地域住民のサポートは、ほとんどすべての学校において確認されよう。
　また、小中学校の総合的な学習の時間において、子どもたちが探究的な学びを繰り広げる際に、情報提供者や評価者として地域住民や専門家が貢献することは、今日、特に珍しくはなかろう。

1）「チームとしての学校」の考え方については、文部科学省のホームページの中央教育審議会初等中等教育部会の「チームとしての学校・教職員の在り方に関する作業部会」の中間まとめを参照されたい（http://www.mext.go.jp/b_menu/shingi/chukyo/chukyo3/052/sonota/1360372.htm）。

それでもなお、今日、「チームとしての学校」が標榜されるのは、それなりの理由がある。その1つは、社会の多様化・複雑化が少なからず子どもたちを厳しい状況に追い込んでいるという、社会的背景である。たとえば、グローバル化の浸透で、わが国の学校に、他の国や地域で生まれ育った子どもたちが通うケースが増えてきた。彼らは、必ずしも、日本語に堪能ではない。その支援には、語学や異文化に通じたスタッフが必要だ。さまざまな事情で肉親と離れて暮らさざるを得ない子どもに対する精神的なケア、学校に対して過度な要求をつきつける保護者らへの対応など、学校の教員は、社会の多様化・複雑化がもたらす、自身のこれまでの専門性では応じることが難しい場面にしばしば遭遇している。そして、そうした問題の解決に資する、専門家やサポーターやアシスタントを求めている。

　加えて、学校教育の質的充実に対する社会的要請の高まりも、学校教育に対する人的支援の必要性を大きくしている。たとえば、いわゆる全国学力・学習状況調査の結果が人々の耳目を集めている。各学校の教員は、より望ましい結果を得ようと、学力に課題のある子どもたちに対する個別指導や補充学習の機会の設定に努力を傾注している。また、思考力・判断力・表現力の育成を図るために、教材開発や学習環境の整備に腐心している。前者には教員志望学生などの指導補助員が、後者には教育学を専門とする大学スタッフや教育委員会スタッフ、さらにはICT支援員などが、学校の教員にとっては頼もしい味方となる。

　これまで、わが国の学校においては、教員が、学習指導においても生活指導においても、その専門性を駆使して、実践的な問題の解決にいそしんでいた。その姿は、学校教育の基本形ではあるが、それが普遍的であるとは限らない。たとえば、筆者はこれまで、十数回、英国の学校を訪問してきたが、彼の地の初等学校では、1つの教室に1人の教師しかいないことが、むしろ珍しい。正規採用されている教員がチームを組んで指導する場合も目にするが、それと同じくらいの割合で、あるいはそれ以上に、教員とそれ以外のスタッフの共同の場面を目にする。それは、特別な支援を要する子どものケアを担当するアシスタント（これはわが国においても浸透しつつあるが）に加えて、パフォーマンス評価の実施を手助けする学生、すぐれた才能を有する子どもの特別指導のために来校する専門家、ICTマネージャーなど、極めて多様である。

（2）支援の類型

筆者は、かつて、教育支援人材を定義し、それを分類整理したことがある（図表Ⅰ-1-1）。

それらは、「補助者としての教育支援人材」「授業づくり・学校づくりのパートナーとしての教育支援人材」「地域教育人材としての教育支援人材」である。

まず「補助者としての教育支援人材」であるが、これは、教員養成系大学・学部の教員志望学生たちが従事するインターンシップ、登下校時の安全確保に対する地域住民の協力などに代表される。

「授業づくり・学校づくりのパートナーとしての教育支援人材」は、学校教員と地域人材などがチームを組み、パートナーシップを築いて、児童・生徒により質の高い学校教育を提供しようとする場合である。たとえば総合的な学習の時間において、子どもたちが学際的な課題を追究する際に、地域住民や各種専門家が環境や福祉などに関する情報や学習モデルを提供するなどの営みが、その代表的な存在であろう。

最後に「地域教育人材としての教育支援人材」であるが、これは、放課後や土曜日・日曜日・祝日、さらには長期休業中において、学校内外での学びを学校教員以外の人材が「企画・運営」する場合である。彼らは、その専門性を駆使したり、

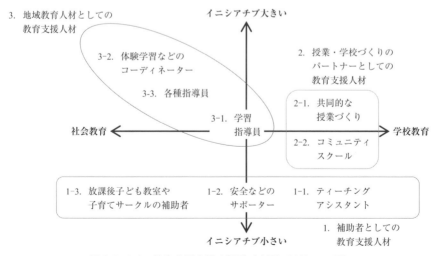

図表Ⅰ-1-1　教育支援人材の類型（木原、2010、p. 43）

経験知を活用したりして、当該の取組において大きなイニシアチブを発揮する。

(3)「共同的な授業づくり」の典型事例

　教育支援人材の学校教育に対する貢献のうち、「授業づくり・学校づくりのパートナーとしての教育支援人材」に関して、その実践を紹介しておこう。それらは、平成26年12月に東京都中央区立常盤小学校の研究発表会で公開された授業事例である。

　たとえば、第6学年の家庭科の授業では、被服の学習において、学級担任が一部の子どもたちを直接指導している間に、テレビ会議システムを用いて、遠隔地の外部人材が子どもたちに運針を指導していた（図表Ⅰ-1-2左）。また、第4学年の算数科の授業では、少人数指導が繰り広げられていたが、それを教員志望学生がサポートしていた。彼は、当日子どもたちが利用していた教材を開発する役割を果たしており、それがアドバンテージとなって、子どもたちを密に指導できていた。これらのケースは、教育支援人材の協力によって、通常の教科指導がいっそう、きめ細かく展開されたものである（教育支援人材が教員を「支える」）。

　第1学年の生活科の学習では、自然観察員がその専門性を発揮していた。すなわち、学級担任以上に、校庭の自然に詳しく、実に多様な植物の生態を、とてもわかりやすく、子どもたちに説明していた（図表Ⅰ-1-2右）。また、第3学年の図工科の作品制作では、教員養成系大学の美術科教育のスタッフが子どもたちに関わっていた。それによって、よりサイズの大きい、あるいは大胆なデザインの

図表Ⅰ-1-2　常盤小学校における教育支援人材の活用

作品の制作に子どもたちはいそしんでいた。これらは、教員支援人材の参画によって、通常の教科指導の内容や活動に深まりが生じたケースであろう（教育支援人材が学習を「深める」）。

第2学年の英語活動は、企業から派遣されたネイティブスピーカーが指導を担当していた。学級担任以上にイニシアチブを発揮して、子どもたちを外国語や外国文化に親しませていた。現在、わが国の小学校では、第5、6学年にのみ、外国語活動が導入されている。常盤小学校は、特例措置をこうじて、それを第2学年においても実施しているのであるが、そうしたカリキュラムの拡充は、明らかにネイティブスピーカーの存在、その指導力に依拠していた（教育支援人材がカリキュラムを「広げる」）。

3. 教育支援人材の確保や質保証に関する試み
―― 尼崎市教育委員会のコーディネーター・アドバイザー制度の可能性 ――

(1) 尼崎市の学校における教育支援人材の活用状況

兵庫県尼崎市では、同市教育委員会学校教育課のバックアップのもと、多くの小中学校で教育支援人材（同市では「スクールサポーター」と呼んでいる、以下、同市におけるネーミングに合わせて教育支援人材をスクールサポーターと表記する）が学校教育に貢献している。

それは、全市的な広がりを見せている。同市教育委員会が平成27年7月に同市の小中学校を対象にして実施した調査の回答結果によれば、同市の小学校42校、また中学校19校のすべてが、なんらかの形でスクールサポーターを活用している。つまり、多くの学校がなんらかの形で、学校教育の一部をスクールサポーターに委ねている。そして、その内容に、かなりのレパートリーを確認できる。すなわち、スクールサポーターは、学習指導補助、特別支援教育、部活動指導（中学校のみ）、図書館教育、学校安全、その他と、多岐にわたって活躍している。

さらに、たとえば、市内のある中学校では、土曜日に補充学習を実施しているが、そこに2つの種類のスクールサポーターが位置づけられている。1つは、教科学習におけるつまずきに応じる大学生などである。彼らは、学習に従事してい

第 1 章　学校教育と教育支援

図表Ⅰ-1-3　補充学習におけるボランティアとそのリーダー

る中学生からのリクエストに応じて、問題の解法などを伝達する。もう1つは、大学生たちによる指導をスーパーバイズする立場にある人材である。彼らは、教員免許を取得しており、より高い専門性を有している。教職経験を有するケースも少なくない。このケースであれば、かつて学校長職にあった方がリーダー役を果たしていた（図表Ⅰ-1-3）。彼は、大学生たちに、中学生への関わり方に関して、たとえば「生徒に科学的な思考を促すためには、直接説明するだけでなく、事典を用いることを勧めるとよい」といった助言を呈している。

(2) コーディネーター・アドバイザーの役割

　尼崎市教育委員会は、上述したようなスクールサポーターの活用を各学校に促し、それを支えるために、図表Ⅰ-1-4のようなしくみを用意している。これは、教育委員会内に、各学校におけるスクールサポーター活用の活性化を図る人材を置くことを特徴とするものである。各学校では、保護者、地域住民、大学生など、多様なボランティア（図表Ⅰ-1-4中の「V」）が学校教育に関わりを有する。それぞれの活動には、前述したケースの教員経験者のようなリーダーが存在することが多い（図表Ⅰ-1-4中の「VL」）。さらに、各学校には、スクールサポーターの多様なニーズを把握し、その調整に腐心する人材である、コーディネーターが存在することもある[2,3]。

　各学校における、ボランティア、ボランティア・リーダー、そしてコーディネーターの活動を活性化するために、尼崎市教育委員会は、同委員会内に、それを専

I　社会と協働する学校と教育支援

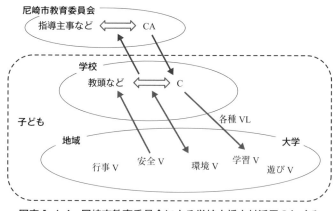

図表Ⅰ-1-4　尼崎市教育委員会による学校支援人材活用のしくみ

門的に推進する人材を配置した（コーディネーター・アドバイザー、図表Ⅰ-1-4中では「CA」）。このしくみは、HATOプロジェクトによる支援を受けて、平成26年度、27年度に実現したものだ。

コーディネーター・アドバイザーは、次のような役割を遂行する。

①情報収集

　コーディネーター・アドバイザーは、スクールサポーター活用に関して、大別して2つの情報収集活動を展開する。その1つは、尼崎市内の小中学校におけるスクールサポーター活用の実態把握である。具体的には、スクールサポーター活用に関するアンケート調査の実施とフィールドにおける取材である。前者は、スクールサポーターの人数（全体、分野別）、スクールサポーター活用のための窓

2）尼崎市の学校に、必ずしもコーディネーターが設定されているわけではない。3.の（1）で言及した調査によれば、そのケースは全体の半数以下である。しかしながら、その必要性を問う質問に対しては、3分の2以上の学校が肯定的な回答を寄せている。
3）大阪市の各小学校には、地域教育協議会である「はぐくみネット」が設置されている。そして、各「はぐくみネット」には、学校と地域住民のニーズを調整する役割などを果たすコーディネーターが配備されている。つまり、コーディネーターの存在がシステム化されている。詳細は、大阪市教育委員会の関係ホームページ（http://www.city.osaka.lg.jp/kyoiku/page/0000008420.html）を参照されたい。なお、現在は、「はぐくみネット」の運営母体は、各区に移管されている。

口の設定や調整役の有無、スクールサポーター活用に関する教育委員会への要望などである。後者は、スクールサポーター活用の好事例収集やボランティアやそのリーダー、コーディネーターが感じる成果や彼らが抱く課題の把握を目的とするものである。それらは、後述する「周知・広報」や「人材の質保証」に関わる取組の材料となる。

もう1つは、他地域の教育支援人材活用に関する情報の収集である。たとえば兵庫県の地域教育協議会関係の研修会への参加、インターネット上のスクールサポーター活用に関する情報の検索などが、これに該当する。これらも、「周知・広報」や「人材の質保証」のベースとなる。

②**人材確保**

尼崎市内の小中学校では、スクールサポーターの確保に悩みを抱えるケースが少なくない。その発掘のためのアクションに、コーディネーター・アドバイザーは従事する。これも、2つに、大別し得る。

1つには、大学生に学校支援に従事してもらうために、大学に対する各種の働きかけを行う。チラシやポスターの作成・配布に加えて、スクールサポーターの活動の意義や実際をプレゼンテーションする機会が得られれば、その計画・準備・実施に時間を費やす。具体的には、平成27年1月には大阪教育大学教育学部（第二部）（図表Ⅰ-1-5）で、同年5月には園田学園女子大学にて、翌6月には大阪教育大学大学院連合教職実践研究科において、尼崎市内の小中学校におけるスクールサポーターの活動を、コーディネーター・アドバイザーはプレゼンテーションした[4]。たとえば、大阪教育大学教育学部（第二部）では、教職課程科目の「教育実践の研究Ⅱ」において、コーディネーター・アドバイザーが、情報収集活動によって得られた、尼崎市内の小中学校のスクールサポーターの様子

---

[4] 平成27年6月の大阪教育大学大学院連合教職実践研究科の講義「教育課程編成の今日的課題」の第7回「基礎基本の徹底のための教育課程の編成に関する事例研究1」においては、尼崎市教育委員会のスクールサポーターが大学院生の学びの題材となった。すなわち、大学院生（現職教員、教員志望学生）は、尼崎市の小中学校におけるスクールサポーター活用のレパートリーや実際についての情報を収集し、「習得」のための授業とカリキュラムに対する外部支援人材の可能性、その確保や質保証を考察した。この時、諸事情により、コーディネーター・アドバイザーに代わって、尼崎市教育委員会のスタッフが情報提供役を果たした。

Ⅰ　社会と協働する学校と教育支援

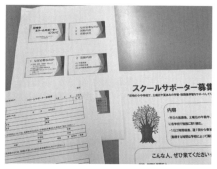

図表Ⅰ-1-5　コーディネーター・アドバイザーの大学におけるプレゼンテーション

　をビデオコンテンツで紹介しつつ、その意義を訴え、教員志望学生の学校教育の支援活動に対する動機を高めた。
　もう1つは、一般への周知・広報である。これは、SNSの利用による。具体的には、コーディネーター・アドバイザーは、facebookを舞台として、情報収集による知見をレポートしたり、スクールサポーターのニーズを広く紹介したりしている（図表Ⅰ-1-6）[5]。さらに、個別の学校のニーズに加えて、尼崎市が雇用する、臨時的任用職員や指導補助員を募集したりもしている。

図表Ⅰ-1-6　facebookにおける発信

5）https://www.facebook.com/尼崎市スクールサポーター-318599204998206/?fref=ts を参照されたい。

③ **人材管理**

　②の広報により、尼崎市教育委員会にスクールサポーターとして活動したいという希望が届けられた場合は、コーディネーター・アドバイザーは、それをデータベース化する。平成27年4月にデータベースの開発を始め、8月には、30名を超える人材がデータベースに登録された。なお、これらの集計結果をfacebookにおいて発信する取組にも、コーディネーター・アドバイザーは従事する。

④ **人材の質保証**

　尼崎市の小中学校におけるスクールサポーターの活動は、小中学校のニーズから、その意義や成果は明らかである。しかし、一方では、前述したアンケート調査の自由記述欄には、守秘義務をはじめとする、スクールサポーター活用の際の留意点に関する言及がいくつか確認されている。そうした懸念を小さくすべく、尼崎市教育委員会では、コーディネーター・アドバイザーが中心となって、ガイドラインを策定し、文書化して、各学校に配布している（各学校を通じて、スクールサポーターに手渡している）。

　この『ガイドライン』は、11ページからなる小冊子である。その内容は、「スクールサポーター」向けのものと「学校」向けのものからなる。前者では、スクールサポーターの意義、有効性、活動内容とその多様性、危機管理などがコンパクトに説明されている。また、「学校を訪問するときの心得・ポイント」や「特に注意してほしいこと（具体例）」なども示されている。これらのパートでは、個人情報の保護や体罰・暴言の禁止、服装に関する配慮といったルールが明示されるとともに、「一人ひとりの子どもを大切にする、子どものよい面を認めて褒めることを心がける」といった指導者としての精神が説かれている。

　後者についても、『ガイドライン』では、学校教員のスクールサポーター活用が十全なものとなるように、その目的や計画の明確化、募集方法が確認されている。また、オリエンテーションの内容と方法がモデル化されている。さらに、スクールサポーターのための場所の確保といった、配慮事項もリスト化されている。

（3）教育支援人材活用のシステム化 ── その成果と課題 ──

　ここまで述べてきたように、尼崎市教育委員会のイニシアチブにより、同市内の小中学校におけるスクールサポーターの活動は、学校のニーズに応えるものと

なっている。また、それは、コーディネーター・アドバイザーの存在によって、よりシステマティックに、それゆえに安定して、展開されている。

彼らには、一般の教育支援人材に比べて、より高いスキル、より専門的な見識が必要とされよう。HATO プロジェクトによって平成 26 年度、27 年度に尼崎市教育委員会内に配備されたコーディネーター・アドバイザーは、図書の読み聞かせボランティアや他市の教育委員会のスタッフとして、教育支援人材に関わる経験と知識を有している方々であった。つまり、彼らが、コーディネーター・アドバイザーとしての役割を果たせたのは、彼ら自身の経験によるところが大きい。今後、図表 I-1-4 の多様な次元におけるリーダーたち（ボランティア・リーダー、コーディネーター、コーディネーター・アドバイザー）それぞれに、その役割を全うするための専門的な学習が必要とされよう。そして、その前提として、ボランティアも含めた、教育支援人材の能力・資質に関するスタンダードが確立されることが期待されよう。

4. おわりに

今日、子どもたちの全人的な成長を保障するために、学校では、教員が、各種の教育活動を企画・運営している。それらは、かつては考えられないほど、多様である。1 や 2 で述べたように、その成立と充実に、教育支援人材は貢献できる。それは、教員を補助する立場の場合から、教員と協働で教育活動を創出する場合まで、さまざまだ。それは、前述した今日の学校における教育の多様性に応じる可能性を意味している。そして、同時に、そうした人材活用の複雑さや難しさを物語っている。

本章では、教育支援人材の学校教育に対する貢献が持続的に行われるためには、教育支援人材の確保や質保証に関する教育委員会のイニシアチブが必要であることを説いてきた。また、その好事例を紹介してきた。

本章の締めくくりとして、学校における教育支援人材の活動は、学校においては管理職のマネジメントによって、また地域単位では教育委員会のリーダーシップによって、促され、支えられ、そして活性化されることを読者に再度アピールしておきたい。

謝　辞

　本小論の「3. 教育支援人材の確保や質保証に関する試み —— 尼崎市教育委員会のコーディネーター・アドバイザー制度の可能性 ——」の執筆にあたって、尼崎市教育委員会のスタッフ、とりわけ嶋名貴之指導主事（平成27年3月時点）から資料の提供に関して、多大なるご協力を賜った。記して感謝の意を表したい。

［引用・参考文献］

・木原俊行（2010）「1-3 定義—教育支援人材の概念と役割／類型、ボランティア概念との関係」日本教育大学協会編『「教育支援人材」育成ハンドブック』書肆クラルテ、pp. 41-47

I　社会と協働する学校と教育支援

第2章　教育支援と教育課題
―― 社会に開かれた学びと学校 ――

松浦　執

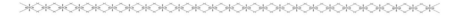

1. はじめに

　平成32年度以降、順次全面実施される次期学習指導要領の議論が進んでいる。中央教育審議会の教育課程企画特別部会で検討されている論点整理の資料は、「2030年の社会と子供たちの未来」という章ではじまる。そこでは変化し多様化する社会のなかでの「学校」の意義として、次のように説明されている（文部科学省、2015）。

> 　学校とは、社会への準備段階であると同時に、学校そのものが、子供たちや教職員、保護者、地域の人々などから構成される一つの社会でもある。子供たちは、学校も含めた社会の中で、生まれ育った環境に関わらず、また、障害の有無に関わらず、さまざまな人と関わりながら学び、その学びを通じて、自分の存在が認められることや、自分の活動によって何かを変えたり、社会をよりよくしたりできることなどの実感を持つことができる。

　同資料ではさらに、学校が、社会の中の学校であるためには、教育課程もまた社会とのつながりを持ち、教育課程を介して社会や世界との接点を持つことの重要性を指摘している。すなわち、「社会に開かれた教育課程」の概念である。
　戦後の急速な産業社会の構築とともに、人口の集中する都市部を中心に核家族化が進み、伝統的な地域共同体の結合は希薄になった。子どもの教育においては、産業社会の加速を目途としたユニバーサル化が、伝統性や地域固有性に優先されていった。

一方、生活空間として学校は、暗黙のうちに、日中の子どもの安全確保と生活習慣の教育を含めた子どもの発達についての、全責任を負わされる場となっていった。しかし多様な子どもたち1人ひとりの全生活と学習の責任を少数の教師が負うというのは不可能である。他方では、核家族化した家庭が地域社会から孤立して、子育ての未熟や悩みを抱え、ときに家庭生活と労働と子育てのすべてを両立させることに破綻をきたしてしまう。

子どもが成長するとともに、青年期には不登校に陥る可能性も高くなる（内閣府、平成27年度版「子供・若者白書」）。子どもにとっても、初中等教育はときに単線的であり、学校および学校が提供する事柄から外れては他に行く場所が見当たらないといったことも生じる。こうなると子どもは家庭の一隅の空間に逃走する以外に行き場がない。

むしろ学校は、子どもや教職員、そして学校に関わる人々が学ぶということを通じて、社会の創造性、革新のために駆動力となることはできないのか。学校支援は、学校の価値が崩壊してしまえば無用の概念となる。教育支援・学校支援は、学校の価値の再発明と対となってこそ、その意義を確固とするのではなかろうか。

2. コミュニティの中で学ぶ

子どもと教師は一所に集って、小さなコミュニティとして活動する中で学びが得られる。学級は複雑系であり困難を生み出す系である。友達の付き合い方が変わって悩む、ということを考えても、その問題解決の過程は、ある空間を、ある時間にわたって共有する中で、わかり合ったり、知り合いの広がりが変化したりすることによるものである（池田他、2012）。

子どもは、成長の過程で、地域社会、地方、国などの伝統、文化を吸収し、体現するようになる。地域の活動に参加する子どもは、さまざまな人と関わりながら学び、地域のメディアで取り上げられたり、コミュニティに貢献する実感を持ったりしながら成長できる。地域のさまざまな集団は、学校とは異なる目標や活動様式を持つので、子どもにとっては複線的教育の場となるだろう。

地域で活動する大人や高齢者が、学校の施設を1つの活動の場とし、学校教育とのインタフェースを形成することも可能だろう。これらと同様なことは、現在の学校でもPTAその他のサークル活動や、臨時的なワークショップなどの学校

行事の形で行われている。秋葉原の 3331 Arts Chiyoda などを見ると、統廃合された中学校の校舎を改装したものとはいえ、学校という場の持つ地域における存在感や、機能的可能性、共有感のある場としての可能性を感じざるを得ない。

　子どもには子どものパワーがある。水害時に避難所となった小学校で、その小学校の子どもたちが避難所の生活の維持管理に自主的に力を発揮したという報道もあった。このとき、子どもをどの範囲では保護し、どの範囲からは自主的に活動させることができるかを判断せねばならない。子どもの能力と可能性をもっとも把握しているのは教師である。教師は普段から、この子たちはどんなことができそうか、という推測を持ち、時にそれを検証するような活動を行いながら学級運営していく必要があろう。

　学校は、子どもと関わることで、学び、考えることを励まされる場としての可能性を秘めている。

3. 創造性の促進

　教師が教室内で協働的学習を促進することによって、学級内での協働的創造能力を養っていくことができる。しかし、社会に開かれた学校では、特に創造性・総合性の高い学びについては、社会との接点において活動することにも可能性がある。それは地域社会との交流の場であるかもしれないし、学校横断的、あるいは校種横断的な交流かもしれない。地元の美術館で小中高が共同の鑑賞会を持ち、その後高校生が小・中学生にテーマを提示して作品制作を依頼し、展覧会を開くといった活動の例があるが、相互に創造性が刺激される活動になったという。

　広井による、全国の市町村に対する「地域コミュニティ政策に関するアンケート」（返信数 603）の分析の中で、次のことが報告されている（広井、2009）。すなわち、「コミュニティの中心」として特に重要な場所は何かという質問項目（重複解答あり）について、第 1 位は学校で 300 弱の回答数、第 2 位が福祉・医療関連施設、第 3 位が自然関係、第 4 位は商店街、第 5 位は神社・お寺などとなった。また、「（地域）コミュニティを考えるとき、その実質的な単位あるいは範囲をどう考えるべきか」という問いには、群を抜いて 1 位は自治会・町内会（回答数 400 強）だが、2 位が小学校区であった。

　明治以降の国民皆教育により「学校」が地域コミュニティの中心として定着し

てきたことを上の結果は示唆している。長野県松本市の旧開智学校は、明治時代初期に建築された学校である。その工費の7割が当時の松本町全住民の寄付により調達され、人々が開学を心待ちにしていた様子が資料に残されている。その建築デザインは、地元出身の棟梁による擬洋風建築であり、創造性、独創性の著しく際立つものである。

　小学校は地域コミュニティの空間的サイズに適合した分布をしている。学校がコミュニティから支援を受ける一方で、将来は、学校がコミュニティにとって知識と創造性のエンジンとして機能する可能性は、決して否定できないのではないか。あるいは学校がそのように進化していくことで、無理のない共同体の再編が可能になるのではなかろうか。

　現在すでに、公立学校では施設を地域の利用者に貸し出すことは広く行われている。ここであくまで学校が学校を管理するという考えに立脚すると、学校教育以外の施設や消耗品の維持管理などの面倒を学校が見なければならなくなる。また、事故や怪我などが発生した時、学校の責任も問われる習慣が残る場合がある。これらは学校の負担を大きくし、ひいては地域との交流を避けることで安全や安定的運用を確保せざるを得なくなってしまう。地域が学校を活用し、学校を軸に活性化するには、むしろ地域コミュニティへの支援の強化が必要である。

4. 教育支援と子育ての社会化

　広井（2001）は、個人のライフサイクルを座標軸とする社会保障を提案するにあたり、「人生の三世代モデル」の視点を示した。人生を大きく3つに分け、生まれてからフルタイムで働きはじめるまでを「遊＋学（遊びを通じて学ぶ）」の子どもの時期。次に「働」の大人の時期。そして、第一線を退いてからの高齢期を「遊＋教」と呼ぶ。人生の前期と後期は、"遊"を共有して学び、教えるという「対」の関係にある。「遊＋学」の期間は長くなる傾向にあり、30年前後に及び、発達過程の「前期子ども」と、自分探しの「後期子ども」に分けて考えることができる。同様に、「遊＋教」世代も、フルタイム労働からは離れるものの、完全にリタイアするというのでもない「働と遊の複合形態」の前期高齢者と、労働からは離れる後期高齢者に分けて考えることができる。「遊＋学」「遊＋教」世代は、直接の生産活動からは自由な創造性を養い、解放する時期ということがで

きよう。たとえば、素粒子物理学者であった工藤は、退職後は地域の文化館に「手作りおもちゃの科学館」を設け、子どもたちと活動を続けている（工藤）。

　少子高齢社会では、性別や年齢によらず、健全な人生を送るために、働くことが求められる。労働は社会を支え、人生の初期と後期の人間を支えるものであるが、その対価として、労働からは究極的に生きがいを得るべきものだろう。人生の後期には、築いてきた専門性に立脚しながら、楽しく力を貸し、知恵を伝え、さまざまなネットワークへの貢献を楽しみ、新たな学びを楽しみたい。

　そして、その場に必要なのは、さまざまな体験を提供できる貢献者と、子ども1人ひとりの可能性を見抜くことができ、助言したり紹介したりできる大人である。アカウンタビリティを持つ知識・技能の提供者と、レスポンシビリティを持つ受容者が必要である。学校や家庭は子どもの育ちの根幹となるものであるが、そこで個々の子どもの多様性に対応することは限界がある。むやみに教員や家族の負担を増やすのは逆効果である。学校や家庭は受け止め、受け入れ、支える、レスポンシビリティに高い比重を持つものである（佐藤、2015）。多くの子どもにとって、さまざまな大人とのふれあい、大人への語り、助言への傾聴は有益である。どのような場合でも学校と家庭は受け入れてもらえる場であり、そこに根を下ろしつつ社会とのインタフェースとなるコミュニティに参加して、個々の発達の機会を得ていく。

（1）スクールカウンセラー（SC）

　SCは、教育支援者の中でも学校内に不可欠で、子どもの発達に直接関わる高度の専門性を持つ教育支援者である。SCは親しみやすい雰囲気を保ち、特に保護者がさまざまな思いをすべて吐露できるようにする。悩みを持つ者は、悩みのループに陥って脱出できなくなる。その思いを一度吐き出して真っ白になることで、気づかなかったことに気づき、思い込みの呪縛から離れることも可能になる。検査や治療を目的とした医院的な面談ではなく、思いの限りを吐き出せることが、学校を場としたカウンセリングの特徴である（池田、2015）。

　幼児期の反抗期を過ぎて児童期に入ると、子どもの心はやや安定した成長に入る。そして思春期に差しかかり、第2の反抗期に入る。これは自我の形成の自然な過程である。小学校は児童期に相当するものの、個々の子どもの発達の過程はさまざまであり、学校ではそのぶつかり合いがある。このぶつかり合いは成長の

ためには必要ともいえる。

　なんらかの行動や振る舞いをして試すことで、自我を模索することは、誰にでも共通の発達の過程である。家族や教育者はそれに対して胸を貸す、受容的養育者でなければならない。SCは家族や教育者に助言して、これに気づかせる。

　SCは子どもの支援者にとどまるのではなく、子どもを通じて保護者を支援する。現在のように家庭が孤立していると、家庭内で生じるストレスや亀裂を緩和、修復することが難しい。両親にとって子どもの児童期から青年期への移行は、子どもが生まれ変わるほどの衝撃である。それは親自身の変容をも求められる大事である。核家族では、親も相当に学ばねばならないのである。

　家庭が適度にコミュニティに開かれ、学校が教員のみならず、SCや教育支援者、学校司書、栄養教諭などの支援者とのインタフェースであるなら、そこから知恵や問題の発見・解決が得られる可能性も高くなる。子どもにとって危険な状況が、家庭が周囲との接続を断つところからしばしば深刻化していることは、子どもの虐待事件にも多々あげられるところである。

（2）学校司書、養護教諭、栄養教諭

　学校司書や養護教諭、栄養教諭は、子どもの成長に深い関わりを持つ。また担任教諭にとっても日常的連携が必要な専門スタッフである。学校司書は平成28年4月に施行となる学校図書館法で、学校図書室に置くよう努めなければならない、とされている（学校図書館法）。学校司書は学校図書室の管理のみを役割とすべきではない。学校という「子どもの成長の現場」に立ち会っているがゆえに、担任以上に長期にわたり、それこそ入学してから卒業するまでの、個々の子どもの読書履歴、学習履歴、そして興味関心の発展履歴を把握している。時に応じて個別に読書などのアドバイスを与え、子どもの知の地平を広げるきっかけを与える。また、各教諭の授業でのテーマを把握することで、授業に合わせた本をアドバイスしたり、書籍を導入したりできる。

　小中連携の義務教育学校の構想がクローズアップされているが、学校司書や養護教諭は長期にわたり勤務することで、子どもの成長に寄り添い、それを把握することのできる実に重要なポテンシャルを有する職能である。

　しかし、紙の書物は人を没頭させ、集中させ、深く記憶させる作用のあるメディアである。これに対しインターネットは、人の気を散らし逸脱させるテクノ

ロジーに満ちており、記憶も思考も浅いものになるという（カー、2010）。インターネットの検索では、短時間にもっともらしい解答が得られることが多い。近年では、質問－解答に関しては音声認識とクラウド人工知能が用いられるので「前もって理解」から「理解は現場で」に移っていくかもしれない。

　解答を得ることは一見容易であるが、学習者にとって真正な問題を発見することはむしろ難しくなっているかもしれない。問題発見能力が養われていない学習者が、解答提供テクノロジーが優越するインターネットで力をつけられるだろうか。これについては、子どもの発達の過程を知っている司書が寄り添って、読書体験を積み、対話することが必要なのではなかろうか。

　ストレスの高い生活では心を病む危険にさらされている。教員がうつ病になりがちなことは、すでによく知られている。平成11年から平成21年にかけて、在職者に占める精神疾患による病気休業者は3倍に増加しており、平成21年で在職者の0.6％が精神疾患による病気休業に至っている（文部科学省、2012）。疾患に至らずとも、軽度の憂鬱は誰でも陥る可能性がある。創造的活動、読書に没頭することによるさまざまな人格や人生の疑似体験などは、心のしなやかさを高めるものであり、その導き手、水先案内人となる司書は、デジタルメディアの普及の時代にこそ価値を増す存在ではないか。集合知やAIによる情報としての知識の推奨技術が向上しているからこそ、自らの心から問い、心から考え、体験することに気づかねばならない。

　図書室と、旧来の情報端末室とは、ますます融合的な関係になるだろう。PC専用ルームというものは将来的には消滅し、環境全体が情報空間へのインタフェースになるかもしれない。学校司書は心と知のコンシェルジュとして学校に不可欠な存在となるのではないか。

5. おわりに ── 学校とコミュニティ ──

　日本の学校はこれまで産業社会化とともにあった。働く現役世代は地域よりも会社などの労働の場への帰属感が高かった。現役世代の人々は、終身雇用のもとで、家族ぐるみで会社から保障を受けていた。家庭も通勤の至便性を考慮して配置され、家族は伝統的共同体から離れ、核家族の形態を取った。核家族がつながり合うのは、主に、子どもが同じ学校に通うもの同士、という関係である。また

大企業での労働においては、歯車の1つなどと表現されたように、社会への寄与の実感性の低下が問題になった。

　低成長期が続くと雇用は流動化した。頻繁な転職、非正規での雇用など雇用形態が多様になると、それまでの会社を軸とした家族の保障も成立しなくなる。終身雇用から雇用の流動化への移行は、家族の安心・安全・一貫性に亀裂を入れるものであり、子どもの学びの場もこれに連動した現象が不断に見出される。

　明治期の学校の成り立ちの時代には、学校の誕生に対するコミュニティの期待が高かったと想像されるが、産業社会化とともに、学校は社会と切り離され隔離されることで安全確保が進められてきた。現在、学校の校門は登下校時以外閉ざされ、学校外で児童は名札もつけられない。他方で子どもの行動は無秩序性が高く、教室という機能的空間に閉じていてさえ、教師1人で手に負えなくなることがしばしばある。このような学校が、学びを社会化するといっても、それは極めて限定されたものにとどまるという批判も当然である。

　ここには悪の問題がある。社会には悪が存在する。フロムによれば（フロム、1965）、人には「死への願望」と「生への願望」が存在し、バランスを取っているが、社会の「安全」「正義」「自由」が崩壊する時に前者への傾注が高まるという。社会の不安が高まる時には、学校は子どもを守るために支援を一方的に求めるだろう。それはわれわれの願う未来ではない。

　悪の心は、実感的世界とのつながりを欠落する（姜、2015）。自分の意識だけが、つながりを欠いた背景の中に立ち現れているような欠落の中に、悪が巣食う。ともに生きる、という実感が欠落した中に悪が巣食う。悪にはまた魅了する力があり、それに惹き寄せられてしまう若者もいる。悪を消し去った社会は考えられない。したがってわれわれは悪を感知し、予見する力を持たねばならない。

　つながりと生の実感の欠落は、孤立から生まれると考えるなら、避けがたい少子高齢化の流れの中で、学校の使命はますます生身の人間のつながりを生み出し、生身の多様な人間を生き生きとさせる教育だろう。地域社会に無防備に開くのではなく、教育支援のインタフェースを通じて、地域コミュニティとつながり、コミュニティにとって創造エンジンとして働く教育が求められるだろう。地域コミュニティにとってつながりの場であるとともに学びの場である学校には、まだ未知の可能性があるのではないか。

[引用・参考文献、URL]

- 文部科学省（2015）「教育課程企画特別部会における論点整理について」（2015 年 8 月 26 日）http://www.mext.go.jp/b_menu/shingi/chukyo/chukyo3/053/index.htm
- 内閣府（2015）「平成 27 年度版 子供・若者白書（全体版）」第 3 章成育環境 第 1 節教育 http://www8.cao.go.jp/youth/whitepaper/h27honpen/pdf_index.html
- 池田行伸・藤田一郎・園田貴章（2012）『子どもの発達と支援―医療、心理、教育、福祉の観点から』ナカニシヤ出版
- 広井良典（2001）『定常型社会―新しい「豊かさ」の構想』岩波書店
- 広井良典（2009）『コミュニティを問い直す』ちくま新書
- 工藤 清「手作りおもちゃの科学館」http://www17.plala.or.jp/handicraft-toys/ access：2015.10
- 佐藤 学（2015）『専門家として教師を育てる―教師教育改革のグランドデザイン』岩波書店
- 池田行伸（2015, personal communication）
- 学校図書館法 http://law.e-gov.go.jp/htmldata/S28/S28HO185.html access：2015.10
- ニコラス・カー（2010）『ネット・バカ』青土社
- 文部科学省「教員のメンタルヘルスの現状」平成 24 年 1 月 22 日 http://www.mext.go.jp/b_menu/shingi/chousa/shotou/088/shiryo/__icsFiles/afieldfile/2012/02/24/1316629_001.pdf access：2015.10
- エーリッヒ・フロム（1965）『悪について』紀伊国屋書店
- 姜 尚中（2015）『悪の力』集英社新書

第3章　社会課題と教育支援
── 各種調査のデータから ──

杉森伸吉

1. はじめに

　現代の複雑な社会的課題を解決するためには、学校が教職員組織内のみで教育を行うのではなく、より積極的・効果的に教育支援人材と連携する必要性が高まっている。しかし学校教員をしていると、子ども観などに関する教員文化が形成されやすく、ともすると教員免許を持っているなど、教員文化を共有できる教育支援人材を信頼し、そうでないと信頼しないで部外者扱いにしたり、あるいは自分の担任する学級に、他の人が関与してほしくないと思ったりするような自文化中心主義なメンタリティになることがある。教員個人が子どもたちに与えられる影響力が限定的であること、子どもたちの未来は教員の想像を超えて豊かであること、子どもたちは地域住民を含むさまざまな人たちと関わる中で成長することを考えると、こうしたメンタリティは、子どもたちがさまざまな人と関わり、さまざまな経験をして成長する機会を抑制する可能性がある。

2. 社会課題解決のための連携・協働

　このようにさまざまな教育支援人材と子どもたちが関わることの必要性は、社会的にも長い間、学社連携・学社融合などの言葉で表現されてきた。社会や文部科学省、教育委員会などの外圧により学校が変わるのではなく、子どもたちのニーズを把握して学校が変わる必要がある。教育の受益者は子どもたちだからである。それでは、子どもたちは学校がどのようになるとよいと思っているのだろうか。図表Ⅰ-3-1 に示したのは、神奈川県教育委員会が、小中高校生を対象に

I　社会と協働する学校と教育支援

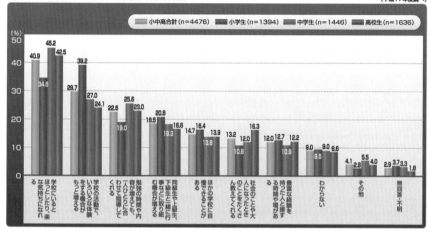

図表 I -3-1　学校がどのようになったら良いと思うか（小中高校生調査）

「学校がどのようになったら良いと思うか」を尋ねた調査結果である。調査時点の平成17年度から少し時間が経っているが、今でも妥当性は高いと考えられる。
　時間があれば、この図を見て気づいたことや、なぜこういう結果が出たのか、その理由について話し合って（考えて）みてほしい。なぜ多くの児童生徒（特に中学生）が、学校がほっとできる場所であってほしいと思っているのか、なぜ小学生は特に、いろいろなことを体験したいと思っているのか、なぜ高校生は、小中学生よりも、社会のことや大人になった時のことを教えてほしいと思っているのか、などについてである。
　少子高齢化、それにともない学校間競争が強まり学校がより独自性を出し、魅力を高める必要が出てきたこと、子どもたちが学校でもっといろいろな人の話を聞いたり、いろいろなことを体験したりしたいと思っていることからも、教育支援人材と教員の連携の必要性が高まっているといえるだろう。教育支援人材には、スクールソーシャルワーカー、スクールカウンセラー、社会教育施設（青少

年交流の家、青少年自然の家、博物館、公民館、スポーツ施設、美術館など)の職員、学校の特別支援員、保護者を含む地域ボランティアなどの人々が含まれている。現代的な課題は煎じ詰めれば、教員がこれらの人的リソースの持つ力や特性を理解し、うまくコミュニケーションを取りチームワーク力を発揮しながら、児童生徒に対する教育効果を高めることであり、こうした当たり前のことが難しいということが課題といえるだろう。実際にはさまざまな要因もあるが、学校と教育支援人材の連携がうまくいくか否かは、両者間のコミュニケーションとチームワークの問題だともいえる。学校が大切に考えていることと、教育支援人材が大切に考えていることとは、少なからず異なることがあるので、両者は児童生徒の教育に携わりながらも、異なる教育観、児童観、職業意識を持っているために、互いに異文化であるといえるのだ。

ここでは、学校と教育支援人材とのコミュニケーション能力、特に異質な他者同士の異文化間コミュニケーションの特徴がどのようなものであり、どのような点に気をつけると効果的なチームワークが発揮できるかについて述べる。その後、教育支援人材の何通りかについて、事例や研究例を紹介する。

3. 滅びの言葉

みなさんは、「滅びの言葉」という言葉を聞いたことがあるだろうか。この言葉は、京都市立堀川高校の校長として、90分授業の探求科を導入して一気に生徒の学力を引き上げた「堀川の奇跡」といわれる改革を行った、荒瀬校長(日本放送協会、2013)が語っていたものである。おそらく、この言葉を聞いたことがなくても、該当する経験はあるだろう。誰かが滅びの言葉を発すると、チーム(ここでは教員組織や教育支援組織など、一定の目的に向かって成員が役割分担しながら行動する組織をチームと呼ぶことにする)がとたんにうまく機能しなくなってしまうような言葉のことである。チームが機能しなくなる時というのは、チームのメンバーがやる気を失い、力を発揮しようという意欲をなくしてしまい、みんなの気持ちがばらばらになってしまう時である。「この人とは一緒に仕事をしたくない」、「こんなチームのためにがんばってもしょうがない」、「いくらがんばってもゴールが見えない」、「自分は必要とされていない」、「早くこのチームから離れたい」、「チームのためになると思う言動をしても、否定されてしまう」

とみんなが思うような時である。

　逆に、「このチームが大好きだ」、「このチームにいるとなんだかとても楽しい」、「このチームのためなら、とてもがんばれると思う」、「自分の言動をチームが理解して受け入れてくれている」という気持ちにメンバー全員がなっている時は、チームワークがよい時だといえる。チームがうまくいっているかを見るための簡単な指標は、メンバーに心からのその人らしい笑顔があるかどうかである。不満を持っていたり、人間関係が悪くて緊張感が強いチームでは、心からの笑顔が見られないものである。

　人間が集まり、一定の目標に向かって役割分担しながら行動する組織という点では、会社も学校も、あるいはサークルやボランティア団体、NPOなどの任意団体も同じである。

　今の日本の社会的課題の1つは、この組織がうまくまわるためのノウハウを持った人材が減少しているということではないかと思う。たとえば、会社などの日常生活で、それとは気づかずに滅びの言葉が横行することにより、職場でのうつ病が増えている。うつ病にまではなっていないとしても、職場への不満ややる気の減退を感じている人が、現代社会では組織の70％にものぼるというデータもある（河合他、2008）。

　また教員の精神疾患休職率も1992年から17年連続で上昇し、2010年以降は減少傾向にあるものの、依然として年間5000人近い教員が休職している（高原、2015）。チームのメンバーや、リーダーから、どんなふうに反応されたり、どんなふうにいわれたりすると、やる気がなくなるだろうか。また、どんなふうにいわれると、やる気が高まるだろうか。みなさんが将来、さまざまなチームの中で、メンバーになったりリーダーになったりして他のメンバーたちとコミュニケーションする時には、こうした言葉の持つ重みについて十分理解して、効果的な言葉を使うことが、とても大切になるだろう。

　大学生のみなさんであれば、サークルやアルバイト先などで、組織で行動することを経験しているであろう。あるいは、学校や家庭内でのコミュニケーションでも構わない。ここで少し時間をとり、今まで他の人からいわれた言葉で、「滅びの言葉」に当てはまると思うものについて、どんなものがあり、またなぜその言葉が滅びの言葉だったのかについて、考えてみよう。自分がいった言葉であってもかまわない。

4. 異質な他者への寛容性

　学校側と教育支援人材とでは、依って立つ前提などが異なることが多くある。たとえば後述するように、小学校の放課後に子どもたちと遊ぶボランティアの人たちは、子どもたちをのびのび遊ばせたいと考え、子どもたちの「やんちゃ」な側面を引き出すのに対して、クラス担任は子どもたちを規律正しく統率しようとするために、放課後の子どもたちの、一見統制の取れない姿に接して、自分の普段の苦労が無になったように感じてショックを受ける、などである。またスクールカウンセラーは1人ひとりに寄り添うのが仕事であるが、先生はクラス全体を、一定の教育目標に向かわせようとするため、自分が統率して一定の方向に向かわせる児童生徒集団の一員として子どもを見ることが多くある。依って立つ前提が異なるもの同士は、物事の意味づけの仕方や世界の見え方が異なるために、互いに異文化だということができる。異文化な人間同士は、自分の得意なことは認識するが、相手より劣ることは認識しにくいこと、相手の劣った部分は認識しやすいことが知られているので、異質な他者の優れていない部分には寛容になり、相手の得意分野を早く見出し、それを尊重して活かしていく姿勢が基本的態度として望まれる。

　以下では、さまざまな連携の対象のうち、中学校のスクールカウンセラーと小学校のボランティアについての研究や考察を紹介する。

5. スクールカウンセラーとの連携

　昨今のいじめ問題などを承けて、スクールカウンセラーが学校に加配される傾向にある。こうした動向からしても、スクールカウンセラーと教員の密接な連携は、ますます必要になっていくだろう。一方、スクールカウンセラーとうまく連携したいが、どのように連携したらよいかわからず模索する人もいる。ここでは、スクールカウンセラーと教員の連携・協働が実際どのように行われているかを、質的研究法により研究した山本（2015）の結果を紹介したい。

　山本（2015）では、国公私立の7中学から、スクールカウンセラーと協働している16名の教員にインタビューした結果、大きく分けると「担任のしづらい動

きを担ってもらうことでゆとりを得る」、「スクールカウンセラーの情報や発言から生徒・保護者への理解を深める」、「対応にあたってのガイドを得て判断の参考にする」、「自分の気持ちや考えへの保証を得て精神面の回復に役立てる」、「安定して対応できる」、「対応スタンスの変化がうながされる」というメリットを感じていることがわかった。こうした結果からも、担任だけでは難しい情報収集や、担任個人の意思決定の支援、担任の精神的健康のサポートなどの面で、スクールカウンセラーが寄与していることが示唆されている。

6. 地域ボランティアとの連携

　放課後子どもプランなどにより、地域のボランティアが学校に入って子どもたちと遊んだりする機会が増えている。こうしたボランティアの人々と学校の連携も重要である。東京学芸大にあるNPO法人学芸大こども未来研究所は、こうした地域ボランティアの人々に対して、子どもたちと関わるための講座を提供するとともに、さまざまなサポートを行ってきた。筆者が担当した西東京地域のA市の事例について紹介しよう。

　A市は長い歴史的伝統を持つ地域で、都心へも1時間以内で移動できる自然も多い環境にあり、代々住んでいる地域住民も多いところである。市内には17の小学校があり、市役所に登録したボランティアが、放課後子どもプランなどのボランティアで小学校に入っている。ボランティアは女性の方が多く、女性が母親世代、男性は退職世代が多い構成である。

　まず、こうしたボランティアの人々に対して、行政と教員は、現在何が問題だと思っているのかについてアンケートをまとめたものが図Ⅰ-3-2である。図Ⅰ-3-2を見ると、行政職員と教員の間でも、問題意識の共通点と相違点があることがわかる。どのような共通点と相違点が見てとれるか、時間があれば話し合ってみてほしい。教員の立場からは、子どもの安全面と人材面が大きく問題として意識されている。学校と地域をつなぎ、ボランティアを管理する行政面からは、学校との関係、地域との関係、ボランティア（スタッフ）間の関係が問題意識にあがりやすいことが見てとれる。

　それでは、実際に子どもたちと接しているボランティアの人々は、どのような点が問題だと感じているのだろうか。彼らにアンケートしたところ、120名あま

第 3 章　社会課題と教育支援

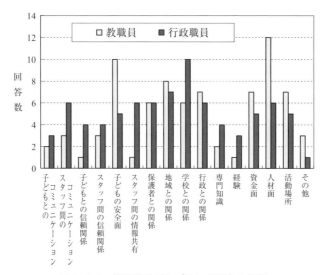

図 I -3-2　放課後子どもプランの現在の問題

りの回答が得られた。その結果、もっとも問題点として意識されているのは、「保護者との関係」で 7 割の人が問題として意識していた。また約半数の人は、「地域との関係」、「学校との関係」をあげていた。こうした点からも、教師や行政、ボランティアの人々が、立場によって見えている世界がいかに異なるかがわかるだろう。

さらに、ボランティアの人たちにワークショップを行い、放課後子どもプランの活動で感じる喜怒哀楽について話し合った結果、「嬉しいこと」として多いのは、「子どもが町中で会ったときに挨拶してくれた」、「子どもの成長が見られた」など子どもとの好ましいふれあいであった。一方、「怒りや悲しさを感じたこと」としては、「子どもたちの規範意識の低さ」、「子どものボランティアへの暴言や無視」、「子どもにムキになるボランティアの存在」、「過保護な親の存在」、「学校側の無関心」などであった。

子どもたちは教師のいうことは聞くものと思っているのに対して、地域の人々への関わり方を知らないので、教師は子どもたちに対して、「地域の人にはきちんと挨拶するように」、「関わってくれる大人の話をきちんと聞くように」などの基本マナーを教えること、ボランティアとのコミュニケーションを図り、彼らが

何を大切に思っているのか、何がモチベーションでボランティアをしてくれているのか、どんな不満があるのかを、正しく理解することが大切だろう。

またボランティアの活動率やチームワークの高低も、小学校によりまったく異なっており、普段からボランティア同士で用がなくてもよく会っている地域はボランティアの活性化率が非常に高く、そうでない地域は低い傾向が見られた。

7. おわりに

ここでは多く触れられないが、その他にも子どもの体験不足の解決には体験活動を提供するために社会教育機関（博物館、美術館、国公立の青少年自然の家など）が持っているさまざまな体験活動プログラムの利用も非常に有効である。こうした諸機関と連携する際に、学校からいわば丸投げしてすべて任せてほしいところもあれば、学校側と協働してプログラムづくりから行いたいところもあり、学校側との関わり方への期待に差がある。こうした諸機関が持っているニーズを無視して連携しようとすると、相手機関での不満感が高まりやすいので、初期段階からのコミュニケーションや活動期間中の配慮がここでも重要になる。

連携や協働は、基本的には異文化間コミュニケーションなので、他者のニーズの理解、きめ細かいコミュニケーション、他者への寛容さ、自分の立場をわかりやすく説明するプレゼン力、異なる利害関係の調整力などがますます必要とされるだろう。

[引用・参考文献]

・河合太介・高橋克徳・永田 稔・渡部 幹（2008）『不機嫌な職場―なぜ社員同士で協力できないのか』講談社現代新書
・茂木健一郎、NHK「プロフェッショナル」制作班（2013）『プロフェッショナル 仕事の流儀 荒瀬克己 公立高校校長 背伸びが、人を育てる』NHK出版
・高原龍二（2015）「公立学校教員の都道府県別精神疾患休職率の要因に関するマルチレベルSEM」『教育心理学研究63(3)』pp. 242-253
・山本 渉（2015）「中学校の担任教師はスクールカウンセラーの活動をどのように生かしているのか―グラウンデッド・セオリー・アプローチを用いた質的分析」『教育心理学研究63(3)』pp. 279-308

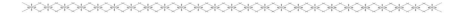

第4章 チームアプローチの可能性を切り拓く教育の意識転換

大澤克美

1. はじめに

　「チーム学校」では、教員のさらなる専門性の向上を図りつつ、多様な専門スタッフを学校に配置し、さまざまな業務を連携・分担するチームによって職務を担う体制を整備することがめざされている。それは、学校の教職員構造を転換することによって、学校の教育力・組織力を向上させ、1人ひとりの子どもの状況に応じた教育を実現することを意図した学校改革といえよう。

　このような「チーム学校」を実現するためのチームアプローチは、教育現場に生じる問題・課題の改善に向けた新しい知の創出と共有、利用と普及を可能にする取組であることに注目すべきである。その可能性を具現化するには、チームアプローチを今まで学校教育で行われてきた問題への共同的対応や、教育課題に基づく集団的な研究・研修の延長線上でとらえないことが重要であろう。

　上記の学校改革を実現するうえで1つの鍵となるのが、今まで学校教育の中心的担い手として多岐にわたる仕事を引き受けてきた教員の意識改革である。教員は本務ともいえる各教科の教育で責任を強く自覚し、指導法・授業技術の教授・習得により授業を独力でできるようになることが一人前への道とされてきた。授業改善をめざすチームアプローチでは、「独力で」という意識や常識を問い直してみることが必要なのではないだろうか。

　教育環境、学校環境の変化に対応するには、教科指導と生徒指導の両面からこれまでの学校の常識や教員の文化を新たな時代の教育支援という観点から検討し、改善していくことが求められている。本章では、調査から見えてきた教科指導に関わる教員の意識に基づき、チームアプローチによる授業改善の必要性や可

能性を、教員間の連携・協力および教員とそれ以外の教育支援者との連携・協力という2つの視点から検討する。

2. 教科指導力育成に関する教員の思いと現状

「小学校の学習指導に関する調査研究プロジェクト」が実施した小学校教員に対するアンケート[1]と聞き取り調査[2]、中学校および中等教育学校前期課程の教員を対象にした「OECD国際教員指導環境調査（TALIS2013）」[3]によれば、小学校か中学校かを問わず教員の教科指導についての不安は強く、指導方法や教科に関わる知識をもっと学んで教科指導力を向上させたいと思っている教員は大変多い。小学校のアンケートでは、社会科・理科・体育科の学習指導について、経験年数11～20年の中堅で7割以上、21年以上のベテランにおいてもおよそ6割以上が「指導の方法を工夫すること」に「困難と不安」を感じており、TALIS2013では教員の自己効力感は、参加国中もっとも低くなっている。

しかし、多様な仕事を担うことによる多忙化と長時間勤務により、教員が自校の研究・研修以外に校外の研究会や研修会などに参加し、教科指導について学ぶのは難しい状況にある。また個人主義の浸透や多忙化により、先輩教員が民間研究団体などに誘うことをためらうようになったことに加え、職場外での研究・研修に意欲的ではない内向的な若手教員もいる。結果的に教科指導に関する日常的な相談は、大半が小学校では同学年（単級では低・中・高集団）の教員に、中学校でも同じ教科の先輩教員や身近な教員になされており、そこで教科指導への助言をもらうということが大変多くなっている。

教科指導について同じ学年・教科など校内に相談したい適切な助言者がいる

---

1) 本稿で取り上げた「社会科・理科・体育科の学習指導に関するアンケート」は、「教育支援人材養成プロジェクト・学校教員調査WG（小学校の学習指導に関する調査研究プロジェクト）」が、2013年度に東京都、埼玉県、神奈川県で実施した。
2)「小学校の学習指導に関する調査研究プロジェクト」が、2013～2015年度に北海道・大阪府・神奈川県・広島県で実施した聞き取り調査と、同調査研究プロジェクトの母体となったプロジェクトが、2009～2012年度に東京都で実施した聞き取り調査である。
3) 本稿では、国立教育政策研究所「OECD国際教員指導環境調査（TALIS2013）のポイント」を参照した。TALIS2013は、2012～2013年に34の国や地域で、中学校および中等教育学校前期課程の校長および教員を対象に行われたものである。

か、授業研究をはじめとした校内の研究・研修が盛んであるかは、所属校の人的環境や教員文化などによりさまざまである。海外との比較では、組織内指導者による指導が多くあるとされ相対的に優位であるが、調査結果を見る限り校内のメンバーと環境次第という現実は否めない。

教育環境がいっそう複雑化する中で、校外の研究会などにも参加できる体制を整備することはもとより、校内における教員間の相談と研究・研修を一層活性化する体制をつくることから教科指導力の日常的な向上を着実に進めることが、これまで以上に重要となる。

3. チームアプローチの実現と教員の意識転換

聞き取り調査から、教員には経験年数が多く教科指導に熟達した「教える人」と、相対的に経験年数の少ない場合も含め若手教員、後輩教員などの「教えられる人」の2つの立場があることが明らかになってきた。学習指導の知識や技術を伝えることは確かに重要であるが、教員文化に深く根ざしたそうした2つの立場が、多忙化という状況ともあいまって経験年数や熟達度などの違いを超えて話し合い、ともに考え学び合うという関係、いわゆる同僚性の成立を阻む一要因となっていると推察される。結果的に経験年数を重ねるほど教員は、自己の抱える問題や指導上の悩みを相談しにくくなるという状況も見受けられた。

日常的な教員間の相談と校内の研究・研修をより活性化するためには、教員間の連携・協力に見られる「教えられる人（質問する人）」と「教える人（回答する人）」という関係や意識を脱却し、たとえば問題・課題に取り組む過程では誰もが自由に疑問や意見を出し、対等に話し合えるといった同僚性に基づくインタラクティブな人間関係づくりに向けて意識転換を図ることが必要である。「チーム学校」の理念を実現するためには、チームアプローチを多忙化への人数面からの対応策に終わらせることなく、教員の意識・文化を主体的に転換させる糸口や機会にしていくことが重要であろう。

教科指導という面から見たチームアプローチとは、担当教科・研究教科、学習指導の熟達度、関心のある領域・対象、経験年数などの違いを活かしつつ支え合い、ともに考え学び合うことで教科指導力を育むための方法であり、授業研究など臨床的で日常的な学習指導研究および現職研修のモデルを示すものでもある。

チームアプローチに取り組む過程では、先の2つの立場を生み出す「1人でできるのが当たり前、一人前」という従来の教員意識を、「複数で取り組むのは当たり前、連携・協力できて一人前」という意識に教員自らが転換し、それにより問題・課題の顕在化と改善・解決がなされ、メンバーの教員が効力感を味わうことが必要となる。

教科指導に熟達した教員には、OJTにおいて現実の問題・課題を一緒に考え、試行錯誤しつつもチームで協力し改善や解決の道筋を見出すことは非熟達者だけでなく自己の成長にとっても意味があるという認識が期待される。チームアプローチは目的に即して柔軟に行われるものであり、校内組織に位置づく同学年や同教科を担当する教師グループなどが必ずしもチームとなるわけではないが、そうした従来の教員グループのあり方にも問い直しを迫るものとなろう。

今後の教科指導を考えた時、知識や技術の教授と習得で果たして複雑化する状況に応じる対応力が育つのかは疑問である。重要なのは、学習指導の知識技術を単に伝承することではなく、問題や課題に対する協働的な議論により知識や技術をアレンジして活用し、複眼的に省察するチームとしての協働探究活動であろう。協働の本質である相互啓発が技能の向上をともなう新たな知の探究と創出を実現し、言語化された知識や技術を現実に即して協働的・発展的に応用していく教科指導力の形成を可能にする。教員に期待されるそうした教科指導力は、今育成が求められるキーコンピテンシー等々の学力とも軸を1つにするものであることに留意すべきである。

4. チームによる授業改善に向けたさらなる課題

チームアプローチは、教育現場に生じる個別的な問題・課題の改善・解決に向けた新しい枠組みでの知の創出・共有にとどまらず、参加教員による知の利用、普及という面をあわせ持つ点にも注目すべきである。教員自らが主体的に参加して獲得した知見や知恵であるからこそ、多様な問題場面で応用できるのであり、別なチームアプローチでも参加する仲間に問題改善の文脈の中で効果的に伝えることが可能になる。

学校全体で取り組む研究・研修は、教員の教科指導力を高めるきっかけと環境をつくり出すが、同時に学校全体のテーマを設定し、年間スケジュールに沿って

進めることから、時に主体意識が希薄化し形式化してしまう状況も見られる。今後は、教科指導に認められる切実な問題や課題に対して主体的にチームをつくり柔軟に取り組むチームアプローチと、学校全体の研究・研修をいかに効果的に連携させるかが、研究運営上の課題となってくる。「チーム学校」により進むであろう学校現場における新しい枠組みでの知の創出と活用は、教科教育研究のあり方にも変更を迫るものとなろう。

　各教科教育で考えれば、これまでもそしてこれからも学習指導は、教員としてのもっとも主要な職務であるため、教科指導力の向上を意図したチームアプローチを実現する際に鍵となるのは、子どもを理解して主体的・協働的に取り組む教員のチーム化である。ただ、それは必ずしも教員という職種に閉ざされたチームづくりを意味しない。なぜなら教科指導においても、教員が異なる専門性を持つ教育支援者などと連携・協力し、状況に即してチームをつくり取り組むべき問題や課題がますます増加しているからである。

　しかし、小学校での聞き取りで教員が教科指導で連携・協力する相手として圧倒的に多く出てきたのは、学年主任など同僚の教員や管理職の教員であり、教員以外ではと尋ねてあがったのが、ゲストティーチャーや学生らの教育支援ボランティアなどであった。教科指導が生徒指導、学級経営と表裏一体であることから明らかなように、多様な教育支援者と連携した開かれたチームづくりが求められている。今、図表Ⅰ-4-1の太線上の人々に向けられている教員の連携意識の転換も、先の教える・教えられるという意識の転換とともに、チームアプローチによる授業改善の課題となる。これは中学校においても同様であろう。

　多様なメンバーとチームアプローチに取り組む教員には、ファシリテーターやコーディネーターとして、「つなぐ」という意識が期待されるであろう。しかし、その前提として教科指導に関わる問題や課題をオープンにして他の教員や専門家、支援者に相談する、また他者からの相談を受け止めるといったいわば「つながる」という意識を各教員が持つことが必要となる。先の「複数で取り組むのが当たり前、連携・協力できて一人前」という意識を持ち、「つながる」ことのできる教員が増えていくためには、他者と「つながる」経験を通してその効力を実感してもらう機会をどのように生み出すかも課題となろう。

Ⅰ　社会と協働する学校と教育支援

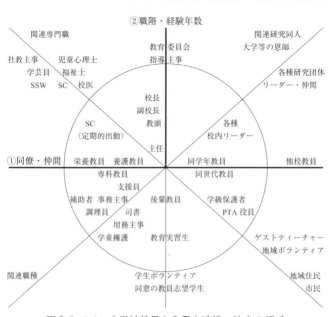

図表Ⅰ-4-1　小学校教員から見た連携・協力の相手

5. 教科指導を支える専門家との連携・協力の重要性

　これからの学校教育では、インクルーシブ教育システムの構築をめざした特別支援教育の推進が課題となっており、多様な子どもの存在を前提としたユニバーサルデザインの授業づくりも始まっている。また、経済格差という現実に対応するため、学校と家庭をつなぐ支援体制の整備や、知識基盤社会を生きるうえで不可欠な情報リテラシー育成のため、ICTを活用できる指導体制の整備が急がれている。そうした現状に対応するには、養護教諭や学校司書、事務職員なども含めた教職員によるチームづくりにとどまることなく、適時スクールカウンセラーやスクールソーシャルワーカーなど適切な教育支援者とつながり、問題・課題に対応できるチームをつくることが必要となる。

　しかしながら、教員に教育支援者との連携・協力について聞き取りを行うと、先にも触れたようにスクールカウンセラーやスクールソーシャルワーカーに関す

る話はなかなか出てこなかった。とはいえそうした支援者について具体的に質問してみると、管理職教員に連絡してもらって状況や対応を相談したり、スクールカウンセラーに保護者の了承をもらい相談内容を教えてもらったりした体験を持つ教員がいること、あるいは自分自身ではないが身近でそうした連携事例を見た教員がいることがわかった。

　こうした現状は、学校にスクールカウンセラーやスクールソーシャルワーカーが入る制度は徐々に整備されてきたものの、それらの専門家が教員にとって未だ遠い存在であることを示していると推察される。連携・協力の相手として各種の専門家が教員の意識にのぼりにくい理由は、所定の手続きを踏まないと相談ができないことや、すでに学校に入っている場合でも不定期であるということであった。それとは反対に定期的なので相談の内容や時期が限定され、関わりも限定された形になるという話も聞かれた。制度不備などの問題はあるものの相談の機会を十分に活用できず、専門家が未だ遠い存在である理由の1つは、教員の養成・研修の過程でスクールカウンセラーなどの仕事や役割を理解する機会が少なく、連携・協力の意味や有効性を実感した経験がないことにあるといえよう。

　そうした一方で数名のベテラン教員からは、専門家への相談と彼らとの連携・協力が持つ意義や可能性を聞くことできた。20年以上の教職経験を持つある教員は、自らの体験について以下のように述べている。（下記の口述部分は表現などを一部修正した）

　　昨年はちょっと支援を要するお子さんを担任した関係もあったので、スクールカウンセラーの先生と僕と2人でお話をしたり、今までの経過とかそのお子さんの成長してきた部分とかを確かめ合ったりしていました。さらに、今後の接し方とか、子どもが成長してきたので次の段階ではこうしましょうというような相談をしたり、アドバイスを受けたりということは、定期的にしていただいたりしましたね。
　　3・4年生で持った子ですけれども、僕自身にとっては非常にありがたかったですし、自分自身がやっていることがどうなのかなって疑問に思ったり、悩んだり迷ったりしているところで、専門の方のアドバイスであるとか、自分のやっていることに対する評価というか、そういうのを受けることは自信にもつながりますし、次の道筋がはっきりするので非常にありがたかったで

> すね。
> 　やっぱり相談することが必要な時もありますし、必要な時というか、これからそういうことは絶対に必要だろうなと自分は思っていますね。

　また、20年以上の教職経験を持つ他校の教員も、以下のように話していた。

> 　（スクールカウンセラーなどについて）どんどん積極的に活用して、お願いしていいと思いますね。（連携の経験は）何でもありますね。たとえば去年卒業した子で、とても大変な子が隣のクラスにいて、他の学校にある通級教室を紹介しました。最初、保護者はためらっていたんですけれども、そこに行って子どもはやっぱりいい時間を過ごせたので納得できたようです。
> 　その通級教室の先生とも連絡を密にとって、その通級教室の先生に学校に来てもらって、子どもの理解ということで校内の研修会もやりました。その子に関しては、スクールカウンセラーさんにも見てもらって。中学校も同じカウンセラーさんなので、その方を通して継続的に見守ってもらえ、引継ぎも行っています。本当にいろいろなところで活用させていただいてます。

　はじめの語りは、ベテランの教員でも学校外の専門家と連携・協力することがいかに有効で大切かを、改めて教えてくれたものといえよう。また、次の語りは、連携・協力によって子どもがよりよく育った具体例を示すものであり、小学校で生まれた支援のつながりが発展・継続することにより、子どもの成長を支え続けるものとなった事例でもある。また、ある１人の子どもをめぐるつながりが、学校の教員全体が学び合う場をつくり出すきっかけとなったという話は、連携・協力の輪がすなわちチームが１つの課題に対して閉じられたものではなく、さらなる広がりを常につくり出す可能性を持つことを教えてくれる。
　個々の子どもの状況に応じた教科指導を行うためには、上記のような特別支援だけでなく、実にさまざまな問題・課題に対応した教育支援者との連携・協力が求められる。そのためには教員が、１人で成し遂げるという意味での責任ではなく、その子にとって最善の学習環境を提供するという意味での責任を自覚し、「つながる」経験を通して指導観や授業観を自ら転換しなければならない。

6. おわりに

　教科指導においては、たとえばICTの普及にともない、誰にでも最低限の学習指導ができるといわれるデジタル教科書の普及が進むと、授業者が子どもの表面的な反応に満足してしまい授業改善への意欲が低下することが危惧される。実際にはICTとデジタル教科書を多くの教員が利用できるようになるほど、多様な子どもの学びの質に即してこれらの技術や教材をいかに効果的に活用するかをいっそう多角的・多面的に問う必要がある。多角的・多面的な考察を行うチームアプローチ自体は、対面しての議論や協働作業を大事にするため、決して簡便で効率的な方法とはいえない。しかし、情報化が進んで教育における利便性や効率性が高まるほど、チームアプローチの重要性も増すことに留意すべきである。

　そうしたチームアプローチを実現する「人とつながる・人をつなぐ」という能力・資質の育成は、これまで個々人の問題ととらえられており、教師教育、特に教員養成においてはあまり重視されてこなかった。教員相互はもとより、スクールカウンセラーなどさまざまな教育支援者との連携・協力が、教科指導の充実と改善にとって大きな課題となってきた現在、生徒指導や学級経営との一体性を認識して適切な人々とつながる能力・資質や、状況に応じて自ら関係者をつなぎ必要な組織を立ち上げる能力・資質をどのように育成するのかを、教員の養成段階から検討すべき時が来ているといえよう。

　「つながる力」と「つなぐ力」を、総括的に教員のチームアプローチ力ととらえ、その育成には下記のような能力・資質に着目すべきではないだろうか。これらは調査結果の考察に基づく仮説に過ぎないが、今まで重視されてこなかったものも多い。ここでは現状で教員が強く意識している経験年数や習熟度に着目し、養成を含めた3段階のライフステージに分けてチームアプローチ力の要素ではないかと推察される能力・資質を例示してみた。

小学校教員に求められるチームアプローチ力の要素と育成に関する試案
①教員志望者（養成段階）：連携・協力に関する体験などを含めた基礎的な認識
　の育成
・学校教育における多様な連携者・協力者の役割・機能に関する基本的な知識の

理解
- 象徴的な連携事例を活用した疑似体験で感得する連携・協力の重要性への認識

②若手教員：主に他者につながる力の育成
- 具体例を通した同僚の教員・連携者・協力者に対する理解と連携・協力の可能性の理解
- 連携者・協力者へのシンパシーや経験年数などに縛られないリスペクトといった感性
- 主体的な協働性の自覚（教員文化に見られる自己完結・自己責任という意識の転換）
- 自己表現力（コミュニケーションを通して下記のネットワーク構築力へと発展）
- 問題状況に対する自己判断力（自分でできることと相談すべきことの見極め）

③ベテラン教員：主に他者をつなぐ力　＊他者につながる力の発展として設定
- 受容性と聴取力（まずは受け入れてしっかりと話を聞く態度・能力）
- 主体的な協働性の発揮（協働的な教育活動の効果や意義に基づく他者への働きかけ）
- 開かれた同僚性の発揮（教える人と教えられる人といった意識の転換と他者への働きかけ）
- 地域を超えた多種多様な教育支援者、教員とのネットワーク構築力
- コーディネーター・オルガナイザー・マネージャー・ファシリテーターとしての遂行力

　教科指導において1人ひとりの子どもの状況に応じた教育を進めるためには、試行錯誤で時間はかかっても安易に形式化することなくチームアプローチを継続し、その過程で上記の能力・資質を随時育成し合うことが重要である。教員をめざす人にも、チームアプローチへの理解を深めるとともに、体験的に学ぶ場を授業あるいはカリキュラム外の機会に積極的に見出し、連携や協力の意味を実感できるような取組を期待したい。

第5章 「チーム」と複眼的思考
―― チームアプローチ力とは何かについて考えるために ――

松田恵示

1. はじめに

　学校は、これまでのところでも繰り返し述べられてきたように、教員だけではなく、多様な専門職の人々との、あるいは地域や企業などさまざまな支援者との「つながり」の中で、子どもたちを「みんなで」育てる場へと変化しつつある。また、さまざまな職種や立場の人々が、「補助」「連携」「協働」して、子どもたちに働きかけることがより広がっている。しかしそうなると、以前のような「まずは自分のペースで進める」といった教職員の意識や、逆に「お手伝いをしているだけ」といった地域の人々の意識のうちにあっては、「つながり」の中での求められている学校教育は生まれにくい。もちろん、だからと言って、「なんでも人に手伝ってもらう」といった教職の専門性を丸々投げ出すような形でも、あるいは「全部、私流にやりますから」といった支援の専門性を感じさせないような形でも、もちろんそれはうまくいくわけではない。

　それでは、教育のネットワーク化が進む現在、教職員や教育支援人材に求められる力量とは、いったい何であろうか。ここでは、特に「チームアプローチ力」という言葉から検討することにしてみよう。

2. チームとは何か

　すでに触れられているように、現在、日本の教育政策は「連携」や「協働」をキーワードに、さまざまな教育活動や人々がネットワークを構成して子どもを支え伸ばす方向へと大きくシフトしている。たとえば、「チーム学校」と呼ばれる

Ⅰ　社会と協働する学校と教育支援

施策では、教員だけでなく、スクールカウンセラーやスクールソーシャルワーカー、あるいは部活動の外部指導者を「学校スタッフ」と位置づけ、「チーム」を構成しそれぞれの役割に基づき、子どもたちを支え伸ばすことを進めようとしている。

　学校教育に限らず家庭教育などにおいても、これまで教育主体である教員や保護者は、基本的に「1人で責任を持って取り組むべきもの」といった意識を前提に子どもに関わってきた面が強い。しかし近年は、社会も大きく変化し、教育課題も多様化し複雑化する中で、そうした意識が強く持たれているからこそ、逆に保護者や教員といった教育主体が孤立化し、教育を困難にさせるだけでなく、負の連鎖までもが広がることも少なからず生じている。

　また、これからの新しい社会を切り拓く力を子どもたちがつけるためには、より教育が社会に開かれていかなければならないという面もある。こうしたことから、教育は教職員や保護者といった、特定の教育主体に個別に任せていただけでは、すでにその責務を果たしにくくなってきている。「みんなで協働して子どもに働きかけていくもの」であるという意識への転換が、教育には求められている。この意味で、教育は、「ソロ・アプローチ」の時代から「チーム・アプローチ」の時代へとすでに軸足を移しつつある。そして、そうした新しい教育を担う教育者に対して、これまでの取組をもちろん礎としながらも、時代に固有な新しい力量も求められている。

　ところで、この「チーム・アプローチ」という言葉の中心となっている「チーム」という言葉は、どのような意味を持つのであろうか。「チームワーク」「チームビルディング」「チームプレイ」など、「チーム」に関わる言葉は確かに多い。しかし、人が集まるだけなら、集合や集団（グループ）という言葉もある。「チーム」という言葉の本質は、いったい何だろうか。

　『チームワークの心理学』を著した山口によると、もっとも広く使われる「チーム」という言葉の定義のひとつとして、E.サラスの次のようなものがあげられるという。「チームとは、価値のある共通の目標や目的の達成あるいは職務の遂行のために、力動的で相互依存的、そして適応的な相互作用を行う二人以上の人々からなる境界の明瞭な集合体である。なお、各メンバーは課題遂行のための役割や職能を割り振られており、メンバーである期間は一定の期限がある」（山口、2008、p.11）。山口は、このサラスの定義について、図表Ⅰ-5-1を用いて、

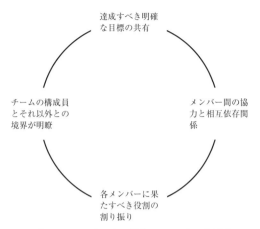

図表Ⅰ-5-1　チームに備わっているべき要素

そのポイントを4つにまとめている。

　ここにある、「目標の共有」「協力と相互依存関係」「役割の割り振り」「境界が明瞭」とういう要素は、「チーム」をマネージメントしていくときの視点としても有用性の高いものである。「チーム学校」という言葉を具体的に考えていく時にも、チームのあり方を実践的に検討し育てるために大いに役立つと思われる。ただそのためにも、特に「協力と相互依存関係」、そして「役割の割り振り」という点には、少し注意を促しておきたい。

　学校現場で考えてみた場合、「相互依存関係」とは、チームのメンバーが密接にお互いに依存し合って子どもを支援したり、指導したりすることを指している。この「相互依存」という関係は、しかしなかなか難しいものでもある。たとえば、大人が子どもに注意を与える、あるいは「諭す」場合、厳しい役割を演じる人と、優しい役割を演じる人がセットで子どもに対応することが望ましい、ということはよく言われている。一方では、厳しい態度で「ダメなものはダメ」というある種の厳然たる態度があることを理解させるとともに、他方では、そうした厳しい場面を肯定的、主体的にとらえ、よりよい方向に自分を変えていくためにも、自分を支え理解してくれる大人の優しい態度に、子どもの傷つきやすさは護られそして励まされる。この時に、厳しい役割を演じる人と、優しい役割を演じる人は、異なった視点から子どもに接することが求められている。擬似的な厳

しさや優しさでは、厳しさと優しさが本来育てるであろう、子どもへの大切な2つの立場が迎合してしまったり、あるいは逆に抑圧にしかならなくなってしまったりする。

　この意味では、教育主体として自立していることや信念を強く持っていることが重要であり、他方では同時に、異なった視点や立場を持つ人とも、子どもを巡って、お互いを尊重しつつ、しかし迎合しないことが求められる。そして、これに見合った大人が、いわば役割を割り振られる。ここでもっとも重要なことは、お互いを「信頼」できなければ、このような関係性や子どもへの接し方が成り立たない点である。相互依存関係や役割の割り振り、とは、そもそもこのような「信頼」の存在を与件としている。支援をお互いに受け合うことで相互依存が成り立ち、それは協働へと発展し、そこでの集合体が「チーム」へと整えられていく。しかし、その基盤には「信頼」という言葉が深く横たわっているのである。

3. 信頼とは何か

　「信頼」という言葉は、「信じて頼ること」である。しかしこれは、類似する「信用」や「安心」という言葉とはいったい何が異なっているのだろうか。私たちは、この「信頼」という言葉と「信用」という言葉を、確かに日常的には使い分けている。たとえば、「信用金庫」は存在するが、「信頼金庫」は存在しない。「信頼関係」も存在するが、「信用関係」はやはり存在しない。また、「信用できる人」と「信頼できる人」は、やはり少し語感が異なっていることを私たちはよく経験し理解している。周りの人を「信用」と「信頼」という言葉で見渡した時に、確かに、「信用」という言葉が馴染む人と、「信頼」という言葉が馴染む人が区別される。父親や母親は「信用」できないわけではもちろんないが、むしろ「信頼」という言葉の方が似つかわしい代表格であろう。

　ここで、社会心理学者の山岸は、「安心」と「信頼」の意味の違いについて次のように述べている。「相手が自分を搾取する意図をもっていないという期待の中で、相手の自己利益の評価に根差した部分」を意味するのが安心であるのに対して、信頼とは「相手が自分を搾取する意図をもっていないという期待の中で、相手の人格や相手が自分に対してもつ感情についての評価にもとづく部分」を意味する、というのである（山岸、1998、p.39）。つまり、相手自身の不利益にな

るからそんなことはしないだろう、と期待するのが「安心」で、相手の人格からしてそんなことはしないだろうとか、感情に根ざしてそんなことはしないだろう、と期待するのが「信頼」であるとの指摘である。ここには、「安心」が広い意味での経済性や合理性、あるいは過去の実績に基づいた言葉であるのに対して、「信頼」は人格や感情といった、行為の裏側にある非合理的なものをとらえて頼ることができる、という未来に対する期待であるという区別が示唆されている。この区別からすると、「信用」と「信頼」も、目に見えた実績に基づいて「間違いない」と受け入れる、といった条件つきの期待が「信用」であるのに対して、「信頼」は、無条件での未来に対する期待であるといえよう。

　ここで山岸はさらに、「安心が提供されやすいのは信頼が必要とされていない安定した関係においてであり、信頼が必要とされる社会的不確実性の高い状況では安心が提供されにくい」（山岸、1998、p. 50）と述べる。「安定した社会的不確実性の低い状態では安心が提供されるが、信頼は生まれにくい。これに対して社会的不確実性の高い状態では、安心が提供されていないため信頼が必要とされる」（山岸、1998、pp. 50-51）とも言い換えている。つまり、そもそもチーム内のメンバー間には、ある種の「社会的不確実性」が前提とされていなければならず、学校教育支援においては、「教員」「職員」「支援専門職」「地域住民」「企業関係者」「社会教育専門職」がチームとなる状態は「社会的不確実性」そのものなのであり、逆に言えば現在の学校には、それが必要であるということでもある。この「社会的不確実性」を消失させないように、信頼関係を構築しつつチームとして子どもへ働きかけることが求められている、ということになろう。

　チームが過度に帰属意識や愛着意識が強くなりすぎ関係性があまりにも安定しすぎてしまうと、外部との接点を持つからこそもたらされる、新しい知見や広い意味での資源を失ってしまうという機会コストが生まれ、チームとしての力が失われてしまうということになる。山岸は、「強い紐帯に囲まれている人々は安心して暮らすことができるが、そのために手に入れられる情報の量が制限されるというかたちで機会コストを支払っている」（山岸、1998、p.99）と、「弱い紐帯の強さ」という言葉で知られるM. グラノベッターの議論を引いて論じている。そして、むしろこの意味では、機会コストが高い環境においては、「信頼」こそが外部へと関係性を開く大きな役割を果たすことになるとも述べている。現在の学校教育において、教育支援が多様化、複雑化する教育課題を解決する1つの方法

として力を入れられている理由のひとつであろう。「信頼」という言葉の中には、学校を改革する独特の作用が潜んでいるのである。

4. 他者関係と「複眼性」

　ここで「信頼」という言葉の中でチームとして協働するメンバーのことを、「他者」という言葉からさらに考えてみたい。

　「他者」という言葉も、日常的によく使われる。「他者関係」や「他者との出会い」などである。この時に、この「他者」という言葉を「他人」という言葉と区別して議論するのが、社会学者の宮原である。

　宮原は、「主体性を持った私と同等の個人」として、あるいは「私」と対称的な存在として、「他人」という言葉を三人称的なものとしてとらえるのに対して、「他者」を「自」ではないもの、という、ただそうとしか言えない存在として考えている。第三者の立場から、あるいは客観的に見れば「自」と「他人」は同じものとして並び立っている、という理解となる。しかし、「自ではないもの」、として「他者」をとらえた場合には、他者は「自」のいわば補集合であって、「自」と「他者」は、同等のものではなく非対称的であり、たとえば円をひとつ描いた時に、その内側は「自」であるが、その外側が「他者」となり、線で閉じられた内部が「自」であるのに対して、線で閉じられた外側である「他者」は、閉じられていない分、果てしなくどこまでも広がっていることになる。つまり、私には「わからないもの」としてしか存在しないのである。その意味で、「他人」は、円を描いた時のそれぞれの線で閉じられた内部であるから、お互いは接点を持たず、場合によっては「遠ざかっていく」こともよくあることなのであるが、「他者」は「自」という内側に対して線を挟んだ外側という関係になるので、それは常に「自」と接し続けている、ということにもなる。つまり、「自」と「他者」は、「わからないもの」としてしか存在しないのに、一方では常に「接し続ける」、つまり「ぶつかっている」のである（宮原、1998）。

　ここでは宮原の指摘を発展させて、別なところでもまとめられているところであるが、さらに次のような3種類の社会関係を考えてみたい（松田、2008）。まず、1つめの関係は「他人関係」である。「他人」とは言い換えれば「知らない（接点がない）ので関わらない人」のことを指している。たとえば、たまたま電車に

乗り合わせた隣の乗客は「他人」である。「知らないので関わらない人」であるから、もちろん「この荷物持ってくれますか」などと、気軽に声をかけるというようなことは通常しない。そんなことを言おうものなら、逆に変な目でまわりからも見られてしまう。あくまでも「知らないので関わらない」が基本であるから、たとえば社会学者のA．ゴフマンが述べたような「儀礼的無関心」といった作法が1つの規範として必要とされる。「無関心」であるということを、逆に「装う」ことが社会生活では求められたりもするのである。たとえば「他人」が、電車の中でくしゃみをした時に鼻汁が飛び出してしまっても、それは「見て見ぬ振りをすること」が常識的には求められたりする。このように、「知らないので関わらない」からこそ、実はさまざまなルールを守ることによってこの「他人」とは関係している。規範性をともに大切にすることが、「他人」との共在を支えているということであろう。この意味では、ここでの関係は規範性という、ある1つの視点から組み立てられているものであり、「単眼的」な関係とも言い換えることができる。

　一方で、2つめの関係として考えてみたいのは、「他人」とは正反対の関係となる「知っているから関わる」関係である。具体的には、家族や友人などの、いわゆる「仲良し」の関係である。この時の関係は、「他人」と異なり決してルールといった規範性を視点として成り立っているわけではない。それは親密性という、人格や感情的なつながりに基づく、いわば「心」を介してつながっている関係である。ここでは、そのために「自己のような他」という意味で「他己」という言葉でそれを表しておきたい。「他己」とは、家族や友人など「知っているので関わる人」のことである。他ではあるけれども、「他人」のように、「自」と同等の対称的な「人」というのではなく、親密性の中に、関係性をそれほど意識することなく、自然な形で己の世界の中に溶け込んでいる存在となっているのが「他己」である。「他己紹介」が、小学校などではときどきなされている。これは、友だちのことを聞き、学級のみんなに紹介してあげることをいうが、このような時に使われる「自己のような他」が、ここでいう「他己関係」である。「他己関係」は「みんな仲良し」といった言葉で表される関係であるとともに、「他人」と異なり、ルールといった規範性を視点にはしていないものの、親密性を起点としているという意味では、実は「単眼的」な関係であることに変わりがないことはここで強調しておきたい。

Ⅰ　社会と協働する学校と教育支援

　ここまでくると最後には、「他人」と同様「知らない」のだけれども「他己」と同様「関わる」人、つまり「知らないけれども関わる人」という類型が成り立つ。「他人」と「他己」との中間であり、これをここでは「他者」ならびに3つめの関係として「他者関係」と呼んでおきたい。先に宮原が述べた「他者」の概念である。「他者」との関係は、また「規範」と「親密さ」の両義性の中にある。「知らない」からこそルールが必要とされながらも、「関わる」からこそ親密性が必要とされるからである。

　こうして考えてくると、「他者関係」には、「規範」と「親密性」の間にあることから、状況や他者との関係性において生じる独特のストレスがあることもわかる。たとえばある人と、初めて出会った「知らない人」だけれども、仕事をともにするという点では「関わる」という関係を持った場合に、どの程度までルールを掲げ、どの程度まで親しさに委ね、いわばルールを曖昧にするのか、この「規範」と「親密性」の加減を、常に他者との関係のうちにおいて探りながら調整していかなければならない。これは、もちろん「気を使っている」のは「自」の側だけでなく、「他者」の側もそうであるから、大変不安定な関係を抱え込まざるをえない。しかし、だからこそ「信頼」という、無条件での期待、つまりある種の相手への「賭け」がなければ、この関係は成り立たないのである。そして、それがある種の「賭け」である以上、うまくいかない時も出てくる。しかし、良かったり悪かったりといった不断の調整を行い続ける中で、「他者」の信頼性を判断する「コツ」が身につき、「他者関係」を多様に広げていくことができるようになるのである。

　このことからすると、「他者関係」は「複眼的」な関係であり、複眼的思考と両義性を調整する「コツ」を把握するまでの粘り強いプロセスの積み重ねが、他者と結びやすい「自」を形づくっていくということになる。もちろんここでいう「他者関係」は、異なった視点や立場を持つ人々が、「目標の共有」「協力と相互依存関係」「役割の割り振り」「境界が明瞭」の4つの要素を持つ「チーム」として協働する際の関係でもあり、ネットワーク化を前提として、多様な人々が教育支援によってつながり子どもを支えていく際に求められる関係でもある。

5.「アプローチ」という言葉の持つ複眼性

　さて、ここまで「チーム・アプローチ力」を考えるために、主に「チーム」という言葉の定義から、その成立要素やそこでの関係性について考えてきた。最後にここでは「チーム・アプローチ力」という言葉のもう1つの要素、つまり「アプローチ」という言葉の側にも注意を払ってみたい。
　アプローチ（approach）は、「より近づく」といった内容を語源に持つ言葉として、たとえば、建物や施設の入り口までの導入路や、ゴルフなどでグリーン上へと寄せて打つ際にも使われる言葉である。そこから、対象とすることや物に接近すること、あるいはその方法といった意味でも使われる。「チーム・アプローチ」という言葉においては、このように「チームで接近する」といった、ある種の教育方法に対する態度をも含んでいるということになろう。
　また同時に「アプローチ」という言葉は、対象とする物やことに迫ろうとする意志と、たとえば「アプローチを変えてみる」といった言い回しに見られるように、今取っている接近の仕方は、あくまで「仕方」なのであって、他にも方法がありえるといった、技法や態度への相対化の意識を含んでいる。つまり、そこでの行為に対して、没入と距離化の両義性がその背景には含まれているということである。だからこそ「チーム・アプローチ」は、「チーム」の外部に対しても常に開かれているといってよい。「チームワーク」という言葉が、「チーム」の内部を指向する言葉であるのに対して、「チーム・アプローチ」は「チーム」の外部との関係にまで、常に視野を開いた接近の仕方となるということである。このような方法や態度に対する力量を「チーム・アプローチ力」と考えるとすれば、「チーム・アプローチ力」のもっとも基盤にあるものは、「チーム」における協働を支える「他者関係」の要でもあり、「アプローチ」という接近に対する意志と一方での相対化意識をも同時に成り立たせる、やはり「複眼的思考」である。
　「複眼的思考」は、現在の学校教育において大変取りづらい性向であるという面もある。社会に対しての説明責任（アカウンタビリティ）が強く求められ、一方では、子どもの教育に対する役割分担を広く、そして大きく期待されている学校において、「ああでもあり、こうでもある」「成功するかもわからないが失敗するかもしれない」「厳しくしないといけないが優しくしないといけない」「原則は

こうだけれども例外もある」といった複眼性に通じる曖昧さは歓迎されるものではない。またこの意味では、これまでの教員養成において見られてきた「一人でできてこそ一人前」という意識も、単眼的思考の1つであることから、教員においても苦手な性向であろう。しかし、近年よく指摘される、新任教員の「折れやすさ」や、教職員の精神的困難性なども、ひるがえって見れば、この単眼的思考に起因することも少なくない面もある。教育支援によるネットワーク化が学校に求められ、「チーム・アプローチ力」が1つのキーワードとなっている現在、今一度、教育者養成や研修における「複眼的思考」への注目を高める必要があるのではないかと思われるところである。

6. おわりに

　それでは、「複眼的思考」はいったいどのように育てられたり、啓発することができるのか。あるいは、具体的に「チーム・アプローチ力」をどのように構造的にとらえ、そしてたとえば大学のカリキュラム開発に生かしていくことができるのか。本書の他の章では、このことについていくつかの観点から述べられている。詳細はそちらに委ねたいが、概して指摘できることは、とりわけ教員者（教員・教育支援員）の養成・研修においては、「他者」とぶつかり合い「他者」と関係を結ぶ、「自」にとって外部性の高い現実社会において、単なる経験ではない、「チーム」として何かの目標の実現に対して具体的に働く、他者体験としての現場体験を積むことの大切さである。教育実習や、ボランティア体験では、ここでいう「他者関係」や、「自」にとっての外部性はまだまだ不完全である。また、教員研修においても、学校内部での研修では、同様に「他者関係」や「自」にとっての外部性は生まれにくい。自ら、「他者関係」のうちにある「チーム」としての学校現場体験や、学校外での研修体験を求めて、機会コストを減ずる動きにアプローチすることが求められるのではないか。「自」の枠がゆさぶられ、「自」の外部に対する想像力が高まったときに、私たちは「自」と「外部」との複眼性に開かれるのだと思われる。その意味では「チーム・アプローチ力」は、身をもってぶつかり投げ出していくような骨太の体験の中にこそ、そのもっとも核心にあるエッセンスは育てられ、伝えられていくものであるのかもしれない。

[引用・参考文献]
・宮原浩二郎（1998）『ことばの臨床社会学』ナカニシヤ書店
・山岸俊男（1998）『信頼の構造―こころと社会の進化ゲーム―』東京大学出版会
・山口裕幸（2008）『チームワークの心理学』サイエンス社
・松田恵示（2008）「運動遊びの社会心理学」日本体育学会編『体育の科学』58-5. pp. 326-330

I 社会と協働する学校と教育支援

第6章　学校教育の支援
── 支援者の立ち位置 ──

鈴木　聡

1. はじめに

　学校教育を支援する場はたくさんある。まず思いつくのが、「教科学習の充実を図るための支援」がある。これは、専門性を持つ者がいわゆるゲストティーチャーとして授業の中に入ってきたり、理科支援員や体育講師のように、特定の教科において、授業準備や授業補助の支援をしたりするものである。また、教科学習への支援とは別に、教師に対する支援、児童・生徒に対する支援、学校の運営そのものに対する支援も存在する。そのような支援は、大変多岐にわたる。
　ここでは、学校教育における教科学習以外の支援に焦点を絞り、そのあり方や、支援者としての立ち位置、最近の取組の例を紹介していくこととする。

2. 学校教育における支援

(1) 背　景
　以前は、学校教育、社会教育、家庭教育はそれぞれの持ち場があり、役割が分担されていた。しかし、現代はその連携を模索する流れが起き、すでにその取組が始まっている。もちろん期待される教育内容や機能は、三者それぞれの独自性がある。しかし、たとえば学校の現状を見ていくと、学校に対する要望や期待も実に多様になり、教師の多忙化、仕事の複雑化が叫ばれている。また、学習支援が必要な児童・生徒も増え、1人の教師が最大40人の学級を運営したり授業をしていったりすることも難しくなってきている。そのような現状に対して、子どもたちに対する支援、教師に対する支援、学校運営に対する支援は必要不可欠で

ある。さらにいえば、学校で教師だけが教育の担い手であるという従来の考え方に対し、さまざまな専門性を持つ人材や児童・生徒の成長を支える人材を活用し、チームを組んで学校を運営していく、いわゆる「チーム学校」という考え方が導入されてきている。

しかし、学校に対する支援は、誰にでもできるというものではない。その場が教育機関であることや、児童・生徒が育っていく学びの場であることを考えると、専門的な知見を有していることが求められる。では学校教育の支援に入る場合、どのようなことに留意するとよいだろうか。教師でもなく保護者でもない支援者の立ち位置は、どうあるべきなのか。ここでは、現代の小学生期の子どもがおかれている現状を概観することから、かかる課題について考えていきたい。

(2) 現代の子ども事情

昔の子どもと今の子どもを比べてみた時にどのような違いがあるだろうか。昔の子どもといっても漠然としているが、ひとまずは現代の40代の大人が子ども時代を過ごした30年ほど前を想定して考えてみることにする。図表Ⅰ-6-1は、一般社団法人教育支援人材認証協会が主催し、NPO法人こども未来研究所で開催している「こどもパートナー認証講座」で行ったワークショップで出された意見である。意見は、大きく「子どもたちの生活や学習、遊び」を視点としたものと、「心や身体」を視点としたものに分けることができる。また、昔と比べて今の子どもが「向上している」ととらえることができる意見と「課題である」ととらえられる意見に分けることができる。

少し分析および解釈をしてみたい。「心・身体」面では、現代の子どもたちは弱くなってきたという印象がある。生活習慣の変化から、就寝時刻が遅くなりその結果疲れが表出する子どもが多いことがあるだろう。しかし、これは大人の生活リズムの変化が子どもに影響しているという見方もできる。「骨折をする子が多い」という点については、レントゲンの性能がよくなり、亀裂骨折や剥離骨折が発見しやすくなったからだという見方もできるだろう。公園でできる遊びが限られたり、約束の仕方が変わったりしていることも、むしろ大人の側の変化にともなっていると考えることもできるはずだ。

そのような中、「ガキ大将がいない」「異年齢の遊び集団がなくなった」という状況は、一般的にもよくいわれることである。昔の子どもたちの世界には、確か

I 社会と協働する学校と教育支援

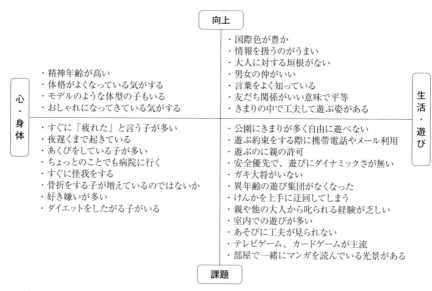

図表 I-6-1　昔の子どもと今の子どもの比較（あるワークショップで出された意見より）

に異年齢による遊び集団があちこちに見られた。そこでは、年長の者が年下の者に遊びやルールを教え、何の遊びをするのかとか、どのようなルールで行うのかとか、年少者に対しては特別ルールをつくってあげるといったことが合意形成されていたという。年少者は年長者をモデルとして育っていく。そこでは大人が介在しない社会が形成され、子どもたちは成長し合っていたのである。

このような地域の異年齢遊び集団の崩壊は、子どもたちの世界の大きな変化であることは事実であろう。

（3）他者意識の重要性

筆者が以前勤務していた小学校では、「ノーチャイム制」を導入している。学級の学びの状況によっては、授業の終了時刻が他の学級と違うこともあり得る。早めに授業が終わったクラスの子どもたちは、教室を出て校庭に向かう。ノーチャイムシステムを導入した頃の子どもたちは、隣のクラスが授業中であれば、静かに廊下を歩行して玄関に向かっていた。ガラス張りで、廊下から教室が見える環境であったため、隣の教室の状況はよく見える。同時に、自分たちは休み時

間になったことの嬉しさを隣の教室の同学年の仲間にアピールし、自慢しつつ、静かに歩行していくのであった。しかし、最近は、隣のクラスが授業中であっても大きな声で会話をしながら廊下を歩行している姿が見られるようになった。もちろん、教師が声をかけると、素直に反省する子どもたちではあるのだが、以前の様子と少し違う状況に気づくことがあった。

　こうした状況を、社会学者である宮台真司の「仲間以外はみな風景」（宮台、1996）という若者現象を援用してとらえてみることとする。1995年以降、若者の間で顕著に見られるようになった行動として、電車の中で平気で化粧をしたり街路やコンビニの前で座り込んだりといった振る舞いがある。この現象を宮台（1996）は、「仲間以外はみな風景とでもいうべき感受性」だと述べている。これは、かつて日本を覆っていた「大きな世間」の解体に起因するという。昔の日本には、「同じ世間を生きている」という感覚があった。現代は、「同じ世間」の範囲が小さくなってきているのだ。自分たちの仲間で構成される空間のみが「世間の内側」であり、それ以外の者は、「風景」になってしまうのである。

　自分たちの学級が休み時間になった子どもたちにとっては、他の学級は「風景」としか映っていないのだろう。以前の子どもたちには、「隣のクラスはまだ授業中だ」「静かにしないといけない」「でも自慢したい」という意識があった。つまり、隣のクラスを「他者」として意識していたのだ。このような事例はおそらく大人にも当てはまることだろう。他者意識が薄くなってきていることは、共通した現代的課題なのではないだろうか。

（4）支援者の立ち位置

　現代は、成熟社会といわれる。ターニングポイントを1980年代ととらえた場合、戦後の復興から日本には明確な欧米化という「モデル」が存在していた。「どんどんよくなる社会」がめざされ、目標が明確であったといえる。高度成長期を終え、先進国となり、むしろ海外諸国からモデルにされるようになったのと時を同じくしてバブルの崩壊、そして経済の低迷期が訪れ、「頑張ればいいことがある社会」から「未来はたかが知れている社会」へと人々の感情が大きく変貌していくことになる。この状況にどのように手を打っていけばよいだろうか。

　子どもたちの成長にとって有効な関係性を表す概念として、たとえばNPO法人カタリバや教育改革実践家の藤原和博氏が提唱する「ナナメの関係」がある。

I　社会と協働する学校と教育支援

　私たちのまわりには、同僚性・友好性が基盤となるフラットな「ヨコ」の関係性の人と、指導性が基盤となる「タテ」の関係性の人が存在する。そして、もう1つの軸として、友好性をともない指導性も含まれる「ナナメ」の関係性の人が存在するというものだ。ここに位置づく者の存在は、個人の成長にとても大きく影響する。まったくフラットな同僚や直属の上司よりも、少し上の先輩に話を聞いてもらったり相談したりすることで気が楽になり道が開けることはよくあることだ。先述の異年齢遊び集団の中には、ナナメに位置づく存在がまわりにたくさんいたのではないだろうか。さらにいえば、成長するのはナナメに位置づく者も同様である。自分の影響を感じてくれる他者の存在は、その者をも成長させる。

　この関係性で考えた際、教師でも保護者でもない教育支援者の立ち位置は、ナナメの関係に位置づくと考えることもできるだろう。子どもたちの社会が、同年代でフラットなつながりが基盤となっている現代において、大人ではあるものの、ナナメに位置づく感覚でアプローチすることは効果的である。そう考えると、学校教育に教育支援者が関わることは、子どもたちの関係性や関わりを豊かにしていくことにも機能するといえるのではないか。

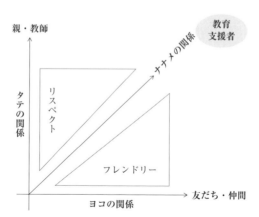

図表 I-6-2　成長に有効な関係性（NPO 法人カタリバより、筆者加筆）

第6章　学校教育の支援

3. 学校組織を支援する

(1)「チーム学校」という課題

　ここで視点を広げ、学校教育に対する新しい概念である「チーム学校」の考え方から、学校組織を支援する可能性を考えてみたい。

　平成28年12月に中央教育審議会から、「チームとしての学校の在り方と今後の改善方策について」(答申)が発表された。その背景はいくつかあるが、大きくは、「次代を生きる力を育む教育課程の改革」のために授業方法の革新を実現することがめざされている。特に、どのように学ぶかということに焦点があり、アクティブラーニングなどの学習形態が推奨されている。また、複雑化、多様化した学校を取り巻く課題を解決するために、さまざまな専門的知見を動員し、チームで課題を解決することが謳われている。そのために、学校では教育支援人材の活用を積極的に行い、教員以外の専門スタッフを充実させることから教師が子どもと向き合うための時間を確保していくことが可能となる。

　多様な人材が専門性を発揮することで、子どもたちに必要な資質・能力を確実に身につけさせることがねらいとなる。

　具体的には、学級経営したり授業したりといった教育活動以外の専門スタッフ(たとえばスクールカウンセラーやソーシャルワーカーなど)を、学校における標準的な職としていく際には、その職務内容を法令上明確化して整備していく必要があるだろう。こうした職能を有する人材の配置拡充とそのための資質確保は急務の課題であり、将来的には正規職員として国庫負担で雇うことが望まれる。

　また、部活動支援員(仮称)を法令上位置づけることも明記されている。現在は、部活動の外部指導員は引率などができず正規教職員が同行することになっている。このため、勤務時間外や休日の勤務がやむを得ない。この制度が整うためには、任用前の研修が必要となる。現行では、部活動に関わる外部指導員への研修がないため、我流であったり経験則に基づいた指導が展開されたりしている状況である。そのほとんどが、熱心な指導員であり多くの成果を出してきているが、一方で、根性論が展開され、発達段階に適さない負荷の大きいトレーニングを課してしまうようなことも危惧される。児童・生徒の実情や発達段階に応じた指導のあり方を学んだり、科学的な指導法を取り入れたりすることが必要である。

このように、施策の面からも学校教育を支援し、チームでアプローチしていくことが重要な時代になっていることは自明であり、教育支援者の存在意義が確認できる。

(2) 学校研究を支援する取組

学校教育を支援する場の可能性として、校内研究への支援例を紹介する。わが国の教師は授業研究によって実践的力量を形成している。なかでも、校内研究や校内研修は、大量採用時代を迎えた学校現場の現状においてはOJTとしても機能している。しかし、教師の多忙化が叫ばれ、日々の対応に追われる中で授業研究になかなか時間が割けないという実態もある。

授業研究は一般的に、研究主題の決定、事前検討（教材研究・指導案の作成）、研究授業による検証、研究協議会と講評、事後検討、研究のまとめという一連の流れを有している。現状を見てみると、公開を前提にした研究授業および協議会を1つの目標として、それに至るまでの準備段階に多くの時間を費やし、事後検討は少ない。特に、研究仮説を「児童の変容」で検証的に考察することに関しては、児童の意識調査が中心で、たとえば体育科であれば、児童のパフォーマンスの変容を分析するに至るものは少ない。

学校研究に関わると、本来は、研究目標である「関わり合いを深める」「できるようになる」「わかるようになる」といったことを実現するために、場の工夫、学習過程の工夫、教具の工夫、声かけの工夫などのアプローチで達成しようという「手立て」が設定される。多くの教師は、手だての有効性を「児童の変容で示したい」という希望を持っているが、実際は時間的にも方法論的にもその分析にまで手が回らないという声が聞かれる。このような状況に対して、学校現場における校内研究と大学の研究室が協働して研究をしていくことで、より成功裡な研究が期待できるのではないか。

4. 具体的な改善方策

(1) 専門性に基づくチームの体制の構築

これからの学校は、多様な専門性を有する人材がチームとなって教育していく必要性が述べられている。教師の専門性は多岐にわたるが、その専門性について

は以下のように言及されている。

> 　我が国の教員は、教育の専門性を生かし、これまでの学習指導要領のみならず、生徒指導等の面でも主要な役割を担い、子供たちの状況を総合的に把握して指導を行っている。このような取組は高く評価され、成果を上げてきた。
> 　しかし、主体的・協働的な学習やカリキュラム・マネジメントの取組等が求められる中、教員に期待される専門性は高まっており、<u>教員は、授業準備や研修等に、より多くの時間を割き、自らの専門性を高めること</u>が求められている。（下線は筆者）

多岐にわたる専門性や仕事内容の中で、授業準備や研修が重要であること、それを通して専門性を高めていくことが求められていることがわかる。その取組の中で、実践的研究の重要性が以下のように説明されている。

> （主体的・協働的な学習の必要性）
> 　新しい時代に必要となる資質・能力を育成するためには、「何を教えるか」という知識の量や質の改善だけでなく、「どのように学ぶか」という、学びの質や深まりを重視し、学ぶことと社会とのつながりをより意識した教育を行い、子供たちがそうした教育のプロセスを通じて、基礎的な知識・技能を習得するとともに、実社会や実生活の中でそれらを活用しながら、自らの課題を発見し、その解決に向けて主体的・協働的に探究し、学びの成果を表現しさらに実践に生かしていけるような学習活動を行うことが必要である。
> 　そのような主体的・協働的な学習を行うためには、<u>知識の質や量の改善を主眼として学習と比較して、質量ともに充実した授業準備や教材研究等が必要であり、あわせて、学習成果の評価方法についても開発する必要がある</u>。
> 　さらに、現在の教員の多く教員が経てきた養成課程は、今後求められる主体的・協働的な学習に十分対応できる内容や手法であるとは限らないことから、主体的・協働的な学習の指導方法を自ら意識的に身に付ける努力が求められている。（下線は筆者）

こうした課題に対して、教育支援を行う場合を考えると、校内研究や研修にお

I 社会と協働する学校と教育支援

図表 I-6-3　TV 会議システムを使った授業研究

ける支援も可能性として考えられる。たとえば、筆者の研究室では、遠隔 TV 会議システム（エイネット株式会社 FreshVoice HYBRID ASP サービス）でリアルタイムに学校と研究室をつないで授業研究を行い、授業の分析（児童の変容など）を学生が行って学校にデータを提供する支援を試みている[1]。大学での分析をもとに、学校では解釈や考察を深めて検証を行い、成果と課題を日々の授業に活かしていく構想である。児童の変容をもとにした授業改善が実現することが期待される。学校側からは、事後分析に多くの時間が割けない現状を打開する可能性に期待が寄せられている。学生からは、大学にいながら授業研究に参画することで授業および授業研究のリアルに接することができ、教育学部の学びに活かせるという反応がある。

　この取組から、「教育支援とは何か」という問いに対して、学校の教師と支援者である学生の双方にとってメリットがあり、ひいては児童・生徒に大きな効果が得られる可能性が示唆されるのではないだろうか。

5. おわりに

　学校教育における教育支援は多岐にわたる。「学校」という場において、教育

---

1) エイネット株式会社の「FreshVoice」は、大学や医療機関などで数多く利用され、学術分野において高いシェアを持っているテレビ会議／WEB 会議システムである。

支援者として知っておくべきこと、存在意義、児童・生徒に接するときの考え方などについて概観してきた。

　教育支援者は、人材不足を補ったり、マンパワーとして支援したりするだけではなく、子どもたちの成長にとって重要な意味のある存在であるという自覚が何より大切である。そのためには、教育学や教育心理学の知見から学んだり、子どもたちの現状をしっかりとキャッチアップしたりしながら臨む必要がある。

　さらにいえば、自身の経験則での対応ではなく、最新の情報や方法を収集しながら、「今」何が必要かを瞬時に考えながら支援にあたるような資質も求められる。言い換えるなら、教育支援者もまた「学び続ける存在」でなければならない。その姿が、子どもたちにとってのよい「モデル」と映るのではないだろうか。

　当然、チーム学校が実現されると学校現場にはさまざまな人材がそれぞれの専門性を発揮しながら支援していくことになる。そのネットワークの中で自身の専門性なり個性を発揮しながら、教師や支援者が協働して学校を創っていくという視点を忘れてはならない。本章で述べてきた内容は、どの専門性を持つ支援者であっても共通した「構え」である。みんなで子どもたちを育てていくという意識を高く持ち、学校教育支援にあたっていただきたい。

[引用・参考文献、URL]

・藤原和博（2007）「『情報編集力』を身に付けよう」7人の特別講義プロジェクト＆モーニング編集部編『16才の教科書』講談社
・宮台真司（1996）「『郊外化』と『近代の成熟』」井上　俊・上野千鶴子・大澤真幸・見田宗介・吉見俊哉編『岩波講座・現代社会学10：セクシュアリティ社会学』岩波書店
・中央教育審議会（2015.12.21）「チームとしての学校の在り方と今後の改善方策について」
　http://www.mext.go.jp/b_menu/shingi/chukyo/chukyo0/toushin/__icsFiles/afieldfile/2016/02/05/1365657_00.pdf

II

学校と協働する
子ども支援専門領域と教育支援

第1章　教育を環境として保障することを支援する
── 心理的側面 ──

松尾直博

1．はじめに

(1) 教育を受ける権利

　みなさんは、子どもの「教育を受ける権利」について考えたことはあるだろうか。あるいはみなさんは子どもの頃「教育を受ける権利」について教わったことはあるだろうか。それでは、「義務教育」という言葉について聞いたことはあるだろうか。おそらく、「義務教育」という言葉については、多くの人が聞いたことがあると答えるであろう。日本国憲法第26条は、義務教育について以下のように規定している。

> 2　すべて国民は、法律の定めるところにより、その保護する子女に普通教育を受けさせる義務を負う。義務教育は、これを無償とする。

　また、教育基本法第五条では以下のような記述がある。

> (義務教育)
> 第五条　国民は、その保護する子に、別に法律で定めるところにより、普通教育を受けさせる義務を負う。
> (中略)
> 3　国及び地方公共団体は、義務教育の機会を保障し、その水準を確保するため、適切な役割分担及び相互の協力の下、その実施に責任を負う。

このように、日本においては、保護者、国、地方公共団体にある年齢の子どもに教育を受けさせる義務がある。しばしば誤解されるのではあるが、子どもに教育を受ける義務がある、あるいは学校に行く義務があるから「義務教育」と呼ぶのではなく、保護者、国、地方公共団体に教育を受けさせる義務があるから、「義務教育」と呼ぶのである。

　一方で、子どもの側にあるのは教育を受ける「権利」である。日本国憲法第26条は、教育を受ける権利について以下のように記している。

> すべて国民は、法律の定めるところにより、その能力に応じて、ひとしく教育を受ける権利を有する。

　また、日本も締約している国際条約である「児童のための権利条約」（子どもの権利条約）の第28条には以下のような記述がある。

> **第28条**
> 1　締約国は、教育についての児童の権利を認めるものとし、この権利を漸進的にかつ機会の平等を基礎として達成するため、特に、
> (a)　初等教育を義務的なものとし、すべての者に対して無償のものとする。
> (b)　種々の形態の中等教育（一般教育及び職業教育を含む。）の発展を奨励し、すべての児童に対し、これらの中等教育が利用可能であり、かつ、これらを利用する機会が与えられるものとし、例えば、無償教育の導入、必要な場合における財政的援助の提供のような適当な措置をとる。
> (c)　すべての適当な方法により、能力に応じ、すべての者に対して高等教育を利用する機会が与えられるものとする。
> (d)　すべての児童に対し、教育及び職業に関する情報及び指導が利用可能であり、かつ、これらを利用する機会が与えられるものとする。
> (e)　定期的な登校及び中途退学率の減少を奨励するための措置をとる。

　このように、子どもが教育を受ける権利については、日本国憲法やその他の法律、国際条約においても強く強調されているものである。しかしながら、子ども自身がこのことについて知ることは少ない。自分が教育を受ける権利者であるこ

とを知らないまま、大人になっていくのも不思議な感じもする。

　パキスタン出身のマララ・ユスフザイさんは、17歳の時に史上最年少のノーベル賞を受賞した。彼女が願い、訴えてきたのはすべての子どもが教育を受ける権利が実現された世界であるともいえよう。日本においては、さまざまな法律で子どもが教育を受ける権利は、基本的には整備されている。しかし、より詳しく見ていくと、日本においても子どもが教育を受ける権利がきちんと保障されているだろうか。障害のある子どもは、その特性にあった適切な教育が、本人や家族の過剰な負担なしに、受けられているであろうか。世帯の収入が少ない家庭の子どもが、教育を受けるうえで著しく不利になっていないであろうか。虐待を受けた子ども、いじめの被害者になった子どもが、長期に登校したり、教室で教育を受けたりすることが困難になっているが、放置されていないだろうか。

(2) 生涯学習の視点

　教育する機会が与えられなければいけないのは、子どもだけではない。教育基本法の第三条には以下のように書かれている。

> （生涯学習の理念）
> **第三条**　国民一人一人が、自己の人格を磨き、豊かな人生を送ることができるよう、その生涯にわたって、あらゆる機会に、あらゆる場所において学習することができ、その成果を適切に生かすことのできる社会の実現が図られなければならない。

　このように、人は生涯を通じて学ぶ存在である。国や地方公共団体などは、成人期以降も学べる機会を設けるように努めていく必要がある。本章では、子どもを中心に教育支援人材が教育環境を保障・補償するための視点を提供するが、生涯学習についても考慮するため、必要に応じて「子ども」ではなく「学習者」という用語を用いる。この場合には、子どもも成人も含まれると理解してもらえればと思う。

(3) 教育支援人材の役割

　教育支援人材は、「補助的支援」「連携的支援」「協働的支援」を通じて、すべ

ての人の学びを保障することがその役割といえるが、特に教育を受ける権利が侵害されている、あるいは学ぶ権利が十分に保障されていない場合に、支援を行う人材として期待されているといえるかもしれない。教育基本法第四条には以下のような記述がある。

> （教育の機会均等）
> **第四条**　すべて国民は、ひとしく、その能力に応じた教育を受ける機会を与えられなければならず、人種、信条、性別、社会的身分、経済的地位又は門地によって、教育上差別されない。
> **2**　国及び地方公共団体は、障害のある者が、その障害の状態に応じ、十分な教育を受けられるよう、教育上必要な支援を講じなければならない。
> **3**　国及び地方公共団体は、能力があるにもかかわらず、経済的理由によって修学が困難な者に対して、奨学の措置を講じなければならない。

2項に「国及び地方公共団体は、（中略）教育上必要な支援を講じなければならない。」と書かれているように、中心となって教育を行うのは教師らであったとしても、その能力に応じた教育が実現するためにはさまざまな教育支援人材の関与が必要であることが推測される。

（4）教育環境の保障を心理面から考える

　その学習者に適した環境を整えることを具体的に考えてみると、実にさまざまな側面があることに気づく。たとえば、学ぶ場（教室など）の大きさ、素材、温度、明るさ、静かさ、教材・教具（ICT機器なども含む）の整備など、物理面（物理的側面）も重要である。また、心理面（心理的側面）も学ぶ環境の整備において欠かせない側面である。本章では、心理面に特に注目していきたい。

　「心」あるいは「心理」のとらえ方には無数の考え方があるが、ここでは一般に使われる「知情意」という言葉をもとに心理学の観点から考えていく。「知」とは、心の知的側面であり、知ること（知識）、考えること（思考）、覚えること（記憶）、言葉を用いること（言語）などが代表的なものである。「情」とは、心の情の側面であり、いわゆる喜怒哀楽などであり、心理学では、感情、情動、情緒、情操、気分などが代表的なものである。「意」とは、心の意志・意欲の側面

II　学校と協働する子ども支援専門領域と教育支援

であり、動機づけ、学習意欲、目標（目標設定）などが代表的なものである。

　たとえば、集団で、あるいは小集団や個人で学ぶための物理的環境が整っていたとしても、心理面でその学習者に合った環境が整えられていなければ、学ぶ権利を保障・補償できているとはいえない。いくら快適で、最新の機器が整えられた空間でも、学習内容や教育方法がその学習者の知的な側面に合っていない（難しすぎる、簡単すぎる、理解や回答の仕方で学習者にとって不得意な方法が用いられているなど）、情の側面に合っていない（学習者の感情状態や感情特性を考慮しない方法が用いられているなど）、意志・意欲の面に合っていない（学習者の好奇心を高める、学ぶ目標に合うような内容・方法が用いられていないなど）場合は、適切な教育環境とは言い難く、学習が進むどころか、かえって学ぶことに対する嫌悪感や劣等感を強めてしまうことすらある。

　このように、教育を受ける権利を保障・補償する環境を整えるためには、心理面での把握が不可欠、かつ重要であることは間違いない。こうした心理面での情報を収集し、学習者の状態や特性を理解するために行われるのが「心理アセスメント」と呼ばれるものである。教育に関係が深い領域では「心理教育アセスメント」ともいわれる。心理アセスメントは、心理検査（知能検査やパーソナリティ検査など）が用いられることもあるが、それに加えて観察、面接（本人や周囲の人からの聞き取り）、作品、成果物、学校で行われるテストからの情報収集など、さまざまな観点から行われる。心理アセスメントの中心的な担い手は、心理学の専門教育を受けているカウンセラー、心理士（心理師）となるが、チームで連携してアセスメントを行った方が、さらに効果的である。授業の専門家である教師、社会環境の理解に詳しいソーシャルワーカー、ICTなどに詳しい情報教育の専門家、スポーツの専門家、芸術や表現教育の専門家、多文化共生教育の専門家、生涯学習の専門家など、学習者に関わるさまざまな専門性を持った人材が情報収集を行い、チームとして集約することができれば、厚みのある、多角的なアセスメントになり、その後の支援のために豊かな知見が得られることが多い。

　アセスメントというと、一般的には対象者（ここでは学習者）についての心理面でのアセスメントをもっぱら指すことも少なくない。しかし、本章で強調したいのは、環境についてのアセスメントも重要であるということである。誰が、何を、いつ、どこで、どのように教育を行っているかについてのアセスメントも欠かせない。教育を提供する側の人や組織が全体的には優秀であったとしても、学

習者の心理的状態や特性とのミスマッチが起こっているため、結果的によい学習環境を保障・保障できていないこともある。このようなミスマッチを把握し、是正することも、教育支援人材の重要な役割である。

2. 個人と環境の理解

(1) 理解する視野を広げる

　教育支援の活動をしていると、関係者から「この子どもに心理検査を受けさせて、病院からの指示で薬を飲ませてください。障害があると思います。まったく学ぼうとしません。学校はやるべきことはすべてもうやりました」というような声を聞くことがある。ところが、専門機関による心理検査や医師による問診や観察の結果、確かに本人が苦手としていることはあるが、診断されるような障害や疾病はなく、学習環境とのミスマッチに由来している問題ではないかと思われることもある。そして、学年が変わり、担任が替わり、クラスメイトが変わると、驚くほど問題行動は減り、意欲的に学びはじめることもある。別の例として、ある障害のある子どもが、前の学年ではとても楽しく学校生活を送れ、よい学びをしていたのに、クラス替えがあってからは障害に由来する症状が出ている程度には大きな変化がないのにも関わらず、周囲の無理解から状態が悪くなり、登校できなくなるようなこともある。

(2) ICFの考え方

　ICF（International Classification of Functioning, Disability and Health）は、人間の生活機能と障害の分類法として、2001年5月、世界保健機関（WHO）総会において採択された（障害者福祉研究会、2002）。特徴は、それまでのWHO国際障害分類（ICIDH）がマイナス面を分類するという考え方が中心であったのに対し、ICFは、生活機能というプラス面から見るように視点を転換し、さらに環境因子などの観点を加えたことである。

　図表Ⅱ-1-1にICFの構成要素間の相互作用について示した。「心身機能」とは、身体系の生理的機能（心理的機能を含む）であり、「身体構造」とは、器官・肢体とその構成部分などの、身体の解剖学的部分である。「機能障害（構造障害を含む）」とは、著しい変異や喪失などといった、心身機能または身体構造上の

Ⅱ　学校と協働する子ども支援専門領域と教育支援

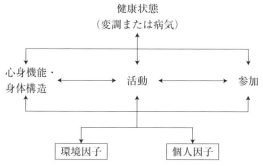

図表Ⅱ-1-1　ICFの構成要素間の相互作用

問題である。たとえば、脳の構造の特異性により、注意の機能に問題が生じているなどである。

「活動」とは、課題や行為の個人による遂行のことである。「活動制限」とは、個人が活動を行う時に生じる難しさのことである。45分間、席に座って授業を聞いていることが難しいことなどである。

「参加」とは、生活・人生場面への関わりのことである。「参加制約」とは、個人がなんらかの生活・人生場面に関わる時に経験する難しさのことである。たとえば、授業に出ることができない、学校に登校することができないなどである。

「環境因子」とは、人々が生活し、人生を送っている物的な環境や社会的環境、人々の社会的な態度による環境を構成する因子のことである。環境因子には、以下のようなことが含まれる。①生産品と用具：日常生活や教育に必要な道具など。②自然環境と人間がもたらした環境変化：音、光、自然災害や人的災害など。③支援と関係：家族、友人、専門職の存在など。④態度：家族の態度、友人の態度、専門職の態度など。⑤サービス・制度・政策：コミュニケーションサービス、教育と訓練のサービスなど。

「個人因子」とは、個人の人生や生活の特別な背景であり、健康状態や健康状況以外のその人の特徴からなる。これには性別、人種、年齢、その他の健康状態、体力、ライフスタイル、習慣、生育歴、困難への対処方法、社会的背景、教育歴、職業、過去および現在の経験（過去や現在の人生の出来事）、全体的な行動様式、性格、個人の心理的資質、その他の特質などが含まれる。

各構成要素は、相互に影響し合いながら、健康状態を規定していく。このうち

「環境因子」と「個人因子」は、背景因子といわれ、背景から健康状態を促進または阻害するものである。WHOは健康という概念を幅広くとらえており、よい学びをしているというのも、健康状態の一部としてもよいであろう。したがって、よい学びができている、よい学びができていない状態をとらえる場合にも、ICFの考え方は非常に参考になる。困難を抱えている人を支援するために理解する際には、学習者個人の状態や特性（障害や疾病がある、生育歴上不安定な人間関係に苦しんできたなど）に注目するだけではなく、環境因子（本人に合った教材・教具が準備されていない、周囲に肯定的な態度の人が少ないなど）にも目を向けなければならない。

(3) 予防科学の考え方

　医学の分野では、「予防医療（予防医学）」が注目されている。病気になったあとに、どのように治療を行うかというより、病気にならないためにはどのようにすればよいかを重視する研究であり、実践である。予防医療の考え方は、その後、狭い意味での医学領域にとどまらず、さまざまな問題領域に応用されるようになり、「予防科学」ともいわれるようになっている。海外では、学校における暴力やいじめ予防においても、予防科学の考え方が応用されるようになっている。

　予防科学の中心的な考え方となるのが、危険因子と保護因子の考え方である。危険因子とは、その要因が存在する場合、その要因が存在しない場合より特定の疾病や問題を引き起こす危険性を高めるものである。危険因子は、1つだけあっても必ずしもその問題を引き起こすわけではないが、危険因子の数が増えれば増えるほど、問題を引き起こす危険性は高まっていく。保護因子は、その要因が存在する場合、その要因が存在しない場合より特定の疾病や問題を引き起こす危険性を低めるものである。保護因子は、1つだけあっても必ずしもその問題を予防できるわけではないが、保護因子の数が増えれば増えるほど、問題を予防できる可能性は高まっていく。

　さらに学校などの問題行動を考える場合には、危険因子、保護因子をいくつかの水準に分けて考えることがある（たとえばOrpinas & Horne, 2006）。図表Ⅱ-1-2に学校における問題行動に影響する危険因子、保護因子の例を示した。予防科学は、本来であれば統計を用いて、エビデンス（根拠）に基づいて実証していくものであるが、ここで示されているものは、一部海外の研究などで実証さ

Ⅱ　学校と協働する子ども支援専門領域と教育支援

図表Ⅱ-1-2　子どもの心理的問題の危険因子・保護因子の例

	危険因子	保護因子
本人レベル	衝動性、情緒不安定、自己否定、コミュニケーションが苦手、身体的不調、思考困難、社会に絶望	情緒的安定、適切な自尊心、社交性、知的能力が高い、希望や夢がある、問題解決スキル
家庭レベル	家庭内に強いストレス、家族のコミュニケーション不足、虐待・家庭内暴力、保護者の愛情不足	保護者の愛情、家族のコミュニケーション良好、保護者の適切な監視、家族によるサポート機能
学校レベル	いじめ・暴力の存在、過度の競争的雰囲気、学校関連ストレスが高い、人間関係の問題	安心・安全が感じられる、協力的雰囲気、愛着を感じられる学校、人間関係良好、楽しさ・温かさ
地域・社会・文化レベル	治安の悪さ、子どもを大切にしない雰囲気、マスメディア等による有害情報、社会不安	安心・安全が感じられる、子どもを大切にする雰囲気、活躍や楽しみの機会や場がある

れているものも含まれるが、すべて実証されているものではなく、あくまで参考と考えてもらいたい。

　たとえ本人レベルでの危険因子が少なかったとしても、家庭や学校、地域に危険因子が多ければ、子どもが問題行動を起こす危険性は高まっていく。反対に、本人レベルでの危険因子を抱えていても、家庭、学校、地域の保護因子の影響力が強ければ、問題行動は予防できる。予防科学の観点からも、学習者個人の要因だけに着目するのではなく、学習者を取り巻く環境に存在する危険因子、保護因子にも目を向ける必要性が理解できる。また、効果的な教育支援を考える際にも、学習者個人への働きかけだけではなく、家庭、学校、地域への働きかけが重要であることもわかる。

（4）障害と社会的障壁の考え方

　障害者基本法の第二条には、定義として以下のようなことが述べられている。

一　障害者　身体障害、知的障害、精神障害（発達障害を含む。）その他の心身の機能の障害（以下「障害」と総称する。）がある者であって、障害及び社会的障壁により継続的に日常生活又は社会生活に相当な制限を受ける状態にあるものをいう。
二　社会的障壁　障害がある者にとって日常生活又は社会生活を営む上で障

壁となるような社会における事物、制度、慣行、観念その他一切のものをいう。

ここで注目したいことは、「社会的障壁」という考え方である。「社会的障壁」とは、いわば社会の側にある障害（障壁）である。社会の中にある事物、制度、慣行、観念が、心身の機能の障害のある人が生きていくうえでの妨げとなるのである。社会的障壁を取り除く努力は、社会の側が行なわなければならないことである。障害者基本法には、以下のような記述もある。

（差別の禁止）
第四条　何人も、障害者に対して、障害を理由として、差別することその他の権利利益を侵害する行為をしてはならない。
2　社会的障壁の除去は、それを必要としている障害者が現に存し、かつ、その実施に伴う負担が過重でないときは、それを怠ることによって前項の規定に違反することとならないよう、その実施について必要かつ合理的な配慮がされなければならない。

ここで述べられている「合理的な配慮」（合理的配慮）は、教育支援を考えるうえで、重要なキーワードである。その実施にともなう負担が過重でないのに関わらず、社会的障壁の除去を怠ることは差別にあたる場合もある。合理的配慮は、社会的障壁の除去を必要としている人とその実施者とのやりとりで決められるものであり、固定的に決まっているものではない。たとえば、学校の建物を段差の少ない構造にする、支援員を置く、授業中に感情の制御が難しくなる児童のためにクールダウンできる部屋を用意する、読み書き障害のある生徒にタブレットなどの機器の使用を許可するなどである。

合理的配慮において、教育支援人材は大きな役割を果たせる可能性がある。たとえば、教師だけでは、合理的配慮の具体的な方策が思いつかなかったり、過剰な負担であると思われたりすることが、さまざまな専門的知識と技術を持ち合わせた教育支援人材が関わることにより、過剰な負担をともなわずに適切な合理的配慮ができる可能性がある。

3. おわりに

　教育支援人材は、これからの教育の重要な担い手として、人々が教育を受ける権利が保障されているかを考えなければならず、またそれが失われている場合は補償することを考えなければならない。適切な教育を受ける権利を保障・補償するためには、適切な教育環境を整備することが大いに関わってくる。教育支援人材が、適切な教育環境を保障・補償するためには、いくつかの関わり方が考えられる。それは、自らが教育環境の一部となり、学習者に何かを教えたり、教育支援を行ったりすることである。もう1つは、学習者にとって適切な教育環境を整備するために、自らは学習者への直接的な支援者にはならないが、助言（コンサルテーション）をしたり、コーディネーション（人材の配置や関係性の調整など）をしたりすることである。

　本章で示したICF、予防科学、障害と社会的障壁の考え方などを参考に、多角的に教育環境を理解し、教育支援を実施していくことが必要であろう。そのためにも、異なる専門性を有した人材がチームとして機能することは極めて重要であり、チームアプローチの大切さを今一度認識していきたい。

[引用・参考文献]

・Orpinas, P., & Horne, A. M（2006）*Bullying Prevention : Creating positive school climate and developing social competence.* Washington. American Psychological Association.
・障害者福祉研究会（2002）『ICF 国際生活機能分類—国際障害分類改定版』中央法規出版

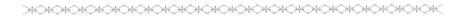

第2章 「わかった・できた・たのしいね！」
―― 子ども理解と環境調整のエッセンス ――

加瀬 進

1. はじめに

　そっと小学校3年生の教室に入って、授業中の子どもたちを見てみよう。一番前に座っている男子はワークシートに何も書き込まず、隣や後ろの席のクラスメートにちょっかいを出している。無視されると大声をあげたり、勝手に教室から出て行こうとする。黙々とワークシートに取り組んでいる男子を後ろからのぞくと大人気のキャラクターの絵を描いている。窓側の席でじっとしている女子のワークシートには名前が平仮名で書いてあるだけ。そのうちに隣の子のワークシートをそっくり写そうとしているかのような仕草をするので怪訝そうに観察していると、担任の先生がやってきて「外国暮らしが長くて、日本語がちょっと……」と耳打ちしてくれた。

　マスコミで取り上げられる深刻ないじめや自殺のみならず、今、学校には実に多様な形で「先生にとって気になる子」が増えている。先生1人で対応することが難しいケースはもちろんのこと、特別支援教育コーディネーターや養護教諭を含む教職員チームでさえ、どうにも支えきれない数々のケース。幼稚園や保育園、小学校・中学校・高等学校、特別支援学級や特別支援学校など、そうしたケースが現れる場も実に多様である。

　このような状況の中、文部科学省は〈子どもの問題〉の複雑化・多様化を前にして、学校の教職員と専門職を含む多様な教育支援人材による「チーム学校」づくりを提唱している。だが、気になる行動が起きてしまう「理由」を的確につかむことができなければ、「チーム学校」は間違いなく名ばかりのものになってしまうだろう。

そこで本章では、義務教育段階の通常学級を想定しながら、「気になる行動」を理解する基本的な枠組みと、子どもたちに「わかった・できた・たのしいね」と実感できる授業を届けるために必要な「環境調整」のインデックスを整理することとしたい。

2.「気になる行動」理解の基本的枠組み①「氷山モデル」

「氷山モデル」とは、そもそもビジネスの世界で検討されてきた「コンピテンシー」、すなわち高い業績につながる「総合的な能力」の概念モデルとして提起されたものであった（Spencer & Spencer, 1993）。「コンピテンシー」とは「目に見える」スキルや知識だけではなく、「隠された」自己イメージや特性、動因も含めてとらえるべきものであって、その中核にあるのは特性と動因であるという理解の仕方であり、それを模式化したものが「氷山モデル」なのであった。その後、この「氷山モデル」はさまざまな分野で援用されていくが、その1つが自閉症理解モデルとしての援用である。自閉症の人々が見せる、周囲から見ると「時に異質で、迷惑な」ととらえられる行動（常同行動・自傷・他傷・攻撃・破壊など）は自閉症の人々が持つさまざまな特性と彼らを取り巻く環境が相互に影響し合って（水面下に隠された）、行動として発現する（水面上で目に見える）という理解の仕方が、自閉症の理解と支援に有効である、という考え方に立脚している（たとえば水野、2011）。

このモデルは自閉症のみならず、広範囲な「気になる行動」理解にとって有効である。そこで今しばらく、このモデルの理解に努めてみよう。

図表Ⅱ-2-1はSpencerらの「氷山モデル」をもとに作成したものである。繰り返しになるが、先生にとって「気になる行動」は、子どもにとっては「困っている」というサインなのであって、そのサインを強めたり（「気になる行動」をエスカレートさせる）、弱めたりする（「気になる行動」を解消していく）のが水面下にある「個人因子」と「環境因子」の相互作用なのである。

個人因子には、たとえば障害のある子どもが持つさまざまな特性、保護者のネグレクトや虐待による愛着障害やPTSD、うつ病や統合失調症をはじめとする精神疾患、内臓疾患や若年性糖尿病等々の多様な病気、これらが複合的に重なるこ

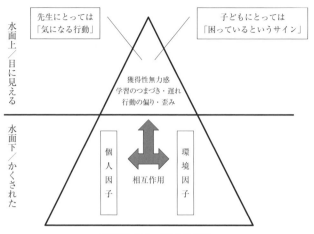

図表Ⅱ-2-1　氷山モデル

とによる二次障害など、実に多岐にわたっている。また、成功体験や失敗体験の積み重ねによる個々の経験値も、この個人因子に入るだろう。こうした個人因子との相互作用によって水面上の行動を規定するのが環境因子であるとするならば、「個人因子」をいわば「個性」として自他ともに許容できるように「環境因子」の調整をすることがいかに重要であるか、理解できるに違いない。

冒頭で述べたように、本章ではここでいう「気になる行動」／「困っているサイン」にどのようなものがあるかをふまえつつ、環境因子のインデックスを整理することが目的であるが、そこに入る前に、もう1つ基本的枠組みとして大切な視点を取り上げておきたい。それは環境調整が遅れる、うまくいかないことによる水面上の行動の複雑化・深刻化である。

3.「気になる行動」理解の基本的枠組み②　「川の流れモデル」

時間の経過とともに変化していく吃音症状を吃音進展過程というが、これを区分する4つの段階を模式化したものに、ヴァンライパーの「川の流れモデル」がある（松本ら、1998／原典：Charles Van Riper、1963）。上述したように、「氷山モデル」は周囲から見て「困った行動」ととらえられがちな言動を誘発する水面

Ⅱ　学校と協働する子ども支援専門領域と教育支援

下の要因を的確にとらえ、適切な支援を導いて本人の「困っているサイン」を軽減し、本人の多様な生活世界を広げるための枠組みである。一方、この「川の流れモデル」は時系列にそって「困っているサイン」が複雑化・深刻化していくプロセスを段階的にとらえるためのモデルである。このモデルをもう1つの基本的枠組みとして取り上げた理由は、環境調整は対象者ごとの個人因子のみならず、対象者の「困っているサイン」の複雑さや深刻度によっても異なる、という理解を導いてくれるからである。

図表Ⅱ-2-2がヴァンライパーによる「川の流れモデル」である。ヴァンライパーによる解説に依拠しつつ、「吃音」を氷山モデルでいう水面上の行動（以下、行動問題と表記する）に置き換えながら解説してみたい。

行動問題には3つの水源がある。1つは「素因の水源」（個人因子）であり、行動問題を起こしやすいなんらかの誘発要因を表している。この水源は「学習の湖」（個人因子と環境因子の相互作用）にたどりつき、行動問題を軽減する学習をするか、強める学習をするかによってその現れ方の強弱に関わってくる（第1段階）。

この段階を過ぎると「神経症の池」から川の流れを速めるプレッシャーがかかり「驚きの早瀬」で行動問題にまつわる本人の混乱や周囲の困惑を強めることもあるが、まだ川の流れは緩く、自力または支援者が手を差し伸べることで「たよ

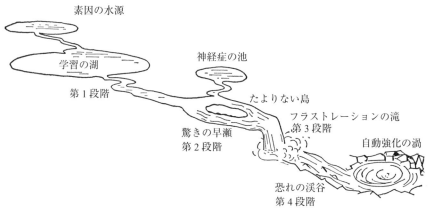

出典：チャールズ・ヴァンライパー『ことばの治療―その理論と方法』より

図表Ⅱ-2-2　川の流れモデル

りない島」にうちあげられる子どももいる。「驚きの早瀬」と「たよりない島」の行き来をする第2段階である。

ところが、この段階を過ぎて「フラストレーションの滝」から突き落とされてしまうと、ゴツゴツした岩の間で激流にもまれ、行動問題に対する混乱や困惑の中で悪循環を繰り返し、内面化が進行していく。なんとか岸にしがみついている時に有能な専門家や協力的な家族の援助があると岸辺に引き上げられることができるが、困難度は高い（第3段階）。

そしてさらに「恐れの渓谷」へ入り「自動強化の渦」に巻き込まれると極めて支援が難しい状況となる（第4段階）。

教室の中で「気になる行動」を示す子どもたちについて、行動観察をはじめとするさまざまな支援を要請される専門職から「もっと早く相談してほしかった」という嘆きを聞くことが少なくない。早期発見・早期支援の重要性はいうまでもないが、段階が進むほど環境調整の困難度は高まっていくことを十分にふまえておく必要がある。

4.「気になる行動」
―― 子どもの「困っているサイン」に気づく ――

さて、図表Ⅱ-2-1の氷山モデルに記した水面上の「気になる行動」にはどのようなものがあるのだろうか。本章ではこうしたサイン・インデックスの嚆矢となった『教科学習に特異な困難を示す児童・生徒の類型化と指導法の研究』（国立特殊教育総合研究所、1995）を参照しながら、その一部を例示してみよう。なお、この点に関する良書は数多く出されているので、詳しくはそうした書籍を参照されたい。

(1)「聞く・話す・読む・書く」ことの特異な困難
【聞く】指示に従うことができず、まごつくことが多い／聞き間違いが多い
【話す】的確な言葉を見つけられなかったり、つまったりすることが多い
【読む】文字の順序の読み違え（はしご→はごし）や混同（にぐるま→にじまる）が多い
【書く】判読しにくい乱雑な文字を書く／漢字のこまかい部分を間違えて書く

(2)「算数」における特異な困難（小学校低学年 ── 第2・3学年の場合）
【図形】形を構成したり、分離したりする活動ができない
【数】十二を102というように、書き表すことがある
【計算】1位数同士の計算でも、30秒以上の時間がかかることがある
【数学的志向、空間・時間の概念、記憶など】文章の問題に関して、文章を読んで、加法や減法の式に表すことができない／時計を見て、時刻が読めない

(3) 社会性・行動
【授業場面】席にじっと座っていられない／他児にちょっかいを出す
【休み時間】集団のゲームのルールがほとんど分からない／非常に乱暴である
【生活習慣】忘れ物が非常に多い／偏食、過食、小食などが著しい

　同報告書（調査票）のサイン・インデックス以外にも衣服の汚れ、異臭、未受診・未治療など端的にネグレクト（養育放棄）が推測されるサイン、登校しぶり・不登校といったサインがあり、しばしば学校だけでは把握しにくい重層的な要因が絡んでいる。
　さらに、学習面におけるつまずきを繰り返すと獲得性無力感、つまり「どうせやってもむだだ」というパワーレスな状態に陥りがちで、「エンパワーメント・アプローチ（傷つきからの回復と自己肯定感の向上）」の重要性にも目を向けておきたい。

5. 環境調整

　さて、ここではいくつかの先行研究に依りながら、大きく学校環境、家庭環境、社会環境に区分して、それぞれにおいて求められる具体的なインデックスを整理する。

(1) 学校環境
　学校環境の調整とは子どもが不公平感や孤独感を感じることなく「このクラスの一員でよかった」と実感でき（Adderley ら、2015）、多様なクラスメートを受け止めることのできる学級経営を基盤とした「学校づくり」と言い換えることが

できる。ここでいう学校づくりとは①「困っている子どもを発見する」スクリーニング、②個々の子どものアセスメントと支援方法の検討、③支援の実践（必要な「ひと・もの・こと」の準備と展開）、④支援の振り返り・記録・評価という一連のステージを円滑に、かつ実効性をもって展開できる「校内支援システム」の構築である。

　図表Ⅱ-2-3はA小学校が4年の歳月をかけてつくりあげた「校内支援システム」4つのステージである（小長井・加瀬、2007より作成）。以下、簡略に説明しておこう。

　まず学校長のリーダーシップにより「すべての児童が『わかった・できた・たのしいね』と思える授業づくり」がA小学校の中心的な学校運営方針であることを校内外に広報する（ステージ1）。そして全児童のスクリーニング、つまり標準化された検査による学習の遅れの把握、担任の行動観察による学習・行動面の強みと弱みの把握から「個別に配慮を要する可能性のある児童」を掌握する（ステージ2）。次に、この「個別に配慮を要する可能性のある児童」1人ひとりについて「連絡会議」を開き、保護者の理解と同意を得ながら、発達検査などの必要な情報収集を行って、特別な支援が必要と判断された児童に「個別の教育支援計画」を作成し、支援会議で支援プログラムを確定する（ステージ3）。以上の経過をふまえて実践を展開し、支援プログラムの評価と見直しを行う（ステージ4）、というものである。

　図中のグループ1〜3は支援プログラムの対象児童の類型を表している。「グループ1」は理解に時間がかかる、読み違いが多い、1日の予定が理解できないといったニーズを有する児童に、通常学級をベースにした支援を行うグループである（授業中のワンポイント指導や学年でのコース別学習など）。「グループ2」は読み違いが多い、算数の文章題が解けない、教室で暴力や暴言があるといったニーズを有する児童に、学級担任のみならず教務主任、養護教諭、少人数指導担当者、専科教員などの校内資源を活用するグループである。そして「グループ3」は著しい学習の遅れがある、教室からの逸脱・授業妨害や反社会的行動が見られるといった児童に、外部の専門家を交えた「校内専門家チーム」や医療機関を含む社会資源を活用した細やかな個別指導、本人と家族に対する相談支援を実施するグループとなる。なお、特別支援学級は「グループ4」であるが、通常学級における交流学習を最大限に行う努力がなされている。

Ⅱ　学校と協働する子ども支援専門領域と教育支援

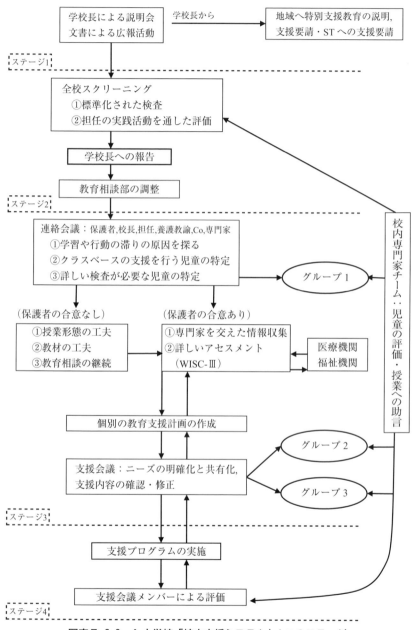

図表Ⅱ-2-3　A小学校「校内支援システム」4つのステージ

支援プログラムの実際は対象児童に応じて個別性が高いものの、学校環境の調整においては通常学級の「受け止める力」を高めるという視点を忘れてはならない。詳細は専門書に譲るが、たとえば発達障害の特性を持つ児童生徒が混乱しない教室や授業展開の構造化（座席位置、机の並べ方、掲示物への配慮や「発問－展開－終結」における板書の統一など）、感情・行動の高ぶりをおさめる「タイムアウト」の場所・時間・ルールづくりとクラス全員での了解など、これまでに多くのノウハウが蓄積されてきている。

(2) 家庭環境

　氷山の水面下にある環境因子の中でも家庭環境、とりわけ母親の養育力不足を課題視する声が後を絶たない。たとえば池田ら（2012）によると、子どもの内在化問題行動（寂しそうにしている、他の子と遊ばないなど）と外在化問題行動（決まりや指示を守らない、人やものに攻撃的であるなど）は、親の子どもの頃の体験（自然体験、家庭体験、地域体験、文化体験）や現在の家庭力 ── ①親子関係（「子どもに1日のできごとを聞く」など）、②夫婦関係（「夫婦でお互いの関心事についてよく話し合う」など）、③家族関係（「ご飯のときに家族で会話を楽しむ」など）の頻度・程度で表される力 ── と一定程度、正の相関を示すという。

　だが、問題はここからであって、家庭力の低さ、母親の養育力不足を非難しても始まらない。そうした母親は「困った親」なのではなく、「困っている親」だからである。もちろん厳しい虐待ケースなどにおいては子どもを緊急保護できる環境調整も必要であるが、まずは今できる家庭環境の調整を考えなくてはならない。この点に関するインデックスには次のようなものがある（宮下、2015）。

①家族内の人間関係（母子密着、親子・きょうだい・夫婦不和、孤立感、病気など）に起因する子どもの不安や緊張、疲れに寄り添い、必要に応じて関係機関につなぐ。
②子育てへの緊張や養育力不足、障害受容の難しさ、保護者の健康状況など、保護者のしんどさに寄り添い、励ましながら見守る。また、必要に応じて福祉サービスを利用できるよう関係機関につなぐ。
③生活リズムや基本的な生活習慣の確立、食生活の工夫の仕方について具体的方法を提案する。

④ネットやゲームなどへの依存を防ぐよう助言する。
⑤虐待が疑われる場合は、児童相談所や子ども家庭支援センター、警察と連携する。
⑥家庭内暴力に直面している場合、関係機関につなぐ。

(3) 社会環境

　ここでいう社会環境の調整とは「コミュニティづくり」と「社会資源の利用調整及び開発」を指す。まず「コミュニティづくり」について実際にあった事例から考えてみよう（事例については一部、脚色している）。なお、ここでいうコミュニティとは「住民が主体的に創造し共有する普遍的価値意識に基づいて行動することによって新しく形成されるもの」と定義しておく（奥田、1983）。

　「注目されたい」という気持ちから放火を繰り返してしまった小学校5年生のA君。学校では物静かにしており、学習についても大きな遅れは見られなかった。ただし、休み時間や放課後に遊ぶ友だちはほとんどおらず、保護者の学習面・交友面に対する要求水準はかなり高い一人っ子である。

　学校ではA君が大好きで詳しい鉄道に注目し、学生時代に鉄道研究会でならした教員と一緒に「鉄道新聞」を作成して周囲の児童から賞賛される環境調整を行うことにした。あわせて保護者と担任および特別支援教育コーディネーターが相談を進め、「"勉強、頑張りなさい"と1回言う前に、3回は『鉄道新聞』を誉める」というルールをつくったのである。

　さらに、民生委員・児童委員、学校運営協議会のメンバーである地域住民と学校が協力して、風評被害の防ぐために防犯・防災月間を設定して本児を含む児童の参画を進めていった。その結果、上述した学校環境・家庭環境の調整とあいまって、放火の再発は見られず、学校に「鉄道新聞の会」がつくられて、本児の交友関係が広がるという結末に至ったのであった。一朝一夕にできることではないが、社会環境の調整の1つである「コミュニティづくり」には欠かせない視点と取組といえよう。

　一方、社会資源とは「学校環境と家庭環境の調整にあたり必要とされる〈ひと・もの・こと〉」を指す。まず学校環境の調整との関連においてみると、「学校内の社会資源では不足する場合に活用できる社会資源」という枠組みでとらえることが実際的であろう。A小学校の例でいえば、まず「校内支援システム」づくりに

必要な、教職員から見て力量があり、使い勝手のよい専門職があげられる。昨今、「チーム学校」が謳われ、スクールカウンセラーに加えてスクールソーシャルワーカーの配置が注目されているが、現状では職種と力量が必ずしも一致しない。学校現場で求められる力量とは子どもと教師と家族のニーズを的確に把握し、子どもと教師と家族に必要な支援を具体的に提案・提供できる力である。その意味では利用可能な範囲のどこに、どのような力量を持った、どの程度協力的な心理・福祉・医療等の専門職がいるか、という「情報」を整理しておくことが大切になる。特に家庭環境との関連で見ると、経済的に困窮している家庭に対しては支援を積極的に考えてくれる生活保護のワーカーや生活困窮者自立支援法に基づく相談支援員の把握と家族に対する利用支援が重要になってくるし、保護者と子どもの医療機関へのつながり、特に精神科に関しては「納得と利用支援」という調整が必要になる。

　なお、現実には〈使い勝手のよい〉社会資源の少なさ、保護者の理解と了解を取り付ける難しさが大きな壁となって立ちはだかっている。たやすいことではないが、不足する社会資源の開発、そして保護者と二人三脚で歩める専門職の養成および研修体制の整備、専門職として働ける安定した雇用体制の構築がどうしても必要であり、それ自体が社会環境の調整－社会資源の開発における大きな課題といえるだろう。

6. おわりに

　子どもと学校を支える教育支援人材の中でも、社会的側面における環境調整の担い手は誰なのか、求められる力は何なのか。本章ではそこまで踏み込めていないが、「つながる力、つなげる力」が必要であることは間違いない。その際に重要な心構えとして「ポジショニング」、すなわち「特定の〈ひと・もの・こと〉を応援する立場ではなく、各々に対してフラットな立場であることを表明する」ことと、「四ない主義」、すなわち「かかえこまない、ひとりがちしない、けんかをしない、おしつけない」を常に意識することが重要である（加瀬、2004）。本章のまとめにあたり、これらが今日でもなお、社会的側面の環境調整、その担い手に求められる欠かすことのできない「コンピテンシー」の構成要素であることを確認しておきたい。

[引用・参考文献]

- Adderley, R. J, et al.（2015）*Exploring inclusive practices in primary schools : focusing on children's voices*, European Journal of Special Needs Education, 30(1), 106-201.
- 池田まさみ・安藤玲子・宮本康司（2012）「幼児期の問題行動と家庭力」菅原ますみ編『子ども期の養育環境と QOL』金子書房、pp. 101-117
- 加瀬　進（2004）「障害児・知的障害者福祉分野におけるコーディネーターの歩みと課題—『特別支援教育コーディネーター』への示唆を求めて—」日本特別ニーズ教育学会（SNE 学会）編『特別支援教育の争点』文理閣、pp. 38-58
- 木原俊行（2010）「1-3 定義—教育支援人材の概念と役割／類型、ボランティア概念との関係」日本教育大学協会編『「教育支援人材」育成ハンドブック』朱鷺書房、pp. 41-47
- 国立特殊教育総合研究所（1995）特別研究報告書「教科学習に特異な困難を示す児童・生徒の類型化と指導法の研究」
- 小長井香苗・加瀬　進（2007）「特別支援教育に学校全体で取り組む体制づくりに関する研究—X 市立 A 小学校における『校内支援システム』形成過程の素描—」『東京学芸大学紀要　総合教育科学系　第 58 集』pp. 289-270
- 松本治雄・後上鐵夫（1998）『言語障害（第 2 版）』ナカニシヤ出版
- 水野敦之（2011）『「気づき」と「できる」から始める—フレームワークを活用した自閉症支援』エンパワメント研究所
- 宮下佳子（2015）「子どものメンタルヘルスを守る環境調整」『指導と評価　通巻 729 号』pp. 24-26
- 奥田道大（1983）『都市コミュニティの理論』東京大学出版会
- Spencer & Spencer（1993）*Competence at Work*、梅津祐良・成田　攻・横山哲夫訳（2001）『コンピテンシー・マネジメントの展開—導入・構築・活用』生産性出版
- チャールズ・ヴァンライパー著、田口恒夫訳（1967）『ことばの治療—その理論と方法』新書館（原典：Charles Van Riper（1963）*Speech Correction : Principle and Methods*）

第3章 教育支援と健康支援のつながりをふまえた包括的支援に向けて

朝倉隆司

1. はじめに

　学校は、さまざまな教科を学習する場であると同時に、子どもたちの生活の場であり、成長・発達の場でもある。しかし、往々にして学力を支える学習と課外活動に関心が傾きがちであり、子どもの健康と福祉は周辺領域に追いやられがちではないか。その背景には、教員の専門性から考えると、多くは教科や指導要領に準拠した学習内容を専門に養成されており、健康の専門家といえるのは養護教諭のみであり、福祉に至っては教育をほとんど受けずに教員養成が行われている現状がある。学校保健も子どもの福祉も十分には学ばず、教員になっているのではないか。教科教育あるいは教科以外の学習内容が高度化すると同時に、現代社会における子どもをめぐる健康課題、福祉課題も多様化かつ複雑化し、これまでの教員養成の発想では対応しきれないのが現実であろう。現代の学校教育システム、教員養成システムにおける不完全さであり、喫緊に解決すべき課題である。

　ちなみに、健康と福祉は、健康の定義がWHO（1946年）によって全体性を持った概念として再定義され、一方で福祉は慈善事業的発想から問題の発生や深刻化を防ぐ社会的サービスの構築へと転換し、ともにwellbeingと表現することが可能となり、近接した概念となってきた。病気と障害の境界の重なり、貧困と健康問題の密接な関係からすると、両者は区別しがたい側面もある。本章では著者の専門である健康支援の立場から、教育支援と健康支援のつながりを示し、広い意味では、教育支援人材に求められている教育支援とは生活や健康への支援を含む包括的支援、重層的な支援という観点ではないか、という問題提起をしたい。

　さて、教育基本法に立ち戻って教育と健康の関連を確認しておくと、第一章教

育の目的及び理念、第一条（教育の目的）では、「教育は、人格の完成を目指し、平和で民主的な国家及び社会の形成者として必要な資質を備えた心身ともに健康な国民の育成を期して行われなければならない」とある。すなわち、資質能力を形成するための教育支援と心身の健康を実現するための健康支援とが「教育」の基本的な目的なのである。

先ほどの「不完全さ」に立ち戻り、最近の社会状況をあわせて考えれば、現行のままの学校教育システム、教員養成システムでは、教育基本法に謳われた目的を達成することは困難である。さらにいえば、適切に「教育の目的」が達成できるように、既存の学校教育や教員養成のシステムを根本から一変させる（transform）試みが、社会的に要請されている。

したがって、個人的見解ではあるが、新たな教育支援者は、単なる（外部）支援者にとどまらず、教育に関わるシステムのトランスフォーマー（転換を推進する者）あるいはイノベーター（変革者）でもある必要がある、と考えている。

2. 現代的教育課題と健康課題の密接な関係

この節では、発達期の健康概念、社会生態学的健康観、ならびに現代的教育課題と健康課題の結びつきの3点から、いかに密接に教育支援と健康支援がつながっているか、しかも学校以外の社会とのつながりの重要性を示してみたい。

(1) 発達期の健康概念から見たつながり

教育支援を学ぼうとする学生の中で、健康の概念について考えた経験のあるものは少ないのではないか。おそらく、先に挙げたWHO（1946年）の健康の定義、すなわち「健康とは身体的、精神的、社会的に完全に良好な状態であり、単に疾病や病弱でない状態ではない」は知っているであろう。この定義からは、健康と教育のつながりは具体的には見えてこない。

そこで、国際的に権威ある医学雑誌のLancetが2012年に組んだ思春期・青年期にある若者の健康（adolescent health）という特集の中で、21世紀における思春期・青年期の健康を論じた論文を見てみよう。この論文では、健康的な思春期・青年期の到達目標、言い換えれば健康な思春期・青年期の若者の姿として、学業への専心、情緒的・身体的な安全（の確保）、自己肯定感あるいは自己効力

感(の習得)、ライフスキルと意志決定スキル(の習得)、身体的・精神的に健康であること、をあげている[1] (括弧内は著者による補足)。

これらのうち、少なくとも学業への専心、自己肯定感あるいは自己効力感の習得、ライフスキルと意志決定スキルの習得は、主に教育課題と生活課題に関連しており、残りは健康課題である。よって思春期・青年期における健康とは、教育と生活・健康の両面から構成される健康概念だと考えられる。この年齢期の社会生活の大半は学校生活であり、彼らの社会的健康とは学校生活における良好さ(wellbeing)だと考えられるため、それは当然である。したがって、発達期にある若者の健康を推進するには、教育支援と健康支援の両方が必要といえる。

(2) 社会生態学的な健康から見た教育課題とのつながり

子どもの健康や問題行動を考える際に、その問題の発生に関わる影響関係を生態学的モデルに従って重層的に理解し、解決や支援を考えるのが重要である。その理論的背景となっているのは、ブロンフェンブレンナーの社会生態学システム理論である(ブロンフェンブレンナー、1996)。ブロンフェンブレンナーは、人間の発達は、個と個を取り巻く社会環境との相互作用の影響を受けると考え、子どもを中心とした同心円状の4つの層(システム)に分けている。ミクロシステム(身近な家族や友人、教員などとの人間関係であり、学校や学童クラブなどの社会組織が含まれる)、メゾシステム(家族と教員、クラスの友だちと自分の家族におけるつながりや相互作用)、エクソシステム(たとえば子どもの親が職場でした体験や出来事のようなもの)、そしてマクロシステム(子どもが生活している社会の文化的文脈で、開発途上国のような特性)である。より単純化すれば、図表Ⅱ-3-1のように表せる。それらの個人の健康や教育の達成水準に影響する環境の重層構造は、時代という時間軸と個人のライフコースという人生時間軸に乗っており、それらの時間軸により影響関係は異なることを示している。

社会生態学モデルは、たとえば図表Ⅱ-3-2に示した若者の薬物使用や薬物乱用を説明するモデルとして使われている。子どもたちの薬物使用・乱用の防止策を考えるには、単に個人や学校レベルの要因のみではなく、広い交友関係や家庭

---

1) Blum R. W, Bastos F. I. P. M, Kabiru C. W, Le L. C. Adolescent health in the 21st century. The Lancet Vol 379 April 28, 2012. www.thelancet.com

Ⅱ　学校と協働する子ども支援専門領域と教育支援

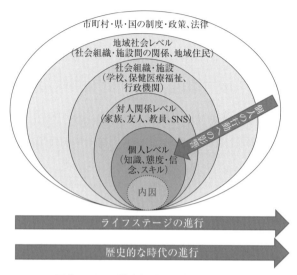

図表Ⅱ-3-1　健康行動の社会生態モデル

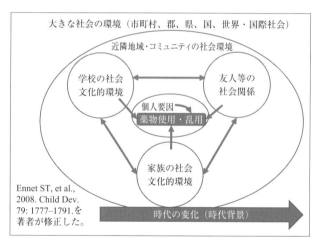

図表Ⅱ-3-2　思春期・青年期の若者の薬物使用・乱用に関する社会生態系モデル

環境、さらにはそれを取り巻く近隣地域の環境、よりマクロな社会環境まで視野に入れる必要があることを示している。このことが切実な現実の問題だと認識させられたのは、2015年の11月に京都市の小学6年生の男子児童が、大麻を吸っ

たと話した問題である。この児童の大麻入手に関係したのは高校生の兄であり、家族環境が影響している。さらに、ルートを探っていけば、近隣地域やより大きな社会のあり方、たとえばインターネット社会などが影響していることが明らかになってくるであろう。
　この社会生態学的なフレームワークは、学校でのいじめ行動や虐待などの暴力、健康リスクをもたらす行動を理解するモデルとして、WHOも取り上げており、各層における危険因子や保護因子を特定したインターベンション（介入や支援）を考案する際に役立つ[2]。
　もう一方で、健康の社会的決定要因で注目されている、原因の原因である。すなわち、疾病の原因は、単に人間の生物学的な異常ではなく、その背後に心理的要因があり、さらに社会経済的要因が関与している。人が生まれ、育ち、学び、働き、年老いていく社会状況や社会制度・社会構造が健康を左右し、格差を生んでいるのである。
　いかにマクロな社会の社会経済状態が子ども個人の学業成績や健康に影響するのか、社会疫学の知見を元に、そのプロセスをモデル化したのが図表Ⅱ-3-3である。たとえば、「学業が振るわない、抑うつ的になる、利己的な問題行動をとる、不定愁訴が多くなる」といった子どもの健康や教育の問題の背景には、「家庭や地域の社会性の教育力が低下し、人を信頼し助け合う気持ちを学べず、社会規範を身につけにくい生活環境」があると考えられる。さらに、そのような家庭や地域の背後には、「自分の生活に追われ、互いに助け合う意識が乏しくなり、人々の結びつきは弱まり、治安などが悪化している地域環境」があるのではないだろうか。さらに「雇用環境が厳しく、経済的生活水準が低い地域社会あるいは経済格差が大きい『冷たい』競争社会への警笛」が背後に存在する可能性を想定する、などである。
　このように子どもに起きている問題は、実は個人的な原因からマクロな社会の原因へと、どんどんと遡って問題の根っ子へと迫っていくことができる。
　しかし、従来は、まずこのような健康や教育の問題に対して、対症療法的なアプローチが多くなされてきたのではないだろうか。やっと最近、学校では、家庭

---

[2] WHO, The ecological framework. http://www.who.int/violenceprevention/approach/ecology/en/

Ⅱ　学校と協働する子ども支援専門領域と教育支援

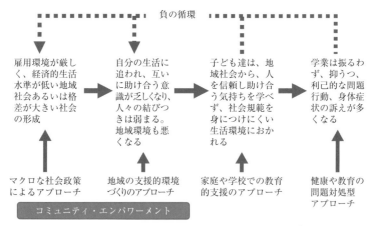

図表Ⅱ-3-3　社会経済状態が個人レベルの学習・健康に影響するプロセスと負の循環

と学校が連携した教育的支援アプローチへと移行してきたのではないか。しかし、生態学的モデルが示唆しているように、本来は子どもや家庭、学校を含めて支援する地域環境づくり、さらに地方自治体や国の社会政策によって地域の支援的環境づくりをバックアップするようなアプローチが、問題の原因の原因へと遡っていった時に求められる支援であろう。特に、世代にわたる貧困の再生産と同様に、人と社会への信頼感が低く、助け合う気持ちが育っていない子どもが、将来大人になり利己的で支援的でない社会を再生産する負の循環を断つには、子どもや親をはじめとした地域の人々に対し支援的な地域社会の構築が鍵になるのではないかと考える。

　これらのアプローチは、当事者や国民をエンパワーメントして自らの問題を発見し、解決に向けて取り組むコミュニティ・エンパワーメントである。子どもの健康と教育の問題を中心に個人から大きな社会のレベルまで一貫した支援を行う体制づくりが求められている。

　これらのモデルによると、子どもの健康や生活上の課題、教育課題に対する支援を行うには、個人や学校レベルにとどまらず、家庭、地域社会、さらに国や国際社会といった大きな社会の範囲にまで広げて、問題解決に向けた支援に取り組むことが必要となる。実際に、保健医療の領域のみでなくソーシャルワークの実践においても、このような生態学的な観点が重要視されている。

（3）現代的教育課題から見たつながり

最後に、現代的教育課題と健康課題のつながりを見てみよう。

まず、「児童生徒の問題行動等生徒指導上の諸問題」（平成26年度）」、「日本語指導が必要な児童生徒の受入状況等に関する調査（平成26年度）」、「平成26年度通級による指導実施状況調査結果について」によると、たとえば不登校児童生徒の割合、学校内での暴力の件数（1000人あたり）、日本語指導が必要な外国人児童生徒の割合、発達障害により特別な指導を要する児童生徒数は、以下に示したように急増しており、教育と健康の両方にまたがる課題だと見なせる現代的教育課題が明らかに広がりを見せている。

実際のデータでは、
- 不登校児童生徒の割合（％）は平成3年度から平成26年度の間に小学校で約2.8倍（0.14→0.39）、中学校で2.7倍（1.04→2.76）増えている。
- 学校内での暴力行為の発生件数／1000人は平成9年度から平成26年度の間に小学校で8.5倍（0.2→1.7）、中学校で約2.0倍（5.1→10.1）増えている。
- 公立学校に就学する外国人児童生徒に占める、日本語指導が必要な外国人児童生徒の割合は、平成3年度から平成26年度の間に5.9倍（6.7％→39.8％）増加している。ちなみに、日本語指導が必要な日本国籍の児童生徒では、平成16年から平成26年の間に2.5倍（3,137人→7,897人）の増加であった。
- 学習障害（LD）や注意欠陥多動性障害（ADHD）自閉症などの発達障害などにより、公立学校で通級による指導を受けている児童生徒数は、平成5年度から26年度の間に小学校で6.3倍（11,963人→75,364人）、中学校で28.3倍（296人→8,386人）に増えている。

ちなみに、外国籍あるいは日本国籍でも外国につながりを持っている児童生徒の増加は、多文化共生教育や日本語教育という教育課題の側面だけでなく、健康課題としてのアプローチも求められている（朝倉、2012）。たとえば、小学校における彼らの適応課題として、生活習慣の問題があり、食事の味が合わない、したがって給食が食べられない。日本式のトイレに慣れるのに苦労することがあげられる。さらに、学校・授業では、ブラジルなど母国の学校システムや教師との関係と異なるため、授業時間の長さ、学校の規則・規律（ピアスなどの装飾や服

Ⅱ　学校と協働する子ども支援専門領域と教育支援

装の規制、登下校の仕方など）、集団的な行動の強調、道徳面で厳しくいわれることに慣れるのに苦労する。さらに、言語面では、母語を忘れるスピードが速く、親とのコミュニケーションに障害をきたす、など異文化社会で生活する際に経験する精神的ストレスの問題があげられる。

　中学校における適応課題は、学習内容の難易度や学校の規則の厳しさが増し、いきなり日本に来て中学校に入ると適応が難しい。とりわけ学習面では、理解度は学習意欲とそれまでに獲得した日本語能力によって左右され、会話はできても学習言語が身についていないため落ちこぼれやすい。落ちこぼれると、高校への進学の道が閉ざされてしまい、地域でたむろし犯罪に手を染めたり、若者間でトラブルを起こしたりすることにもつながる。友人関係では、日本人生徒の関係の特徴からすると、女子の場合グループをつくりやすいので、外国籍や外国につながる生徒が仲間はずれにされたり、コミュニケーションできないことでいじめにあったりすることもある。また、男女の生徒間における親しさの表現が国の文化により異なるので、からかいの対象となりやすいことなどが指摘されている。このようなことが背景にあり、外国籍や外国につながる児童生徒において、心身のストレス反応が生じる（朝倉、2005）。

　次に、東京学芸大学〈子どもの問題〉支援システムプロジェクトが、小金井市、小平市、国分寺市の3市の教育委員会の協力を得て、小中学校の普通学級のすべての担任教員を対象に2009年2月に実施した、教員が経験している困難と支援ニーズを明らかにした調査結果を紹介する。ここでは、担任教員が、ここ数年で対応が難しかったと回答した児童生徒の問題を見てみよう。

　小学校（322名中）で指摘が多かった問題は、学習の遅れ・困難（45.0％）、授業参加困難（39.8％）、暴力・暴言（37.3％）、友人関係の不和（35.7％）であった。不登校も17.1％があげている。学習や授業に関する課題が大きく、教育課題のように見えるが、小学校教員は、これらの問題の背後にあると推測される要因として、本人の障害（知的・発達・精神）をもっとも多くあげており（63.4％）、学習や教育の課題と病気や障害などの健康課題が密接に結びついていることがわかる。さらに、本人の対人関係能力の不足や保護者の養育力不足、家族関係不和や暴力も指摘されている。

　中学校教員の回答（183名中）を見ると小学校とはいくらか様相が異なる。もっとも指摘が多かったのは不登校である（37.7％）。次いで、学習の遅れ・困

難（30.6%）、授業参加困難（25.7%）、暴力・暴言（25.1%）、友人関係の不和（24.0%）と続く。これらの問題の背後にあると推測された要因は、本人の対人関係能力の不足（56.3%）、保護者の養育力不足（50.3%）、そして本人の障害（知的・発達・精神）（39.3%）の順であった。

このように教育支援課題と健康支援課題は密接に関連している。教育、健康、生活・福祉における包括的な支援が、児童生徒の抱えている問題を解決や改善するために必要である。しかも、学校以外の社会、とりわけ家庭・保護者に対する支援も重要である。

当然ながら、1人の教員がこれらを包括した支援を担うことは困難である。したがって、多職種が協働するための文化やともに働くための共通言語の形成、さらに地域の人材や保護者との協力関係・パートナーシップの形成が課題となる。そして、そもそも学校における「ケアと教育の関係」について、改めて考えを深める必要もあろう。このような役割を果たせる人材を、社会は必要としている。

3. おわりに
── 保健の学力と教科の学力を重層的に支える人材の育成 ──

保健の学力と教科の学力は、ともに自分を育てていくための力であり、前者は自分を健康に育てていくための力であり、後者は自分の知的、身体的な能力を育てていく基盤となる力だと考える。両方の力がそろって育つことで、大人になって社会に出てよりよい人生を築くことができる力、すなわち生きる力になると思われる。このような関係を表すために考えたのが図表Ⅱ-3-4である。

現代社会を健康に（あるいは教育基本法の理念とガルトゥングの思想[3]によれば"平和"に）生きていくための力である保健の学力は、保健学習や保健指導、健康に関わる多様な体験などを通じて培われていく。同時に、授業や学校教育活動により育つ力、いわば教科の学力にも大きく影響を受ける。その両方により、生きる力を育成する教育が学校において成立する、と考える。前節で示した社会生態学的な観点からすれば、図表Ⅱ-3-4に示した過程を、家庭、地域、より大

---

3) ヨハン・ガルトゥング、藤田明史（2003）『ガルトゥング平和学入門』法律文化社、pp. 49-67

Ⅱ　学校と協働する子ども支援専門領域と教育支援

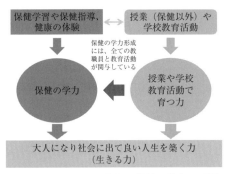

図表Ⅱ-3-4　保健の学力と教科の学力の関係

きな社会が支えている。

　本来、教育支援とはそれらのあらゆる層に働きかけて、この過程を重層的に教育と健康と福祉の視点から支援していくことではないか。あまりに広義に考えすぎていると思われるかもしれないが、著者の考えは、アメリカのフルサービス・コミュニティ・スクールの理念[4]と近いものである。教育と健康と福祉のいずれかにより重点を置くにしても、そのような幅広い視野と資質を備えたイノベーターとなり得る人材の育成、その人材を活用した学校教育のイノベーションが、求められている。

[引用・参考文献]
・ユリー・ブロンフェンブレンナー、磯貝芳郎・福富　護訳（1996）『人間発達の生態学（エコロジー）―発達心理学への挑戦』川島書店
・朝倉隆司（2012）「学校保健から見た外国人児童生徒のメンタルヘルスをめぐる問題」『東京学芸大学国際教育センター　報告書』pp. 7-15
・朝倉隆司（2005）「日系ブラジル人児童生徒における日本での生活適応とストレス症状の関連―愛知県下2市の公立小・中学校における調査から―」『学校保健研究46』pp. 628-647

4）青木　紀（2002）「アメリカにおける教育と福祉の連携：フルサービス・コミュニティ・スクール」『北海道大学大学院　教育学研究科紀要85』pp. 157-169

第4章　福祉教育による教育実践と
　　　　　福祉実践の邂逅をめざして

新崎国広

1. はじめに —— 教育と福祉における問題意識 ——

　近年、不登校・いじめ・いじめによる自死問題・児童生徒による暴力行為など学校教育現場には困難な問題が山積している。困難な問題に対して、マスコミの報道や市民の反応を見ていると、学校や教師の対応のまずさを糾弾し、一方的な非難に終始していることが少なくない。もちろん、学校側や教師の対症療法的に見える対応のまずさは非難されるべきであり、いじめのきっかけをつくった教師の存在は論外である。しかし、まったく自己批判なく外罰的に学校や教師をスケープゴートにして、一方的に非難し問題を安易に外在化するマスコミや社会のあり方は、今の学校におけるいじめの問題の構造と通底する。子どもたちを護り育むのは学校教育だけではない。

　大人社会に視点を移すと、家族や近隣との関係性の希薄化などの個別の課題に加え、雇用情勢の変化にともなう経済的格差の拡大とこれによる不安定な生活環境がある。これに加えて、2011年3月11日に発生した東日本大震災により、未曾有の被害と多くの犠牲者・行方不明者を出し、財政的にも非常に厳しい状況に陥っている。これらに加え、原発事故による深刻な放射能汚染の問題などにより、現在の生活不安と将来への不安が高まり、「生きづらさ」を感じることも少なくない状況がある。このような状況の中で、コミュニティ機能の脆弱化や「福祉の外在化（岡村重夫）」や福祉への無関心化が進行しており、社会的孤立による自死や孤立死、児童虐待などの問題が深刻化し、大きな今日的社会問題となっている。

　2006年に改正された教育基本法第13条では、「学校、家庭及び地域住民その

他の関係者は、教育におけるそれぞれの役割と責任を自覚すると共に、相互の連携及び協力に努めるものとする」と、学校と家庭・地域の協働の必要性を明文化している。現在の教育現場の逼迫する危機的状況を考えると、「学校と家庭・地域が協働参画による実践活動」を行うことが求められる。

　このような課題の克服をめざすためには、教育と福祉が個別に即時的対症療法的に対応するだけでなく、課題の社会的分析をふまえ、将来の市民である子どもたちの「共に生きる力」を育むための福祉教育・ボランティア学習実践が求められている。本章では、前述のような社会的状況を少しでも改善するために、現在取り組まれている学校と家庭・地域協働による教育と福祉の協働実践事例を紹介する。

2. 福祉教育の史的展開

　岡村重夫（1976）によると、福祉教育は「福祉専門教育」からはじまり、「福祉一般教育」に拡大した[1]。「福祉一般教育」とは、一般市民の社会福祉に対する理解を高めるための福祉教育である。諸学校において展開されている「学校を

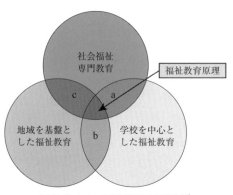

図表Ⅱ-4-1　福祉教育の三領域[2]

---

1) 岡村重夫（1976）「福祉教育の目的」伊藤隆二・上田　薫・和田重正編『福祉教育　福祉の思想入門講座3』柏樹社、pp. 14-17
2) 原田正樹（2014）「福祉教育の三領域とは？」『新　福祉教育ハンドブック』全国社会福祉協議会、p. 25

中心とした福祉教育」と、地域の公民館（社会教育機関）・社会福祉市施設（社会福祉機関）や社会福祉協議会などにおいて行われる「地域を基盤とした福祉教育」に区分し整理できる（図表Ⅱ-4-1）。

　岡村は、福祉教育の目的（福祉教育原理）として①福祉的人間観（社会的・全体的・主体的・現実的存在）の理解と体得、②現行制度の批判的評価、③新しい社会福祉援助方式（対等平等の個人が、全体的な自己実現の機会が提供される地域共同社会の相互援助体系）の発見をあげている[3]。

　福祉教育は、1970年代から計画的・意図的に展開された。その背景には、1960年代後半からの高度経済成長による地域社会や家庭の変化が大きな要因だといわれている[4]。東京都社会福祉協議会福祉教育研究委員会（1971）では、福祉教育は、①基本的人権を守り、尊重するための人権感覚および意識の開発、②現行社会福祉制度の理解および生活者としての知識、経験に基づいての問題、③問題解決のための実践意欲の涵養と実践方法の体得、といった3つの局面における探究が必要であると見解を示している。

　また、2005年には全国社会福祉協議会福祉教育推進検討委員会が、「平和と人権を基盤にした市民社会の担い手として、社会福祉について協同で学び合い、地域における共生の文化を創造する総合的な活動」として、「地域福祉を推進するための福祉教育」を提唱し、学校や社会福祉協議会（以下、社協）を中心に福祉教育が展開されている。このように、福祉教育は、単に知識として福祉を学ぶだけではなく、人権意識や共生意識の醸成や、社会的課題に立ち向かう力を育成することで、「人間の尊厳」「コミュニティの中の一員としての責任感や連帯感や問題解決力の育成」「地域における共生の文化を創造」をめざすことが教育目標であるといえる。

　しかし、現在の学校教育における福祉教育実践は、前述の教育目標と乖離している内容も多く見られる。具体的に書くと、現在、学校で行われている福祉教育としては、「障がい・高齢疑似体験」「施設訪問」「手話・点字の技術講習」「障がい当事者の講話」などが、さかんに行われている傾向がある。筆者も関わった滋

3）岡村重夫（1976）前掲書、p.19
4）原田正樹（2009）『共に生きること　学びあうこと―福祉教育が大切にしてきたメッセージ』大学図書出版、p.19

賀県福祉学習開発研究会が、2006年に教育委員会の協力を得て滋賀県内の全小中高等学校対象に実施した「学校における福祉教育（福祉活動）の取り組みに関する調査」においても、同様の傾向が見られた[5]。

　これらの疑似体験は、障がい者や高齢者の生活を理解することなく「障がい」のネガティブな部分だけを取り出し、マイナスのイメージだけを子どもたちに学ばせ、子どもたちに「手助けをしてあげる」という一方的な意識を持たせてしまう危険性がある[6]。たとえば、「障がい・高齢疑似体験」や「施設訪問」のみの実施では、子どもたちが「恐かった。不便だ、大変だ、かわいそう」から「私は、障がいがないことを本当に良かったと思いました。これからは、かわいそうな障がい者を見たら助けてあげたいと思います」といった感想を持つことも懸念される。これらはまさに、当事者不在の教育実践であるといえる。このような体験学習にとどまる福祉教育は、個人の経験による能力・技術の向上・習得に収斂されがちで、「人間としての尊厳（生命の大切さ、人間尊重）」を基盤とする本来の教育目標の達成に向けた実践と理論化が乏しかったという点が指摘できる。

　聴覚障がいや視覚障がいのある人々とのコミュニケーションの重要な手段としての手話や点字の意義について学習し、実際に障がい者とコミュニケーションしてみてこそ、当事者の視座に立って考え、現状の社会構造の矛盾に気づくといった本来の意味ある目的が達成される。

　もちろん、体験学習は重要性である。しかし、体験すること自体が目的化し省察を怠ると、「福祉の外在化」や「貧困なる福祉観の再生産」を引き起こす結果にもなりかねない。これでは「共に生きる力」を育むことは不可能である。

3. 地域で活動する教育支援人材の実際

　本節では筆者が関わっている「地域で活動する教育支援人材の実際」についての一部を紹介する。

5）滋賀県社会福祉協議会「学校における福祉教育（福祉活動）の取り組みに関する調査」『福祉学習プログラム開発研究会中間報告』2006年3月、pp. 11-17、pp. 57-95
6）冨永光昭（2011）「障がいを社会的問題としてとらえよう」『新しい障がい理解教育の創造』福村出版、p. 52

（1） 滋賀県における学校と行政・社協・地域・企業の協働実践事例

「しが学校支援センター（滋賀県教育委員会事務局生涯学習課内）」では、地域の力を学校教育に生かすしくみづくりを整え、社会全体で学校や子どもの体験活動を支援する取組や、地域とともにある学校づくりを推進している。豊富な知識や経験を持つ地域の人々や企業・団体・NPO などが学校を支援するしくみを一層活性化させるとともに、県内各学校の校務分掌に位置づけられている「学校と地域を結ぶコーディネート担当者」などに対し、生涯学習・社会教育の専門的知識の習得ならびにコーディネート能力の向上を図り、学校と地域を結ぶ指導的役割を担う教員を育成するために「学校と地域を結ぶコーディネート担当者新任研修・実務者研修」を定期的に実施している。本稿ではその活動の一部を紹介する（図表Ⅱ-4-2 参照）。

（2） 社会福祉協議会のコミュニティソーシャルワーカーが教育支援人材として活動する事例

大阪府吹田市教会福祉協議会では、現在 12 名のコミュニティソーシャルワーカー[7]（以下、CSW）が、セルフネグレクトなどの新たな福祉課題への対応とと

テーマ：「牛乳ってすごいね」　　　テーマ：「バリアフリー学習」

図表Ⅱ-4-2　滋賀県における取組の事例

---

7) CSW（地域福祉コーディネーター）とは、制度の狭間や複数の福祉課題を抱えるなど、既存の福祉サービスだけでは対応困難な事案の解決に取り組むソーシャルワーカー。CSW は、要援護者に対する個別支援や住民活動のコーディネートを行う他、既存の福祉サービスだけでは対応しきれない課題に対しても、新たな解決システムの開発により、解決に取り組んでいる。

もに、学校における福祉教育にも積極的に活動を展開している。従来の「車いす擬似体験」といった体験学習だけでなく、子どもたちが福祉に関心を深めることを目的として、社協と地域住民（子ども見守り隊活動者・民生委員など）と小中学校が協働して自分たちの未来のまちづくりについて「吹田のこれからを考える子ども地域懇談会（すいこれカフェ in 小・中学校）」を複数回実施している。本稿ではその活動の一部を紹介する。

また、2015年には「地域福祉を推進する福祉教育」として、地縁型地域福祉活動と志縁型ボランティア活動・NPO活動が協働し合えるしくみづくりの構築をめざした「ワールド・カフェ方式[8]」を用いた吹田のこれからを考える住民懇談会（以下、すいこれカフェ2015）」を開催した。「すいこれカフェ」には、民生委員児童委員、さまざまな分野で活動するボランティア・NPOや社会福祉施設といった多様な人材が、リラックスした雰囲気の中で個々の想いを十分に語り合うことで、①公民協働による合意形成、②新しいアイデアの発見、③「相互の顔の見える関係づくり」による地域福祉活動者の支援ネットワーク形成や新たな地域福祉の担い手づくりに寄与すると考えたからである。「すいこれカフェ2015」をきっかけに、PTA協議会と不登校支援に取り組むNPOが協働して不登校予防の取組を行っている。

（3）大阪府教育委員会における「地域コーディネーター」の養成と活動事例

大阪府教育委員会市町村教育室地域教育振興課では、2000年度から、「地域教育協議会（すこやかネット）」を組織することを柱とした「総合的教育力活性化事業」を展開している。地域教育協議会は、中学校区単位で組織される協議会組織で、学校・家庭・地域の各団体・個人の参加のもと組織されているものである。活動内容は、各校区によってさまざまであるが、基本的には「（学校・家庭・地域の間の）連絡・調整」「地域教育活動の活性化」「学校教育活動への支援・協力」

---

[8] ワールド・カフェでは、リラックスした雰囲気の中、少人数に分けたテーブルで自由な対話を行い、ときどき他のテーブルのメンバーとシャッフルして対話を続けながら、参加する全員の意見や知識を集めることのできる会議手法（グループワーク）。アニータ・ブラウン、デイビッド・アイザックス、香取一昭・川口大輔訳（2007）『ワールド・カフェ―カフェ的会話が未来を創る―』ヒューマンバリュー出版

第 4 章　福祉教育による教育実践と福祉実践の邂逅をめざして

図表Ⅱ-4-3　吹田市社協における福祉教育実践事例

という3つの機能を果たすことが期待されている。「総合的教育力活性化事業」と連動する形で、2001年度から5年計画で「地域コーディネーター養成講座」が実施された。大阪府教委の地域コーディネーターとは、「地域の子どもは地域で育てる」をモットーに地域社会がいったいとなった教育コミュニティの取組を推進するため学校と地域の「つなぎ役」として主に補助的支援の役割を担う教育支援人材である。

(4) 宮崎県都城市社会福祉協議会と中学校の協働による取組

宮崎県都城市社協では、2003年度に都城市地域福祉計画・地区（中学校区）活動計画区を策定した。その際、市内15中学校区で延べ75回の地区策定委員会

Ⅱ　学校と協働する子ども支援専門領域と教育支援

を開催し、小中学生や教員が策定委員として参加した。まさに学校と地域との協働による地域福祉の推進とした福祉教育実践であった。2008〜2009年度には、宮崎県社協の福祉教育推進事業の指定を受け、2010年度からは社協ボランティアセンターを「都城市ボランティア・福祉共育おうえんセンター」と改称し、積極的に学校と地域をつなぐ福祉教育実践に取り組んできた。

　一方、教育サイドの動きとしては2013年度から学校を核として地域社会が一体となって子どもを育てる「コミュニティ・スクール（学校運営協議会）」を都城市内54校に設置した。平成25年度文部科学省指定研究推進モデル校の指定を受けた山田中学校では、同年度にネットワークづくりを推進するための基盤として、地域社会がいったいとなって教育活動を支える「学校支援地域本部事業（学校支援ボランティアの会）」を都城市ボランティア・福祉共育おうえんセンターと協働で立ち上げ、学校と地域をつなぐ教育支援人材が活躍している[9]。

　都城市における小中学校と社協・地域との協働実践のポイントは、学校経営の地域協働化ともいえる「コミュニティ・スクール」と、教育実践の地域協働化といえる「教育コミュニティづくり（学校支援地域本部）」の両方を学校教育に積極的に取り入れている点である。山田中学校では地域の特性を活かしつつ、BRIDGE Ⅰ（さまざまな生き方を学ぶ：擬似体験・施設訪問等）・BRIDGE Ⅱ（よ

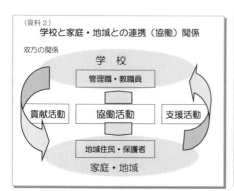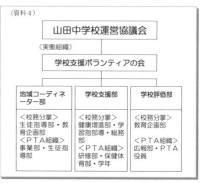

図表Ⅱ-4-4　山田中学校における学校・家庭・地域の協働実践の構造[10]

---

9) 玉利勇二（2014）「山田中学校における教育コミュニティづくり」第20回日本福祉教育・ボランティア学習学会とうきょう大会、課題別研究実践発表資料より
10) 前掲書。資料提供は、玉利勇二元山田中学校校長

第4章　福祉教育による教育実践と福祉実践の邂逅をめざして

図表Ⅱ-4-5　ゲスト講師としての教育支援人材

のなか科：地域住民やゲスト講師との交流学習）・BRIDGE Ⅲ（他と共に生きる生き方を学ぶ：生徒・教師・地域住民による演劇創作）といった系統立てたカリキュラムに基づく、明確な教育目標を持って積極的に学校・家庭・地域の三者による協働を模索している学校教育における福祉教育・ボランティア学習実践であるといえる。また、生徒と学校に関わる地域住民や学校支援ボランティアとの相互交流によるお互いの学びを創造する機能が強く働いていることがうかがえる。

4．おわりに

　筆者は、学校と家庭・地域協働による教育と福祉の協働実践モデル構築に関する実証的研究（アクション・リサーチ）に取り組んでいる。人間的情緒的相互交流が可能な「地域（コミュニティ）」を創造することによって、社会連帯意識を涵養し、地域の教育力・福祉力を形成することが、教育と福祉における通底する目的である。
　本稿では、筆者が関わっている「地域で活動する教育支援人材の実際」の一部について紹介してきた。子どもたちを護り育むのは学校教育だけではない。子どもたちの成長発達にとっては、家庭教育や地域教育も非常に重要な役割を持つ。教育と福祉の共通理念を明らかにし、教育と福祉が協働して今後の具体的な対応

Ⅱ　学校と協働する子ども支援専門領域と教育支援

を模索していくことが、福祉教育実践者だけでなく、社会全体の責務である。今後も、教育と福祉の協働モデルの構築をめざした、福祉教育実践のアクションリサーチを行っていきたい。

※本稿で取り上げた研究は、平成27年度文部科学省日本科学研究費助成事業【基盤研究（C）】（課題番号：15K03914：2015〜2017年度）研究課題「貧困の連鎖を防止し学習支援に寄与する学校と地域協同による開発的福祉教育実践研究」の成果の一部である。

III

学校と協働する
社会教育と教育支援

第1章 「学び合い」「育ち合い」を大切にする教育支援人材育成と学校支援
―― 小学校・美術館・教員養成大学の連携 ――

君塚仁彦

1. はじめに ── 社会教育・生涯学習機関としての美術館と学校教育支援 ──

　近年、激しく変動する社会や子どもたちをめぐる環境や子どもたちそのものの変化に対応する教育のあり方が問われている。学校教育現場におけるスクールカウンセラーやスクールソーシャルワーカーなど専門職による教育支援、学校行事や教育環境整備、学校安全支援などに対する地域社会からの支援とともに、教科指導を軸にしたボランタリーな実践内容を含む社会教育・生涯学習機関による教育支援のあり方が注目されているのもその一例である。

　日本には公設・私設をあわせ多種多様な社会教育・生涯学習機関がある。その中でも3本柱とされるのが公民館・図書館・博物館である。それぞれの現場においては、学校教員や社会教育専門職、ボランティアなどが「チーム」のように協力・連携しながら行う教育活動もよく見られるようになっており、改めてその教育的意義や可能性、課題に光があてられるようになってきた。教員の多忙化という現実や学校開放の考え方の定着などもあり、このような「チーム」で教育を進めるスタイルは今後その重要性を増していくと考えられる。

　このような状況をふまえ、本章では博物館の一種である美術館、とりわけ地域社会に根ざす公立美術館による大学連携を絡めた学校教育支援の事例を紹介しながら、その意義や可能性、大学教育における人材育成の課題などについて論じていく。それは今後、さまざまな年代や分野・立場の人々とともに教育活動を進める「チームアプローチ」を軸とする実践力を育成する大学教育のあり方、とりわけ教員養成大学における人材育成のあり方が問われていくと考えているからである。

学校教育現場での協働体系の創造的構築に、教員養成大学が地域支援組織の1つとしてどのように関わることができるのか、どのように貢献することができるのか。そしてそれは学校教育のあり方、大学教育のあり方、地域教育・生涯学習のあり方にどのような影響を与え、それぞれの何をどのように変えていくのか。そのような点について、ここで紹介する世田谷美術館の鑑賞教育プログラムの実践、東京学芸大学における世田谷美術館インターンシップ実習の実践を通して考えていければと思う。

　本稿が、教員養成大学における教員支援人材育成のためのカリキュラムのあり方、それを通じて地域社会と協働する教員養成大学の具体的なあり方を検討していくためのささやかな情報提供になればと願うばかりである。

2. 世田谷美術館の鑑賞教育プログラム
―― 公立小学校「図工科」授業との連携 ――

　世田谷美術館は、1986（昭和 61）年に東京都世田谷区にある都立砧公園に開館した公立の中規模美術館である。「芸術は心の健康を維持するものと位置づけ、展覧会や催し物など、さまざまな活動をとおして日常生活と芸術をむすぶ場を提

図表Ⅲ-1-1　砧公園のロケーションに溶け込むように
　　　　　　建てられた世田谷美術館（筆者撮影）

Ⅲ　学校と協働する社会教育と教育支援

供する」とのコンセプトのもと、開館当初より「美と美術館そのものの日常への普及」をめざし、地域住民や学校の生徒・児童などを対象とするワークショップ活動をはじめ、さまざまな教育普及発動を展開していることでも全国的に知られている美術館である。

　世田谷美術館は、講座形式を中心とした取組が多かった日本の美術館教育普及活動の世界に、ワークショップやアウトリーチなどの能動的活動を普及・定着させた先駆的な美術館である。現在、東京学芸大学博物館実習・生涯学習教室との連携で実施されている「鑑賞教室プログラム」は、設立当時の区長の考えのもと開館以来行われていた区内公立小学校4年生の学校行事である「美術鑑賞教室」の改良バージョンである。

　子どもたちは静かに絵を見ることを強要される美術館は苦手である。さっさと展示室を出て公園で遊びたがる。事前に観賞に向けての準備学習がない場合、学校の美術館利用ではよく見られる光景である。そんな子どもたちの様子を見て、小学校の教員と美術館学芸員が活動の改善を志向し、小学校の美術館活用と図工科における鑑賞教育改善を話し合っていたという状況があった。

　その状況について美術館の高橋直裕学芸員（当時）から相談を受けたのが博物館実習担当教員である筆者であった。博物館実習は学芸員養成の中核をなす法定科目であるが、専攻する学問分野や資料・作品など「もの」に対する関心が特化するあまり、博物館教育活動を軽視する、博物館に足を運ぶ人の学びや育ちなどに関心を持たなくなる学生も少なくないという現実があった。そのような課題を少しでも克服するため教員養成大学の強みを生かした学校教育連携を軸とするカリキュラム改善を模索していた大学側と美術館・小学校側の状況が幸運にもマッチしたのである。このようなプロセスを前提に美術館と大学側が話し合いを積み重ね、1996（平成 8）年に図工科教員との連携で区立小学校におけるインターン実習生の「事前授業」（鑑賞教育インターンシップ活動）を組み込んだ「鑑賞教室特別プログラム」がスタートしたのである。

　後述するように、現在では、東京学芸大学の学芸員資格科目・教育支援系科目として開設されている3年次の「博物館実習Ⅰ」に「世田谷美術館インターンシップコース」を設置し、4年次の「博物館実習Ⅱ」（2単位）で同コースを「実務実習」の一環として位置づけ、学芸員資格取得のための法令科目の一環にこのプログラムを組み込んでいる。

ここでプログラム全体の流れを整理しておこう。まず、数回にわたる美術館での綿密な打ち合わせを経て、インターン実習生や地域住民ボランティアである鑑賞リーダーが小学校で「事前授業」を実施する。区立小学校64校の4年生が中心で中学生を含めると毎年8000人程度の子どもたちが来館することになるが、利用者年齢に偏りがある日本の美術館にあって、このプログラムが若年期の美術館体験としても重要であることは言を俟たない。

　事前授業は、子どもたちの来館前日から1週間くらい前に、鑑賞する展覧会に関連した内容で工夫を凝らしながら実施する。子どもたちに来館そのものを楽しみにしてもらい、能動的に鑑賞してもらうことが目的で、美術館の職員、またはインターン生・鑑賞リーダーによる出前授業と図画工作担当教員の協働による自前授業が展開される。あくまでも「図工科」授業、担当教員との連携を心がけ、ケースにもよるが小学校側との協議もできるだけ時間をかけ丁寧に行われる。

　その後、子どもたちが美術館に来ると鑑賞リーダーが美術館・展示会場を案内し一緒に鑑賞する。ケースによってはインターン生も鑑賞リーダーを行うことが

図表Ⅲ-1-2　担当学芸員（左側）とインターン生たちとの打ち合わせ風景
企画展・作家や作品などについての学習会や、計画全体の打ち合わせ、授業案の細部にわたる検討などが、美術館で行われる。この後、小学校で図工科担当の教員を交えた打ち合わせが行われ、実施案が練り上げられる。（写真・キャプションは元インターン生で、現在、東京国立近代美術館工芸課研究補佐員の西岡　梢さん提供。キャプションは筆者が一部改変）

125

Ⅲ　学校と協働する社会教育と教育支援

あり、学芸員・ボランティアと協働して子どもたちの鑑賞活動を支援する。概ね5人から8人くらいの小グループに分かれ、鑑賞リーダーと一緒に美術館内を巡る。展覧会以外にもライブラリーやワークショップルームなどもまわり、場合によっては展示室を飛び出して公園にも足を運ぶ。子どもたちとの対話を重視しながら、鑑賞だけではなく美術館の多様なしくみなども楽しむ内容となっている。

日本の美術館ボランティア採用には選考がともなうことが一般的であるが、世田谷美術館のボランティアは「無試験・無選考・無定年」が原則である。同館の教育事業である「美術大学」修了生から継続して美術館に関わりたいというニーズが出され、担当学芸員がこの活動への参加を提案したことが出発点となり活動が始まった。鑑賞リーダーたちが展示会や館内全域をガイドする内容が付加され、より多様な人々が子どもたちに関わるスタイルへと発展し、現在に至っているが、ここに東京学芸大学のインターン生が関わるというスタイルとなっている。

図表Ⅲ-1-3にあるように、このプログラムには実に幅広い年齢層の多様な人々が関わっている。美術館を媒介する「チーム学校」の一形態と言い得る内容である。

繰り返しになるが、このプログラムは日本の小学生にとっては貴重な美術館鑑賞体験となっている。学校での事前授業と連動することで教員と子どもが作品や作家に主体的な関心を持つことができ、子どもたちの視点を大切にし、つぶやきや話を聞いてくれる鑑賞リーダーやインターン生などさまざまな人々と一緒に楽

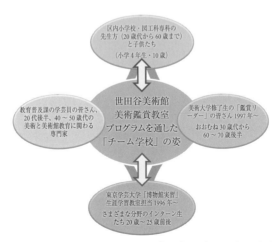

図表Ⅲ-1-3　世田谷美術館「美術鑑賞教室プログラム」に関わるさまざまな人々

しみながらの鑑賞活動を行うことで、作品制作が中心になりがちな小学校の図工科授業の改善をも促す側面を持つ。

このプログラムでは美術を「教える」ことを第一義にしない。館内では、子どもにマナーを守りながら「楽しい」と感じてもらえるように活動する。子どもたちやインターン生、作品と関わりながら活動を振り返り、確かに変化していくリーダーや教員たちの姿はまさに生涯学習そのものである。担当学芸員であった塚田美紀さんの言葉を借りるとこのような表現になる[1]。また、専門職員である学芸員（同館では教育普及課所属の学芸員）にとってもこのプログラムは教育的意義を持つ。この活動を進めていくなかで教員やインターン生・鑑賞リーダーとの学び合いや葛藤が必ず生じるが、そこに教育専門職としての学芸員の成長の場がある。同時に世田谷美術館には、これまでインターン生たちが作成した膨大な事前授業プログラム（指導案）が蓄積されている。まさに作品や作家をめぐるさまざまな人々の「学びのアーカイブズ化」が進行しつつある。

図表Ⅲ-1-4　1テーブルに1人鑑賞リーダーやインターン生、学芸員などがついて子どもたちと一緒に鑑賞を深めている様子
2014年5月21日　笹原小学校。（写真・キャプションは西岡 梢さん提供。キャプションは筆者が一部改変）

---

1) 塚田美紀（2012）「生涯学習社会と美術館教育活動」君塚仁彦・名児耶明編著『現代に活きる博物館』有斐閣

Ⅲ　学校と協働する社会教育と教育支援

　ここで、世田谷区立笹原小学校教諭（2007年当時）野呂佳枝子先生の言葉を紹介しておこう[2]。

　　展覧会にむけた事前の出張授業の打ち合せで、インターンの学生さんから指導内容の案が出されるたびに思いもかけない切り口からの提案に驚かされます。
　　なんといっても「美術鑑賞教室特別プログラム」の醍醐味は、実際に展覧会を鑑賞した学生さんたちの新鮮な感覚で生み出された授業案をもとに、展示品に対する専門的な知識をもっている美術館の方々と、子どもの実態を把握している教師とが三者一体となって検討を重ねながら授業をつくりあげるところにあります。最近は、ボランティアの鑑賞リーダーの方々が事前授業から実際の鑑賞まで参加してくださるようになり、子どもたちをとりまく輪がさらに大きくなっています。
　　今後も美術館と一緒に、美術との豊かな出会いをめざして鑑賞指導に取り組んでいきたいと思います。

　あえて繰り返すが、野呂先生の言葉にあるようにこのプログラムには幅広い年齢層のさまざまな人たちが、子どもを中心にそれぞれの立場で関わっている。まさに「チーム学校」の姿の1つがここにある。小学校（子どもたち、教員）、美術館（学芸員）、教員養成大学（インターン生）3者それぞれに意義がある「チーム学校」活動を今後も続けていければと思っている。

3. おわりに ──「学び合い」「育ち合い」を大切にする教育支援人材育成 ──

　最後に、教員養成大学における教育支援人材育成の観点からいくつかの視点に触れておきたい。冒頭でも述べたように、筆者の関心は学校教育現場での協働体系の創造的構築に教員養成大学がどのように関わることができるのか、そしてそ

---

[2] 野呂佳枝子（2007）「美術との豊かな出会いをめざして」『きょうは、とくべつ…世田谷美術館と学校の連携プログラム 1996-2006』

れは学校教育のあり方、大学教育（学芸員養成）のあり方などにどのような影響を与えるのかという点にある。

先にも述べたように、東京学芸大学では、人と人、人ともの（作品）とをつなぐ教育支援人材を育てることを目的に「世田谷美術館インターンシップコース」を「博物館実習Ⅰ」「博物館実習Ⅱ」に組み込んでいる。教員養成大学の強みを活かした教育支援人材としての学芸員養成をめざすインターンシップ形式のプログラムとして、1996（平成8）年から同館との連携事業として実施している。

インターン生は選抜を経て候補者として選定され、実際にインターン生になるかどうかは本人の自主的な判断に任せているが、実習生の中から毎年5名から10名程度がインターン生として活動に参加し、6カ月から9カ月程度の期間で活動する。学生によってはこの活動に興味を深め、2年連続で活動に取り組む者もいるが、2年目は「博物館実習Ⅱ」の単位認定がなされる。インターン生については専門分野を美術に限定しない。この点については館側と問題意識を共有し、アマチュア性をあえて大切にすることで固定化された認識を越え、学生が仲間や

図表Ⅲ-1-5　事前授業中の1コマ

子どもたちの真剣なまなざしとインターンのはじけるような笑顔が印象的。伝えるべきことを「細部まで理解し、教えたいこと以上に知識を持って話すべきであるし、何より、楽しんで授業できているかによって随分と（子どもたちへの）伝わり方も違ってくると感じた」とは日誌に記された授業者である西岡さんの一言。2012年5月31日　武蔵丘小学校（写真・キャプションは西岡 梢さん提供。キャプションは筆者が一部改変）

学芸員・鑑賞リーダー・教員たちと実践を通して学び合い、省察し、それを活かして内容を改善しあうスタイルを意図している。

　一定期間継続して作品や作家、子どもたち、鑑賞リーダー、学芸員、教員などとともにインターン活動を通して経験したこと、苦闘しながら自らが納得し、たどったプロセスを通して教育支援の力が身につき、それが人としての成長につながっているように見える。

　図表Ⅲ-1-3 にあるように、インターン生側から見れば、子どもたちや鑑賞リーダー、学芸員をはじめとする多様で幅広い年齢の人々との関わりを持つことになる。インターンシップ活動を通しての学び合い、葛藤や振り返り、体験の蓄積、そのことによる変化を通して育ち合う、人間的に成長する姿が、彼ら、彼女たちが書き残したレポート、驚きや葛藤、喜び、発見、学びの記録である「博物館実習日誌」、その後の行動の変化において確認することができる。このコースを経験した学生は、子どもや大人に対する眼差しが大きく変化し、より温かみを持つようになる。またキャンパスで接していると、難しいことをやさしく、やさしいことを深く伝えようとする力、工夫しようとする力が増すように思えてならない。教育支援には欠かすことのできない力である。

　専攻分野や教員免許状取得の有無などを越え、あえてアマチュア性を大切にすることで、博物館・美術館などでの一般的な専門主義とは異なる価値観や意味性を模索すること。ともすると狭くなりがちな専門性や固定化された認識を越え、タテ割りではない広い視野で学び、他者とゆるやかに連携や協力することができる能力も育成できればと考えている。インターン生はさまざまな人たちと協働しながら、鑑賞教育プログラムを組み立て、実践し、省察を繰り返していく。その経験を蓄積していくことで、多様な学習主体や組織をつなげ、互いに意義ある活動内容にしていくための全体調整、コーディネート能力や具体的なプランニング能力をも身につけてもらえればありがたいと考えている。

　最後に 2001 年度インターン生だった溝口 拓さんの言葉も紹介しておきたい。彼は今、幼稚園の園長として活躍している[3]。

3）溝口 拓（2007）「インターンを経験して」『きょうは、とくべつ…世田谷美術館と学校の連携プログラム 1996-2006』

美術館で、小学校で、多くの子ども達、先生方に出会えたインターン時代は、その後の私の人生にも大きく影響しています。
　思い出すのは、陶芸家・北大路魯山人の展覧会「暮らしに美術を」（2001年）でどのようにして子ども達に興味を持ってもらうかでした。学芸員の塚田さん、学校の先生方、インターンの仲間達と、10時間あっても終わらないような私の指導案を1時間の授業向けにスリムにする事は並大抵のダイエットより辛いものでした。しかし、事前の出張授業、美術館での観賞会、学校での事後授業に参加し、さらにインターン実習終了後も、小学校と地域の校内研究会会合にも参加させて頂き、多くの大人が子ども達を温かく見守る輪の中に入って、子ども達の笑顔に触れた経験は、たいへん幸せでした。
　社会人になった今でもあの時の笑顔に会いたく、ARTの指導を通じて多くの子ども達と毎日過ごしています。これまで出会った方々に感謝するとともに、これからも多くのインターン生が多くの子どもの笑顔に出会える事を望みます。

　教員養成大学の特色を活かした人の「学び」や「育ち合い」を支援する教育支援人材養成としての学芸員養成プログラム。それをめざす博物館実習の継続で、教員養成大学のカリキュラムや学校教育（美術教育）のあり方、美術館・美術館教育のあり方に少しでも確実な変化を起こしていければと願っている。
　博物館実習としては特殊なこのプログラムに対しては異論もあると思う。しかしこの活動を経験し、実際に学芸員として、また教員として、それぞれの現場で活躍してくれているOB・OGが何人もいることが私に小さな勇気を与えてくれている[4]。

---

4) これまで何人ものインターン生と付き合い、温かく見守ってくださったプログラム担当の学芸員のみなさま、また小学校の先生方、鑑賞リーダーのみなさまには心からの感謝を申し上げる。

第2章　社会教育と学校との連携
── 東京都における公民館・図書館・博物館を中心に ──

倉持伸江

1．はじめに
──学校・家庭・地域の連携が求められる背景──

　現代の教育において、学校・家庭・地域の連携はますます重要視されている。2006年に改正された教育基本法では第13条に「学校、家庭及び地域住民等の相互の連携協力」の条文が新設され、「学校、家庭及び地域住民その他の関係者は、教育におけるそれぞれの役割と責任を自覚するとともに、相互の連携及び協力に努めるものとする」と規定された。これを受け、2008年に改正された社会教育法では、第3条3において「社会教育が学校教育及び家庭教育との密接な関連性を有することにかんがみ、学校教育との連携の確保に努め、及び家庭教育の向上に資することとなるよう必要な配慮をするとともに、学校、家庭及び地域住民その他の関係者相互間の連携及び協力の促進に資することとなるよう努めるものとする」ことが示された。このように、学校・家庭・地域の連携において、社会教育が積極的な役割を果たしていくことが求められているのである。

　学校・家庭・地域の連携が求められる理由としてまずあげられるのは、地域ぐるみで子どもの成長を支援する環境をつくるということである。子どもの「生きる力」は、学校教育のみならず、家庭での家族とのふれあい、地域の人々との交流などさまざまな活動が相互的・総合的に展開することで育まれる。地域社会のつながりや支え合いの希薄化、家庭の孤立化などの状況の中、地域の教育力を高めることで、子どもたちの豊かな人間性、社会性、規範意識、コミュニケーション能力が育成され、安心・安全な教育環境が形成されていく。

　また、子どもの成長を地域全体で支援していくことは、活力あるコミュニティ

の形成にもつながっていく。2013年6月に閣議決定された国の第2期教育振興基本計画では、教育行政の4つの基本的方向性のひとつ「絆づくりと活力あるコミュニティの形成」において、学校と地域の連携・協働体制の確立が位置づけられている。地域住民が参画し地域の特色を活かした事業を学校を核として展開することで、まち全体で地域の将来を担う子どもたちを育成するとともに、地域コミュニティの活性化が図られていく。学校と地域が連携した取組が、地域の人材や教育資源の組織化、さらには地域の大人の学びの機会の充実にもつながり、地域振興や地方創生を進めていくうえでも期待されている。そこで、学校と地域をつなぐ社会教育の専門性を持った教育支援人材が求められているのである。

(1) 学校・家庭・地域の連携による事業

学校・家庭・地域の連携に関する主な施策を紹介しよう。

子どもたちの放課後、休日などの学習やさまざまな活動の充実のために実施されているのが、「放課後子ども教室」や土曜日の教育活動支援である。「放課後子どもプラン」は、文部科学省の「地域子ども教室」と厚生労働省の「放課後児童クラブ（学童保育）」が連携して2007年から実施されている。地方公共団体が実施する「放課後子ども教室」は、放課後に子どもたちの安心・安全な遊びと学びの場を提供することを目的に、学校施設などを活用し、地域住民や保護者の、基本的にはボランティアによって学習やスポーツ、文化活動など多様な体験・交流活動が行われている。平成26年度には、全国で1,135市区町村、11,991教室、東京都でも62基礎自治体23区26市5町8村のうち、52市区町村、1,106教室が実施されている。また、文部科学省は2014年から「地域の豊かな社会資源を活用した土曜日の教育支援体制等構築事業」を進め、「土曜教室」などの名称で多彩なプログラムが展開されている。

「学校支援地域本部」は、学校のさまざまな教育活動を地域住民のボランティアが組織的に支援するもので、2008年から実施されている。活動の内容は、授業補助や教員補助といった授業での学習支援、部活動の指導補助、図書館の整備や花壇の手入れといった校内の環境整備、登下校の見守り、学校行事の支援など幅広く、「地域につくられた学校の応援団」と位置づけられている。ボランティアには多様な人々・組織が関わり、地域の状況にあわせた展開が期待されている。

さらに、中央教育審議会答申「新しい時代の教育や地方創生の実現に向けた学

校と地域の連携・協働の在り方と今後の推進方策について」(2015年)では、コミュニティ・スクールの推進と「地域学校協働本部」の実施が示され、学校と地域の連携・協働を一層推進していくためのしくみや方策が提言されている。

　これらの事業は、自治体の社会教育・生涯学習部署の担当となっていることが多い。学校支援ボランティアの掘り起こしや育成、組織化を通して活動に関わる多様な主体をネットワーク化し、地域課題の共有へとつなげ、活動を持続可能なものとしていくことなど、社会教育の専門性が活かされている。「学校と地域との連携・協働を推進する体制づくりの取組は、子どもたちの教育環境を改善するのみならず、多くの地域住民が、学校支援や放課後等の活動に参画するなど、地域住民の間の絆をより強く結びつけ、活力あるコミュニティの形成にもつながって」おり、「社会教育行政は、学校支援地域本部や放課後子ども教室など学校教育との連携・協働については、大きな成果をあげている」[1]と評価されている。

2. 社会教育施設と学校支援

　社会教育施設とは、人々の学習活動を推進するための地域における施設であり、公民館、図書館、博物館などをはじめとし、青少年施設、女性・男女共同参画教育施設、社会体育施設など、一般的に物的・人的・機能的条件を備えているものを指す。また、社会教育法などによって規定されている社会教育行政以外の管轄にあるものとして社会教育関連施設があり、多様な運営主体によって人々の学習活動を援助したり、必要な情報・知識が提供されている。ここでは、公民館・博物館・図書館と学校との連携について見ていくこととする。

(1) 公民館・公民館類似施設

　住民同士が「つどう」「まなぶ」「むすぶ」ことを促し、人づくり・地域づくりに貢献するのが、公民館である。社会教育法に基づき市町村によって設置されるが、この他に、「自治公民館」と呼ばれる住民たちが自主運営する公民館に似た機能を持つ施設がある。公民館は「Kominkan」としてアジア地域を中心に展開

---

1) 中央教育審議会生涯学習分科会「第6期中央教育審議会生涯学習分科会における議論の整理」2013年1月

されているコミュニティ学習センター（Community Learning Centre：CLC）のモデルとなっていて、海外から注目されている。公民館は、講座や討論会・講習会・講演会などを開催したり、施設を各種団体・機関などの公共的利用に供することなどを行っている。また公民館類似施設として、社会教育会館、生涯学習センターなど多様な形態で地域における住民の自主的な学習を支える拠点が設置されている。

公民館と学校との連携については、地域のニーズや状況にあわせて、多様な実践が展開されている。子どもや親子、子育て中の親を対象とした講座や学級の実施によって子どもや親の学習を支援している。また公民館を拠点に自主的な活動を展開する団体・グループを学校支援の活動とつなげるなど、学校と地域をコーディネートする役割を果たしているところもある。

国分寺市の公民館の取組を紹介しよう。もとまち公民館では、公民館を拠点に「もとまち地域会議」が組織化されている。「もとまち地域会議」はもとまち公民館運営審議会委員によって呼びかけられ、地区小・中学校、各 PTA、保育園、児童館、各団体と公民館利用者が参加した、地域の問題を共有し、さまざまな場面で協力し合える関係を築くことを目的としたネットワーク型組織である。地域や互いの活動情報、意見の交換の場として、2 カ月に 1 回定例会が開催されているが、会議や講座だけでは課題解決のための関係性が育まれず状況が変わらないという声のもと、小学校の体育館を使って運動会が行われるようになった。地域会議に参加し、運動会の運営に関わる地域の団体は現在、小学校、小学校 PTAと PTA の OB・OG、公民館、図書館、児童館、学童保育所、保育園、社会福祉協議会、ファミリーサロン、民生委員、赤十字奉仕団、障がい者支援 NPO、公民館で活動するサークルや自主グループ、近隣の複数の自治会・町内会、老人会、婦人会、商店街、東京学芸大学など多様に広がっている。会議の世話人を地域住民、事務局を公民館が担当しており、顔の見える関係を地域につくり出している。また、他の公民館でも、異文化交流事業や学習支援事業などを通して、地域の人々と子どもをつなぐ場づくりに貢献している。

（2）図書館

図書館は、「図書館法」に定められた社会教育施設であり、記録資料（メディア）を収集、整理、保存し、資料ならびに資料に記録されている情報を人々に提供す

III　学校と協働する社会教育と教育支援

ることを基本的な目的・機能としている。地域住民の身近にあって住民の多様な額数ニーズに対応した利用度の高い社会教育施設であり、社会教育調査によると図書館の帯出者数（図書を借用して館外へ持ち出した者の延べ人数）は平成7年度間の120,011千人から、平成22年度間には187,560千人へ増加している。

　公共図書館と学校教育の連携・協力に関する議論は、戦前期に遡ることができる。1950年に制定された図書館法の第3条に、「学校に附属する図書館又は図書室と緊密に連絡し、協力し、図書館資料の相互貸借を行うこと」（第4項）「学校、博物館、公民館、研究所等と緊密に連絡し協力すること」（第8項）が規定され、公共図書館と学校・学校図書館との連携・協力の法制度的基礎はすでにつくられていた。しかしそれが現実的な意味を持つようになるのは、学校図書館が実践活動を展開しはじめる1990年代以降のことである。とりわけ2001年の子ども読書活動推進法の制定とそれに基づく子ども読書活動推進計画の策定は、連携・協力を政策のレベルで推し進める契機となった。国の「子どもの読書活動の推進に関する基本的な計画（第3次）」（2013年5月）は、「図書館は学校図書館との連携・協力体制を強化し、団体貸出しや相互貸借を行うとともに、図書館職員が学校を訪問し読み聞かせを行うよう努める」と指摘し、これを参酌して策定された地方自治体の子ども読書活動推進計画の多くが、公共図書館と学校教育の連携・協力に言及している。

　こうした中で、現在多くの学校・学校図書館が公共図書館との連携・協力を実施している。文科省の「学校図書館の現状に関する調査」（平成24年度）によれば、小学校の76.5％、中学校の49.8％、高等学校の46.5％が連携・協力を実施している。

　しかしその実施内容は、自治体、学校図書館ごとにばらつきが見られる。都内にも積極的に学校との連携を進める図書館があるが、ここでは調布市を紹介しよう。調布市では、市教育委員会指導室に学校図書館支援センターを設置し、公共図書館との連絡連携を担当している。また、「調布市子どもの読書活動推進計画」を策定し、それに基づく学校支援活動を次のように行っている[2]。

2）東京学芸大学生涯学習教室『生涯学習・社会教育関連部局と学校との連携に関する実態調査—東京都内市区町村を対象に—（第一次報告）』2014年3月31日

資料提供、レファレンスサービス、図書搬送システム／図書館利用ガイダンス、本の紹介、読み聞かせの実施（年間51回）／市内全小中学校対象とした調べ学習への支援（114件）／ブックリストの作成（学年別リストなど）／職場体験・職場訪問の受け入れ／小学校教育図書部会への参加

（3） 博物館

　博物館は、「博物館法」（1951年）に定められた社会教育施設で、「もの」を通した人々の生涯学習の場である。歴史、芸術、民俗、産業、自然科学等に関する資料の収集、管理・保管、調査研究、展示・教育普及活動等を一体的に行い、実物資料を通じて人々の学習活動の支援を行う社会教育施設で、総合博物館、科学博物館、歴史博物館、美術博物館、野外博物館、動物園、植物園、動植物園、水族館など種類もさまざまある。社会教育調査によると、平成23年時点で博物館・博物館類似施設は合わせて5,747館あり、年々増加傾向にある。

　博物館と学校の連携については、国内でその数がもっとも多い歴史系博物館だけではなく科学館や美術館などでそれぞれの専門領域の特色を生かした学校との連携活動が展開されている。授業の一環としての見学対応や博物館資料の貸出しなどの支援はもちろん、出前授業などのアウトリーチ活動、教員対象の研修会などその様態も多様である。

　その背景には、教育活動を重視する地域博物館論やチルドレンズミュージアムの考え方が現場で認識されはじめたことや、国の教育政策の転換などがある。生涯学習体系への移行に関する提言を受け1989年に改訂された小・中学校の社会科学習指導要領に初めて博物館の活用と「博学連携」の推進が盛り込まれたことを皮切りに、社会教育審議会中間報告「博物館の整備・運営の在り方」（1990年）で「学校教育との関係の緊密化」が提唱され、その後の指導要領改訂でも理科や美術、総合的な学習の時間での博物館の積極的な活用が位置づけられた。府中市郷土の森博物館は、都内有数の野外展示施設を含めた地域博物館で、学校の見学内容の計画の際に学芸員が相談にのるなど、学校教育支援の体制が整っている。常設展示開設は学年や学習テーマに沿ってさまざまなバリエーションで対応する他、昔の道具を実際に使ってみる「ふるさと体験学習」活動も可能で、石臼粉挽

き体験は、ボランティアが対応する。子どもたちが、地域の農家、ボランティア、親、教員、学芸員などともに、動態保存されている昔の道具を使いながらコメづくりに挑戦する体験型教育活動が、「こめっこクラブ」である。学校教育との連携も含め、地域における稲作文化（景観も含む）の継承・保存をも目的とする同館独自の活動として長年取り組まれている。

3. おわりに —— 社会教育専門職・支援人材に求められる力とその養成 ——

　変化の激しい社会の中で、子どもも、保護者も、地域住民も、「生涯を通じて主体的に学ぶ力」が求められている。学校と地域が有機的につながり、地域社会における人づくり、地域づくりを進めていくためには、子どもも大人も地域社会における課題を自らのこととしてとらえ、学習を通じて地域社会に主体的に参画し、活躍することが求められる。学校を拠点に、地域の多様な人々・組織が互いに学び合い、1人ひとりと地域コミュニティの両方が成長し、持続的に発展していくためには、多様な地域資源をつなぎ、主体的に学び合う環境をつくりだすことが必要となる。学校支援に不可欠な地域のボランタリーな担い手をどう発掘し、育み、持続させるか、多様な主体からなる学び合うコミュニティをどう形成していくかという支援は、知識や技術を「教える」とは異なる専門性が求められることは明らかだろう。

　社会教育主事・司書・学芸員などの社会教育専門職、社会教育施設職員や教育委員会事務局職員などの支援人材には、地域住民・関係団体などの調整役となり、連携や協働を推進し、ネットワークを形成するコーディネート能力、地域住民などの意欲・力を引き出すファシリテート能力などが求められる。また、持続可能な活動としていくために、さまざまな組織と協働して計画を策定し、しくみや制度をデザインする力、計画を実現し、相互評価し、次の展開へとつなげていく力も重要である。

　こうした能力は、短期集中で、あるいは受動的学習スタイルや、基礎－応用－実習といったカリキュラムで形成するのは難しい。実践に関わり協働で学習を支える経験をし、それを省察する、さらに経験を積み重ね、省察を積み重ねるという「実践と省察のサイクル」によって、この実践的・専門的力量は培われていく。

社会教育専門職・支援人材は、自らが生涯を通じて学び続ける学習主体として、多様な教育支援人材と学びあうコミュニティを形成し、実践を共に振り返りよりよくなるよう働きかけながら、力量を高めあっていくことが求められるのである。

[引用・参考文献]

- 梶野光信（2015）「教育支援コーディネーターと社会教育主事の連携による教育コミュニティの創造」日本社会教育学会編『地域を支える人々の学習支援―社会教育関連職員の役割と力量形成』東洋館出版社、pp. 64-74
- 倉持伸江（2015）「地域社会教育実践と連携した学習支援者の養成―東京学芸大学の取り組み」日本社会教育学会編『地域を支える人々の学習支援―社会教育関連職員の役割と力量形成』東洋館出版社、pp. 131-142
- 社会教育行政研究会（2013）『社会教育行政読本―「協働」時代の道しるべ』第一法規
- 東京学芸大学生涯学習教室（2014）「生涯学習・社会教育関連部局と学校との連携に関する実態調査―東京都内市区町村を対象に―（第一次報告）」
- 東京都教育庁地域教育支援部（2014）「平成25年度区市町村生涯学習・社会教育行政データブック」
- 中央教育審議会「新しい時代の教育や地方創生の実現に向けた学校と地域の連携・協働の在り方と今後の推進方策について（答申）」平成27年12月
- 中央教育審議会生涯学習分科会（2013）「第6期中央教育審議会生涯学習分科会における議論の整理」
- 日本社会教育学会編（2011）『学校・家庭・地域の連携と社会教育』東洋館出版社
- 文部科学省生涯学習政策局社会教育課「学校・家庭・地域の連携協力における社会教育の役割について」中央教育審議会初等中等教育分科会（第91回）・教育課程部会（第89回）合同会議資料、平成26年9月24日

第3章　自然体験学習におけるチームアプローチの実現
── 地域における教育支援 ──

中西　史

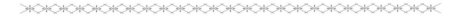

1. はじめに

　自然と直接ふれあい、その多様性やしくみ・働きを知り、自然と人との関係について理解を深めることは、子どもたちの自然観・環境観の形成の根幹となるものである。自然の中で子どもたちは教師の思惑や教科書の枠組みを超えて自然の摂理を体で学び取っていく。しかし、自然体験活動に取り組むには、活動内容に関わる専門知識を必要とするだけでなく、安全性の確保や、自然生態系の保全に対する配慮が必要であり、これらは一般化できない部分も多い。ある学校に赴任し、周囲の自然を調べ、活動場所（フィールド）や移動経路について熟知する頃には次の学校に移動する時期になってしまう。また、小学校の場合、学年ごとに活動の種類、活動に適した場所が異なるという事情もある。
　このように、自然体験活動の実現は「引率のための人員確保の困難さ」、「指導者の知識・経験不足」などの理由から、教員だけではハードルが高いのが現状であり、学外との連携がそれを下げる1つの鍵となっている。また、持続可能な社会を担う、実践力のある子どもを育成するうえでも、学校、家庭、地域社会やNPOが、それぞれの教育機能を十分に発揮するとともに、相互に連携協力を図り、学びや体験の充実を図ることが必要であることは、国立教育政策研究センターがまとめている環境教育指導資料の中でも繰り返し述べられている（国立教育政策研究センター、2014）。
　自然体験活動を実践するために精力的に学外との連携を推進している教員は数多くおられるが、ここでは、地域の人材が主体的に組織をつくり、学校や行政と連携して子どもの自然体験活動を実現している団体として、「環境学習グループ

ひの どんぐりクラブ」と「NPO 法人 きらり☆つくみ」を取り上げ、地域の人材がさまざまな組織と連携し、教育支援人材として活躍するためのポイント、さらには教育支援人材と連携できる教師の養成について考えたい。

2. 環境学習サポートグループ「ひの どんぐりクラブ」

(1) 団体の概要

　東京都日野市で活動する環境学習サポートグループ「ひの どんぐりクラブ」（代表・有馬佳代子）は、2007 年の発足以来、出前授業を中心とするさまざまな形で子どもの自然体験学習をサポートし、2014 年度の活動回数は 85 回、支援対象となった子どもは小学生を中心に、延べ 7,396 名にのぼった。

　日野市は、都心から約 35 km 西に位置し、市の北東の境界線に多摩川が、ほぼ中央に浅川が流れ、河川に沿った低地を挟んで多摩丘陵と日野台地が存在するという、変化に富んだ地形を有する。また、「日野の自然を守る会」をはじめとする多くの環境市民団体が精力的に活動する、環境分野での先進地域として知られている。「ひの どんぐりクラブ」は、2006 年に開かれた日野市環境学習リーダー講座の修了生と日野市環境情報センターの関係者、自然保護団体の会員が中心となり、子どもたちが環境についてより体験的・実践的に学び、理解を深められるよう、市民の立場から支援することを目的として 2007 年に会として発足した（このプロセスに関しては別途取り上げる）。

　その後、日野市民や近隣大学の学生・教員などが加わり、現在の会員数は、約 20 名（コアメンバーはその半分）となっている。筆者は 2009 年から団体メンバーに加わり、研究室の学生らと活動に参加している（中西ら、2000）。

　同団体は日野市環境情報センター[1]や日野市やその周辺の小中学校、高等学校、日野市教育委員会と連携して活動を行っている（図表Ⅲ-3-1）。支援の要請は環境情報センターを通じて行われる。クラブ内での日程調整や情報の共有にはインターネットや FAX が利用されている。

---

[1] 行政と市民、事業所、学校教育関係者との協働により運営され、環境に関わる情報の収集・整理・分析・発信、環境講座の開催、児童の環境学習支援、環境問題の相談、市民環境団体の活動支援、施設の提供、大学や諸団体との連携、公共事業の環境への影響評価などを行う。http://www1.hinocatv.ne.jp/kankyo/

Ⅲ　学校と協働する社会教育と教育支援

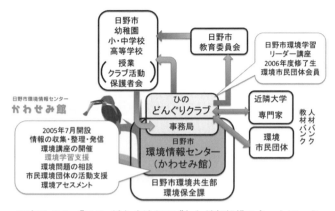

図表Ⅲ-3-1　「ひの どんぐりクラブ」と外部組織のネットワーク

（2） 活動内容

　地域の子どもたちへの自然体験学習の支援として、市内の小中学校の総合的な学習の時間や理科・生活科の授業における出張授業や子ども会、保護者団体、科学クラブの活動支援を行っている。支援内容は、先方からの要望に添って柔軟に応じているが、支援メニューを小冊子にまとめて市内の小学校に配布したり、団体のWebサイト（http://www.hino-donguri.com/index.html）で公開し、依頼しやすい環境を整えている。現在公開しているメニューは野鳥やクモ、水生生物の観察や自然素材を用いたものづくりなど、27種である。図表Ⅲ-3-2の写真は、「水生生物の観察」の活動の様子である。各メニューには、

　　①子どもたちに伝えたいこと、②実施時期、③実施場所、④対象学年、
　　⑤関連教科、⑥時間数、⑦事前準備、⑧当日の準備（材料・道具など）、
　　⑨当日の流れ、⑩備考

の項目が用意され、支援を受ける側の準備や、事前・事後指導を行いやすい内容となっている。団体では、これらのメニューを日野市内外での自然体験学習の参考になることを希望し、団体のWebサイトで公開している。支援活動では、依頼者との事前の打ち合わせ、フィールドの下見、材料・器具の確保、学校から活動場所までの移動時・活動時の子どもの安全確保、児童への講話・作業の補助などを、メニューの特性、会員の得意分野に合わせて行っている。同団体は、単独で支援を行うだけでなく、中央大学、東京学芸大学、明星大学などの近隣の大学

図表Ⅲ-3-2　ガサガサ「水生生物の観察」の活動の様子

や専門家、東京都市町村会、他の環境市民団体と合同での活動も行っている。

　子どもたちへの学習支援以外に、同団体は日野市環境共生部環境保全課からの要請を受け、日野市の小中学校教員、幼稚園教諭・保育士を対象とした「ネイチャーゲームの紹介と体験」などの研修を年に1～2回行っている。また、財団法人とうきゅう環境浄化財団や財団法人 河川環境管理財団からの助成金をもとに団体のWebサイトの立ち上げ・運営を行い、環境学習支援メニューや活動の成果を広報するとともに、同団体の会員が長年撮りためてきた多摩川中流域に生息する生き物の高品質な映像を活用したデジタル生き物図鑑「生きもの図鑑」ならびに「日野の自然映像」を公開している。これは、自然体験活動の際の事前・事後学習、教員・指導者に対する研修、ならびに野外活動一般の支援とすることを目的としたものであり、質問コーナーで親子で行う自然体験活動へのアドバイスなども行っている。

(3) 設立過程から見た「ひの どんぐりクラブ」の活動の特徴

　同団体の活動は年々知名度を増し、授業支援が公開授業や研究授業として行われるなど、支援を行ったクラスだけでなく、参観した他の学校の教員や保護者への啓蒙活動としても機能している。同団体が高いアクティビティを維持している背景として、社会的に自然体験学習をはじめとする環境教育の重要性が認識され、それに対応しようとする学校のニーズがあることがあげられる。そのニーズに応える活動を積み重ねてきたことが、次の支援活動につながってきたといえるであろう。ニーズに応えるためには、ニーズを把握すること、それに応えるだけ

の能力を団体が持っている必要がある。これらの点に注目して、同団体の設立のプロセスを見てみたい。

　先にも述べたように、同団体は 2006 年に開かれた「日野市環境学習リーダー講座」の修了生と日野市環境情報センターの関係者、自然保護団体の会員が中心となって設立したものである。「日野市環境学習リーダー講座」は市の環境情報センターの支援のもと、「東京都環境学習リーダー講座[2]」の修了生によって委託事業として全講座数 20 回を開催された。そのなかで「ひの　どんぐりクラブ」の立ち上げに関わった修了生（有馬氏、谷汎氏、村岡明代氏）は他 4 名の修了生とともに「環境学習をサポートするネットワークづくり（環境学習サポートクラブ）をめざして」をテーマに研究を行い、市内小中学校 22 校の環境学習の現状とニーズ、環境市民団体 13 団体の環境学習支援を中心とした活動状況や、支援活動の可能性の有無を調査した。その結果、ネットワークづくりの課題として、

　①学校とサポートする側双方の事情を理解しているコーディネーターの必要性
　②環境学習をサポートする人材や教材を広く市民から募集できるしくみ
　③必要な経費を確保するしくみ

をあげ、図Ⅲ-3-3 のようなシステムを提案している（グループ研究報告書からの抜粋）。

　「ひの　どんぐりクラブ」を振り返ってみると、②に関してはコアメンバーの多くが他の環境市民団体にも所属し、動植物の分類・生態やものづくりの分野の専門性が高く、授業等で講師役を務めることができると同時に、人材バンク・教材バンクの窓口としても機能している。また、現在団体代表を務める有馬氏は元小学校教員であり、在職中から外部講師を授業の中で活用し、学外とのネットワークづくりの必要性を痛感してきた方である。前述の支援メニューの項目が、教員が支援の教育効果や準備を考えやすい構成となっているのにはこのような背景がある。①に関しては、現在環境情報センターの嘱託職員として同団体の活動全体のコーディネーターを杉浦忠機氏（「日野の自然を守る会」副代表）が務めている。同氏は大手書店の電子情報部の設立・運営に従事していた人物であり、早期

---

[2] 170 時間の講習のなかで環境に関するさまざまな学習を行うとともに、実際に地域で活動していくための企画・運営、そのためのコーディネート能力をつけるための講座として、平成 6 年度に開始し、平成 15 年度第 9 期をもって終了。

第3章　自然体験学習におけるチームアプローチの実現

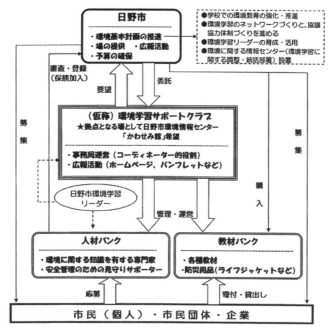

図Ⅲ-3-3　2006年度日野市環境学習リーダー講座グループ研究「環境学習をサポートするネットワークづくり（環境学習サポートクラブ）をめざして」における提案

からメーリングリストやWebサイトを利用した団体内における情報共有を行うとともに、有馬氏や他の教職経験者のアドバイスを参考にしながら学校との調整・活動現場の下見を綿密に行っている。組織を継続するうえでの要となる情報共有に関しては、インターネットを利用したもの以外に、毎月定例会を開いて今後の活動予定の確認、過去1ヵ月間の活動の成果と課題を議論するとともに、それらを議事録にまとめて全会員で共有し、人材や教材の調達に役立てている。

　このように、同団体の現状を見ると、日野市環境学習リーダー講座であげられた課題の①、②はほぼクリアできていると思われるが、③に関しては、メンバーの個人的な負担もあり、課題として残っている。団体としての最大の課題は、メンバーの増員であるが、少しずつ新メンバーが加わっており、新たな視点での団体の運営方法の見直しも行われている。

Ⅲ　学校と協働する社会教育と教育支援

3. 無垢島自然体験学習会を主催する
「NPO 法人 きらり☆つくみ」について

(1) 無垢島自然体験学習会の概略

　大分県津久見市の北東沖合 16 km に位置する無垢島は人の住む地無垢島と無人島である沖無垢島の 2 島からなり、その周辺は豊後水道の急流により豊富な魚介類に恵まれている。また、島周辺のいくつかの露頭ではアンモナイトや多くの二枚貝の化石が見つかっており、自然体験学習会のフィールドとして非常に恵まれた環境にある（牧野、2008）。

　無垢島自然体験学習会は宿泊型の体験学習会として 2005 年より、無垢島小中学校の校舎および運動場をメイン会場とし、島周辺の磯、露頭、海岸において毎回 70 名前後の参加者、スタッフが活動し、2015 年 8 月には台風さながらの悪天候にみまわれながらも第 10 回目の学習会を無事終了した。

　参加者はチャーターされた船で島に渡り、無垢島小中学校の校舎や公民館に宿泊して、さまざまなメニューに取り組む。学習メニューとしては、大分大学、鹿児島大学、熊本大学、福岡教育大学の教員を講師とする磯の生きもの観察、化石の採取、天体観察を固定メニューとし、リピーター（小学 5 年生から中学 3 年まで毎年参加した子どももいる）のために毎年趣向の異なるメニューをいくつか加えている。筆者は 2007 年の第 3 回からこの学習会に研究室の学生・卒業生有志と参加し、地域の特性を活かした科学実験を指導してきた。

　この体験学習会の特徴として、各大学の学生や卒業生や児童生徒の引率者としての教員が、学習者、あるいは学習支援者兼運営スタッフとして参加しており、教員養成・教員研修としての機能を持つことがあげられる。2007 年からの数年間は、牧野治敏氏らにより大分大学の授業「理科教育学実習Ⅱ」として位置づけられ、九州地区大学の単位互換協定に準じて複数大学で単位認定が行われた。また、参加者と活動場所である無垢島で生活をする住民を積極的につなぐため、実施期間中の食事の準備や食材の提供（一部）を無垢島の住民に積極的に協力してもらい、住民と参加者が一緒に食事をとる機会を設けているのも特徴であろう。参加者は感謝の意を込めて海岸の清掃活動に取り組むとともに、水の確保に大変な苦労をしてきた歴史に配慮して節水を徹底している。

この体験学習会を主催しているのが津久見市の地域活性化活動を行っている市民団体「きらり☆つくみ」（代表・小手川和彦）と理科教育に携わる九州の大学教員や小学校教員らが組織する「海の学校実行委員会」であり、津久見市、津久見市教育委員会が後援となっている。

（2）自然体験学習会開催までの経緯から見た連携システムの特徴

　「NPO法人 きらり☆つくみ」は、津久見小学校において「津久見いきいきプロジェクト」（自ら行動して「まちづくり」に取り組める子どもたちを育てるためのプロジェクト）を企画した担任教諭とゲストティーチャーとして参加した原尻育史郎氏（当時津久見市職員）が中心となり、2003年8月に設立された団体で、2008年からはNPO法人として、無垢島自然体験学習会の他に、映画上映会や市民セミナー、青江ダム駅伝大会の開催を通して「まちづくり」に努めている。

　無垢島自然体験学習会の開催の最初のきっかけは、無垢島の港湾整備に長年携わり、過疎化が進む無垢島の活性化のために方策を考えていた原尻氏が、2001年に化石調査に来ていた熊本大学の田中均氏と知り合いになったことである。原尻氏は、無垢島の地質・化石・島の年代などについて田中氏から学び、その内容を2002年に「津久見いきいきプロジェクト」の授業で津久見市の小学生に話したところ、小学生が「自分たちも化石を掘りたい」と声をあげた。

　原尻氏はその声に応えて2003年8月に熊本県・大分県の地質学会のメンバー40名を含むスタッフを揃え、総勢70名で無垢島を訪れ、化石調査と島民との交流会を行った。無垢島で子どもたちが生き生きと活動する姿を目のあたりにした参加者から「この無垢島を総合的学習の場と位置付け、自然体験学習会を開催すべきだ」と意見が多く出たことから、「きらり☆つくみ」と大分大学をはじめとする大学教員が中心となって「海の学校実行委員会」を設立し、2005年8月に「第1回無垢島自然体験学習会」の開催に至った。子どもの自然体験学習を軸として、過疎化が進む離島の地域振興、大学における教員養成、これらを通じた津久見市全体の活性化といった複数の課題が原尻氏の「周囲をつなげる力」により融合し、一つの取組として具現化したといえよう。

　このような取組が現在まで継続している理由として、最初は「市からの依頼で」、「会場の提供者として」、「教員に誘われて」、とどちらかといえば受け身で参加していたスタッフが、支援する中で各々に自分にとっての意義を見出し、成

Ⅲ　学校と協働する社会教育と教育支援

長の場にできていることがあげられるであろう。今年度の第10回の学習会では、メインメニューである化石採集を担当する田中氏が本務の関係で急遽欠席となったが、立ち上げ時からのスタッフである保戸島小学校校長の諫山義弘氏（本学1978年度卒業生）や学生時代から本学習会に参加していた高等学校教員の指導によって、子どもたちは多くの化石を採取し、充実した時間を過ごすことができた。

4.　地域人材による教育支援の活性化のために

　自然体験学習における地域人材の支援活動として「ひの　どんぐりクラブ」と「NPO法人　きらり☆つくみ」の活動を見てきたが、ともに活動する中で、各メンバーの組織人としてのリテラシーの高さ、向上心の強さ、子どもの成長や地域の自然への思いの深さ、異なる考えを受入れつつ議論し続ける姿勢、情報共有の重要性の理解、が活動の継続の重要なポイントとなっていると感じている。原尻氏は「他の地域で同様の活動を行うにはどのようなことが大切か」という質問に対し、「活動の趣旨をスタッフ全員がしっかりと把握し、やらされるのではなく、自分たちの責任の中で自信を持って取り組むことが大切です。そしてスタッフも一緒に楽しむことです。組織づくりは、価値観が一緒であれば、いろんなタイプの仲間が集まって構成することが望ましいと考えています。得意なことを活かし、型にはめず、はまらず、仲間内でフォローしあう関係がベストです」と記述した。同様な記述は、両団体の多くのメンバーの回答に見られ、ボランティアとしての教育支援を継続するうえでは、重要な考え方であると思われる。組織論の研究者であるチェスター・バーナードは、組織が成立するための要素として

　　1.　共通目的（組織目的）、2.　協働意思（貢献意欲）、3.　コミュニケーションをあげ、「これらの3要素が均衡することが組織成立の条件であり、存続の前提となる」としているが、本稿をまとめるにあたり、まさにその通りであることを実感した。また、市の施設が拠点となる、もしくは市との連携、「東京都環境リーダー講座」や「日野市環境学習リーダー講座」といった公的な人材養成システムの整備も、活動の立ち上げや継続の重要なポイントとなっていると感じている。

5. おわりに

　これからの教員養成において、学校外の人材と連携する能力をいかに学生に修得させるかは重要な課題である。教育支援を行っている方々にとって、子どもが生き生きと活動する姿自体が何よりの励みになっているが、活動の感想を書いた手紙や、教師からの価値づけが、支援者のモチベーションをよりいっそう高めていることは間違いない。また、当然のことながら、教育効果を高めるためには支援者や支援団体に事前に活動の目的や、学校の教育方針を教師が明確に伝え、活動内容について打ち合わせを行う必要がある。場合によっては議論となり、教師の、もしくは外部講師の教材観や授業観の転換が求めるようなこともあろう（平野，2007）。お互い気まずい思いをする瞬間があるかもしれないが、そのような啓発しあうプロセスが教育の質を高めるであろうし、体験活動の実現の背景にそのようなプロセスがあったことを学習者である子どもに伝えることが、彼らの行動にも影響を与えるのではないだろうか。これまで大学の授業において、地域との連携が理科教育や環境教育において重要であることを強調し、外部講師として「ひの　どんぐりクラブ」や「NPO法人　こがねい環境ネットワーク」（代表理事・長森　眞）のメンバーに活動の紹介や栽培・ものづくり活動を指導していただくなどの取組を行い、その意義や交渉のプロセスなどを学生にも伝えてきた。本来なら、学生を実際に支援活動に派遣したいところであるが、時間割との関係で年々難しくなっているのが現状である。今後、学生自身がこのような効果を肌で感じ取れるような機会を大学のカリキュラムとして具備してゆく必要があると考える。

謝　辞

　本稿の執筆にあたり、両団体のコアメンバーの方々には、質問紙調査やインタビューなど、多くの時間を割いていただいくとともに、貴重な資料を提供いただいた。また、無垢島自然体験学習会に中心的に関わり、自然体験学習プログラムとしての実証研究を行ってきた牧野治敏氏（大分大学高等教育開発センター）には、本稿をまとめるにあたり多くのアドバイスをいただいた。ここに厚く御礼申し上げる。

Ⅲ　学校と協働する社会教育と教育支援

[引用・参考文献]

・国立教育政策研究所教育課程研究センター（2014）『環境教育指導資料【幼稚園・小学校編】』東洋館出版
・中西 史・本地由佳他・どんぐりクラブ会員（2001）「東京都日野市における環境学習サポートグループ『ひの　どんぐりクラブ』の活動」『日本科学教育学会研究会研究報告 25（3）』pp. 23-26
・平野朝久（2007）「総合的学習におけるいわゆるゲストティーチャーの役割と課題（1）」『東京学芸大学紀要　総合教育科学系第 58 集』pp. 23-31
・牧野治敏（2009）「自然体験学習プログラムの実証的研究―第 3 回無垢島自然体験学習会での実践から―」『九州地区国立大学間連携教育系・文系論文集 3（1）』

IV

教育支援による
学校教育の広がり

Ⅳ　教育支援による学校教育の広がり

第1章　スウェーデンにおける「ワークチーム」と「チームワーク」
―― 子どもを支える多職種連携の基盤と機能 ――

加瀬　進

1．はじめに

　「教育支援」を考える際、そこに通底するキーコンセプトの1つが「チームワーク」であることは本書でも繰り返し指摘されている。この点に関わって、筆者はスウェーデンのありよう、特に障がい児（者）教育と障がい児（者）福祉の連携について繰り返し訪問調査を行ってきた。具体的な視座は「障がい」の発見と家族支援がどのようにスタートするのか、それが学齢期にどのように引き継がれ、どのような連携が子どもたちの「学び」と「暮らし」を支えているのか、の2点である。フィールドはヴェクショー市とクリファンスタ市という人口8万人弱の大学街である。
　さて、このプロセスの中でチームワークが展開されるにあたり、目に見える、しくみとしての「ワークチーム」の存在がスウェーデンの特徴であり、それが大きな役割を果たしている、ということに気づかされてきた。
　そこで本章では「障がい」の発見と支援プログラムをスタートさせるハビリテーション分野[1]におけるワークチームと学校教育分野におけるワークチームのありようを概観しつつ、その示唆するところを整理してみたい。

1）「リハビリテーション」という用語にはどうしても「回復」「復権」という意味合いが含まれるが、生来の障がいがある場合、「回復」ではなく、その人のありようのままに諸権利を保障していく必要がある。こうした「再び」を意味する「re-」をとって、「ハビリテーション（スウェーデン語ではハビリテーリング）」という用語が用いられている。

第1章　スウェーデンにおける「ワークチーム」と「チームワーク」

2. ハビリテーション分野におけるワークチーム

まず図表Ⅳ-1-1 にそって説明していこう。これはヴェクショー市を含む8つの市からなるクロノベルィ県（人口約 17 万人）において障がいの発見と支援プログラム「ハビリテーション・プラン」の策定プロセスを素描したものである。

　例えとして、県北に在住する親子を想定してみよう。長男ラーシュ君は間もなく2歳のお誕生日を迎えるが、未だに言葉らしい言葉が出ず、自分の望みが叶わないと金切り声をあげるようになってきた。ある日、心配をしていた母親のレーナがクリニックの医師に相談したところ、医師は県内に2カ所ある総合病院の1つ、県立中央病院のハビリテーション・センターに照会をかけてくれた。ちなみにスウェーデンは開業医制度をとっておらず、県立病院とそのブランチであるクリニックのネットワーク体制で医療が展開されている。

　予約当日までやや日数を要したが、センターに赴くとラーシュ君を「判定チーム」が迎え入れ、母親レーナからの聞き取り、ラーシュ君に対する各種の検査や

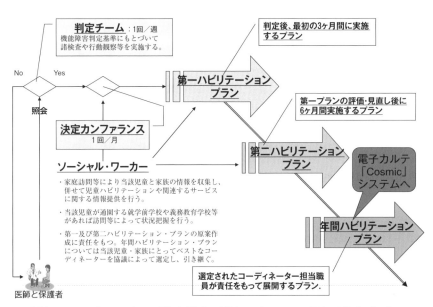

図表Ⅳ-1-1　クロノベルィ県におけるハビリテーション・プランの策定プロセス

Ⅳ　教育支援による学校教育の広がり

行動観察をすることになった。判定チームはラーシュ君は自閉症であり、知的障がいをあわせ持つという判定結果を出し、これを県北担当の「ハビリテーション・チーム」に報告する。

　このチームは医師・言語聴覚士・理学療法士・作業療法士・ソーシャルワーカー・心理士・栄養士・特別教育家[2]（障がい教育などの専門家）・余暇コンサルタント[3]・アシスタントなどの多職種で構成される「ワークチーム」であるが、まず医師がソーシャルワーカーとともに保護者と面談し、ラーシュ君の「障がい」を告知する。と同時に困惑する両親に対するソーシャルワーカーの支援が開始されるのである。

　ソーシャルワーカーは保護者の気持ちに寄り添いながら、今後の支援の流れを説明する、家庭訪問・就学前施設訪問をしてラーシュ君の日常生活の様子や環境を把握する、などの作業を経てハビリテーション・プランの素案を作成する。作成した素案は県北ハビリテーション・チームのカンファランスにかけられ、保護者とも相談しつつ、月に1回行われる決定カンファランスで主任医師のゴーサインが出ると実施に移されるのである。クロノベルィ県では3カ月間試行する第一ハビリテーション・プラン、評価・見直しののちに半年間実施される第2ハビリテーション・プラン、そして確定版となる年間ハビリテーション・プランと3段階のステップを踏むことになっている。なお、この年間プランは出生と同時につくられる電子カルテに掲載され、保管・個人情報保護および支援者の情報共有に活用される。

　以上がハビリテーション・プランの策定プロセスであるが、同県には県北・県南・県西それぞれを担当するチーム、および発達障がいに特化して全県対応するチーム、あわせて4チームが活動を展開している。

　「ハビリテーション・チーム」とは、子どもにとって欠かせない医療・心理・福祉・教育・栄養・余暇から構成される多職種「ワークチーム」であり、それが保健・医療法という法制度を基盤として全県に配置されているのである。日本でもこうした体制を整備している自治体はあるが、18万人口に4チームということも含めて、法制度を基盤とする安定したチーム体制が自治体格差のない形で確

2）障がいのある児童生徒に直接指導を行う教員のスーパーバイザー。
3）幅広い余暇活動に精通したスーパーバイザー。

立されているのが大きな特徴である。

　さて、ではこのワークチームのチームワークは果たして機能しているのだろうか。県立中央病院ハビリテーション・センターの副所長であるサラ・マリブー女史は次のように語っている。

　「チームワークの評価をどのような観点から行うかが問題ですが……たとえば学齢期になってハビリテーション・プラン、個別発達支援計画、個別指導計画というように複数のプランがあって、どうマネジメントすればよいか困惑している保護者や、日々の子育てに疲れている保護者はスウェーデンにもたくさんいます。多かれ少なかれ全員といってよいかもしれません。しかし私たちはソーシャルワーカーが要となってチームアプローチを心がけていますから（略）もちろん学校の先生方ともです（略）、複数のプラン間や関わり方でズレが生じるとか、『放っておかれている』と感じる保護者がたくさんいる、といった事態はまずあり得ないといってよいでしょうね。」

　また、チームワークに欠かせないコンピテンシーについてたずねると「自分の専門領域に関する深い理解、他の専門分野に関する造詣、そして何よりも対象者のニーズと適切な支援について議論する能力」と即座に答えが返ってきた。同ハビリテーション・センターと協働する特別学校長グードルン・セーレリュード女史も「スウェーデン語でいうところの"Samtala, Tillsammans"、つまり一緒に話す、対話する、力を合わせる、それが一番重要で、子ども、保護者、他の専門職、いずれに対しても求められます」と賛同している（加瀬、2008）。

3. 学校教育分野におけるワークチーム

　さて、学校教育分野ではどうなっているのだろうか。まず学校教育制度を概観したうえで、学校教育分野におけるワークチームを見てみよう。

(1) 学校教育制度の概要

　図表Ⅳ-1-2 はハビリテーション・チームに準じてヴェクショー市における初等教育・中等教育段階の学校教育制度を、特に「原籍校」と「リソース学校」「病院学校／BUP（小児精神病院）学校」との関係という観点からを描いたものである。
　まず、知的障がいがない場合は、その他の障がいがあったとしても基本的には

Ⅳ　教育支援による学校教育の広がり

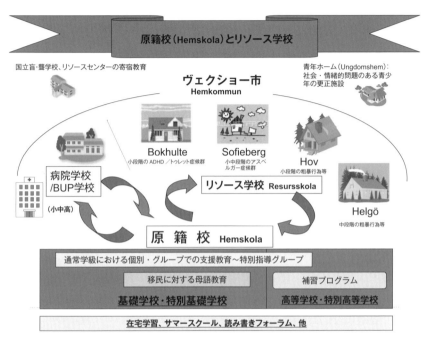

図表Ⅳ-1-2　スウェーデンにおける初等・中等教育段階の学校教育制度

通常の基礎学校（9年間の義務教育学校）・高等学校に在籍し、知的障がいがある場合にはこれらと物理的に併設・一体化した特別基礎学校・特別高等学校に在籍することになる。上述したように基礎学校・高等学校には障がいのある児童生徒のための個別・グループでの支援教育体制、固定的な特別指導グループ、移民に対する母語教育クラスなど「さまざまな区分」がある。そして入院が必要な児童生徒には「病院学校」「BUP（小児精神病院）学校」が、発達障がいや粗暴性などにより、原籍校ではどうしても行動面で適応しにくい児童生徒には「リソース学校」が用意されている。リソース学校とは小規模で教職員を手厚くした学校であるが、こうした物理的に分離された学校の児童生徒も、あくまで原籍校の児童生徒である。なお、スウェーデンの特徴の1つとして基礎学校・特別基礎学校に「就学前クラス」が設けられており、就学前学校の年長児の多くはこのクラスに通う。これは親の学校選択や子どもの就学先における不適応予防として機能しており、基礎学校の低学年児童（1～3年）と複式学級を編成することが少なく

ない（加瀬、2009a、2009b）。

　クリファンスタ市のフレックネゴード基礎学校には移民のためのスウェーデン語学級、第二外国語としてのスウェーデン語学級、学習困難な児童生徒のための特別指導グループ、音楽の才能を早くから開花するための音楽クラスがある。多くの移民家庭が在住する地域にあって、数十種類の言語が飛び交うこの学校の10数年以上前の姿は「互いの尊重、そして正しい服装・挨拶・着席・校内通行」を標語にしなればならない困難校であったが、校長のヨーラン・マルムストレーム氏は次のように語っている。

　「スウェーデンでは〈すべての者のための1つの学校／En Skola för Alla〉づくりをめざしてきた。何をもって『1つの』ととらえるかは難しい問題だが、少なくとも本校は、今では『一丸となった学校』になれたと自負している」

　では、この「一丸となった学校」を支える学校教育分野における「ワークチーム」はどのようなものなのであろうか。

(2) 学校における多職種ワークチーム

　もちろん、基礎学校や高等学校の授業に行けば、常に多職種がそこにいる、というわけではない。1クラスに2人教員が配置されてチーム・ティーチングが行われている場合もあれば、複式学級の場合でも学年グループに分かれた授業では1人の教師が授業を展開している。しかしながら、各学校によって配置構成は多様なものの、教師、余暇教育家、障がいのある児童生徒を直接指導する特別教師、特別教育家、学校心理士、学校ソーシャルワーカー、学校看護師などがいる。こうした教職員は授業計画などを協働で立案し、評価・見直しを行う Arbetslag という「ワークチーム」や、要支援な児童生徒の対応やその支援計画を策定する専門職を中心とした Elevhälsoteamet という「生徒援護チーム」を構成することになっている。

　たとえば上述したフレックネゴード基礎学校の2014～2015年度の「差別対策計画 likabehandlingsplan」を見てみよう。スウェーデンの学校では性別、宗教、出身地、障がい、性的指向（LGBT）などによる差別を禁じ、その対策計画を毎年策定し、公開することが義務づけられている。同校では就学前児童と低学年児童（1～3年生）が4つの複式学級に分かれているが、各クラスの状況に応じて、就学前学校教師、基礎学校教師、余暇教育家、特別教育家、特別教師、学校心理

士、学校ソーシャルワーカー、学校看護師がワークチーム"Arbetslag"を編成して担当クラスの「差別対策計画」を策定し、予防的対応を実践する。また校長、学校心理士、学校ソーシャルワーカー、学校看護師、特別教育家2名、特別教師、合計7名で構成されている同校のワークチーム"Elevhälsoteamet"（生徒援護チーム）は定期的に支援会議を開き、差別事案が発生した場合にその対応策を立て、コーディネーションを行うとともに、差別対策計画の分析、評価を行うことになっている。こうしたワークチームによるチームワークの評価は先の「一丸となった学校」という校長の語りが象徴しているといえるだろう。

あるいは上述した小規模なリソース学校に目を向けると学校教育分野における「ワークチーム」がよりイメージしやすいかもしれない。攻撃性・衝動性の高い5年生から9年生、8名を擁するグランプリ・リソース学校（クリファンスタ市）には特別教育家1名、「攻撃性置換訓練（ART：Aggressive Replacement Training）」の訓練士資格を有する教師4名、厨房職員1名、複数のリソース学校を兼務する校長1名がワークチームとなって、教育計画を立て、実践を行い、警察対応が必要な事案については校長が対応することになっている。

なお、リソース学校のワークチームの一員として厨房職員をあげたのには理由がある。児童生徒と教職員が一緒に食べる「教育学的朝食」、昼食、午後のおやつを調理する厨房職員は児童生徒にとってリソース学校における「安心できる居場所」として機能している。これまでに訪問した十数カ所のリソース学校すべてにおいて、厨房職員と児童生徒とのあたたかい交流場面を目にしてきたことを附言しておきたい。

4. おわりに

もちろん、スウェーデンも学校教育をめぐる国際的な動向と無縁ではない。学校教育法の改正にともなって2011年から始まった「学校改革2011」は「この新たな学校教育法によって、われわれはより高度な知識とよりよい学習を保障する学校を手に入れることになる」（教育省大臣ヤン・ビョルクルンド）と謳われた。しかしそこには「国内調査、国際調査のいずれにおいても、わが国の学力調査結果は長期間にわたって低迷している。同時に個人間格差、学校間格差も拡大し続けているのである」という問題意識が横たわっている（Skolverket、2010）。ス

ウェーデンの学校教育の実際は決して一様に賞賛できるものではないのである。

　しかしながら、ハビリテーション分野、学校教育分野いずれのワークチームも、スウェーデンにおいて専門職をめざす学生やキャリアアップを図る現職の実習・研修先という役割を担っている。彼らはそこでチームワークを学び、「自分を知り、相手を知り、話し合う」というチームワーク・コンピテンシーを研鑽することができるのである。こうした体制は、これから「チーム学校」という「ワークチーム」を全国で創りあげていこうというわが国にとって1つのモデルということができるのではないだろうか。

[引用・参考文献]

・加瀬　進（2008）「多様性を包み込む専門職種間協働の実践分析―ヴェクショー市における〈活動単位指導〉と〈ハビリテーション・システム〉の協働体制を中心に」平成19（2007）年度大学教育の国際化推進プログラム（海外先進研究実践支援）『多様性をいかすスウェーデンの教員養成研究』研究報告書、pp. 5-25
・加瀬　進（2009a）「スウェーデンの学校教育と〈個別支援計画〉―〈個別支援計画〉の推進を支える制度的基盤を中心に」『東京学芸大学紀要　総合教育科学系　第60集』pp. 245-254
・加瀬　進（2009b）「スウェーデンの〈リソース学校〉と〈分離的統合〉に関する予備的研究―わが国への示唆と今後の研究課題を中心に―」日本特別ニーズ教育学会『SNEジャーナル　第15巻』pp. 157-171
・Skolverket（2010）*Utmaningar för skolan: Den nya skollagen och de nya reformerna*, Stockholm.

第2章　イギリスにおける「拡大学校」の事例

田嶌大樹

1. はじめに

　30年後には65％の職業が今はない仕事にとってかわられると言われるほど変化の激しい現代社会において、教育に求められるニーズの多様化、複雑化が進んでいる。そのような中で、文部科学省が平成20年度より導入した「学校支援地域本部事業」の促進などに見られるように、これまで以上に学校、家庭、地域の連携協力のもとで教育が進められていくことが求められている。これは、学校を起点とした教育の「チームアプローチ」化の促進とも言い換えることができよう。
　学校を起点とした「チームアプローチ」による教育において、学校、保護者、地域にはどのような連携・協働が可能なのか、また、求められているのか。本章では、学校、保護者、地域の連携・協働に関して先導的に取り組んでいるイギリスの「拡大学校（Extended School）」に関して筆者らが2014年に行った現地のヒアリング調査と、2008年に国立教育政策研究所の植田氏によってまとめられた「『地域の教育力』を活用した学校改革に関する日英比較研究 ── 資料集 ──」の内容を取り上げ整理することを通じて、そのことを考えることとしてみたい。

2. 「拡大学校（Extended School）」について

　「拡大学校」は、学校を核にして、学校改革と地域改革を同時並行で行い、すべての子どもに対して、健康で、安全な環境が用意され、かつ人生の成功を収めることができるようなサービスを享受できるようなしくみを、学校、保護者、地域住民、行政、民間などの関係者が連携・協力し合い、ネットワークを組んで構

築することをめざす取組である（植田、2008）。この「拡大学校」について、まずは導入の背景、活動内容、関係する人材とその役割を見ていくこととしてみよう。

(1) 背　景

　イギリスにおける「拡大学校」導入には、主に2つの背景がある。1つは、2004年に発表された政府文書『Every Child Matters: Change for Children』によって、イギリスでは、子どもに関わる行政サービスがめざすべき5つの目標（図表Ⅳ-2-1）が示され、学校もこの5つの成果をあげることが求められるようになったことである。そこでは、学校が地域の核となって学校改革と地域改革を同時並行的に行い、特に家庭の経済的困窮などによって社会的に不利な状況に置かれている子どもたちへの支援を充実させることによって、すべての子どもが心身ともに健康で、安心して人生を歩んでいけるようなしくみの構築がめざされることになった。

　もう1つは、2003年に政府と教職員組合・校長会との間で締結された「Raising standards and tackling workload: a national agreement」などによって、教職員の労働環境整備が進められるようになったことである。そこでは、拡大化していた多様な地域や保護者のニーズすべてに教職員が応えようとするのではなく、他の専

図表Ⅳ-2-1　Every Child Matters: Change for Children（植田、2008より引用）

健康であること	安全であること	楽しい・目標達成	積極的であること	経済社会での成功
・肉体的な健康 ・精神的な健康 ・性的な健康 ・健康的な生活 ・非合法の薬物を使用しないこと	・虐待、無視、暴力、性的な売春からの安全を保障すること ・事故からの安全を保障すること ・いじめや差別からの安全を保障すること ・学校内外での犯罪や非社会的な行動からの安全を保障すること ・安心と安全と保護を保障すること	・学校への準備をすること ・学校への登校とそれを楽しむこと ・初等学校において、全国的な教育水準に到達すること ・個人的及び社会的な発達を遂げ、余暇を楽しむこと ・中等学校において、全国的な教育水準に到達すること	・意思決定に関与し、地域と環境を支援すること ・法律を守り、学校内外で積極的な行動をすること ・積極的な関係を構築し、いじめや差別を行わないこと ・自己肯定感を高め、重要な人生の転機や挑戦に成功すること ・起業家的な行動を取ること	・離学後に、継続教育、就職、訓練に取り組むこと ・就職の準備をすること ・きちんとした家庭と持続可能な地域で生活すること ・交通と資源に不自由しないこと ・低収入から解き放たれ家族と生活すること

門機関と学校が連携することによって、授業以外の子どもへの支援は関係機関の専門家が積極的に行っていくことがめざされることとなった。また、ティーチングアシスタントやサポートスタッフの配置を進めることで、教員が授業に集中できるような環境整備が行われ、それぞれの業務内容の明確化が図られることとなったのである。

(2) 活　動

「拡大学校」では、すべての子どもたちがそれぞれの置かれている社会的状況によらず等しく自身の持つ可能性を最大限に発揮できるようにするために、子どもたちやその保護者に対して、多様な教育、福祉、体験のサービスを提供している。

「拡大学校」の活動が展開されるのは、夏休みなどの長期休暇中や、通常の学校授業（Regular Schools）の始業前（Before Schools）と放課後（After Schools）の時間帯である。

Before Schools の活動で特徴的なものは、無料の朝食提供である。貧しさが理由で、家庭で満足な食事ができないような子どもたちに対して、朝食を食べる習慣をつける活動や、家庭に食育の大切さを伝える活動が行われている。

一方、After Schools では、子どもたちに対して、スポーツ、音楽、ダンス、芸術などの多様な文化体験の提供や、言語教育や補習活動などの学習サポート、メンタルヘルスや行動支援、性教育といった心身の健康支援が行われている。また、保護者に対しての支援も行われており、子どもに対する家庭での教育に関する講習や、家族支援サービスなどの情報提供も行われている。さらには、住環境に問題があるような家庭に対しては、家主と家庭の仲介をしながら住環境向上のサポートを行うといったことまであるようである。他にも、学校の設備を活用した地域住民向けの学習教室や、体験活動も提供されている。

こうした「拡大学校」の取組に単一的な実施モデルはなく、子どもの課題や地域のニーズをふまえたうえで、各学校が主体となってさまざまな活動が柔軟に戦略的に展開されている。

（3）「拡大学校」にかかわる人材とその役割

　「拡大学校」の事業では、学校がさまざまな組織・機関と連携、協働することによって多様な活動を提供することが可能となっている。そこでは学校と地域内の民間企業やボランティア団体、地方当局（地方の教育行政を担当する組織）との連携や、近隣の学校同士による協働もなされる。

　そのようにして、学校がさまざまな組織・機関と連携、協働して「拡大学校」の取組を展開していくということは、当然、そこにはさまざまな組織・機関の人材が、それぞれの役割を担って関わることになる。以下、ここでは「拡大学校」に関わる人材とその役割を見ていくことにしよう。

　「教師」「Pastrals」「コーディネーター」は、学校内の人材である。教師は、授業を中心とした教育活動を行う、学校における中心的な人材である。学校の状況によっては、後述するPastrals、コーディネーターの役割を担う場合も多い。Pastralsは、生徒の個人的な問題まで面倒をみる人材である。たとえば、両親が障がいを持っていてかつ子どもが学校に来られない場合などに手助けを行う。コーディネーターは、「拡大学校」の運営や活動の準備手配をする、「拡大学校」

図表Ⅳ-2-2　「拡大学校」の取組例

・朝食の提供　・健康に関する活動　・言語教育　・ソーシャルスキル
・補習　・保護者への援助　・成人を対象とした教育　・社会福祉
・住宅や家庭環境への介入による援助　・スポーツ　・レジャー活動
・大学との連携による高等教育　・芸術鑑賞会　・美術館訪問

図表Ⅳ-2-3　「拡大学校」に関わる人材

・教師：Regular Schoolsにおいて授業を中心とした教育活動を行う
・Pastrals（パストロウ）：生徒の個人的な問題まで面倒をみる
・コーディネーター：「拡大学校」の活動を発案し、人を設置する
・Professional：各組織・機関の専門分野を持つ人々
・Community members：地域の人材

Ⅳ　教育支援による学校教育の広がり

の運営において重要な役割を担う人材である。全体の意思決定を行う校長と綿密な意思疎通を図りながら、多様な機関・組織の人材との連携をコーディネートしていく。地域や子どもの実態を把握したうえで、複数の組織・機関の人材と関係を築きながら多様な活動を実現していくために、パートナーシップ力、ファンドレイジング力、戦略構想力といった資質・能力が必要となる。

　一方、学校外から「拡大学校」に関わるのが、「Professional」や「Community members」である。Health services（公共医療サービス）、Social workers（ソーシャルワーカー）、School nurses（看護師）、Sports instructors（スポーツインストラクター）など、さまざまな専門の agency や service から「Professional」が派遣される。筆者らが現地でヒアリングを行ったマンチェスター地方では、Police officers（警察官）が学校に雇用され、学校内に勤務しているということもあるそうだ。「Community members」は、地域のボランティアや、大学生などである。彼らは、レジャーやスポーツ活動を行うことが多く、たとえば、体育で有名なラフバラー大学の学生は、自身が得意とする特定のスポーツを教えに来るというように、それぞれの得意分野を生かした関わりがなされている。もちろん「拡大学校」には、誰でも無条件で関わることができるわけではなく、各分野で教育や支援を行うことのできる能力を有しているか（必ずしも教員資格を有している必要はない）、子どもと適切に関わることができるか、犯罪歴の確認など、基本的なところがチェックされる。

図表Ⅳ-2-4　「拡大学校」に関わる人材とその活動例

・特定のスポーツに精通した学生による、サッカーやダンスなど、スポーツ活動
・ソーシャルワーカーと警察官による地域安全に関する講習
・養護教諭と看護師による地域住民向けの健康プログラムの実施
・学校がクラシックコンサートのチケットを安く提供するなどのレジャー活動
・数学のプロフェッショナルによる、学力向上のための特別講座

第2章　イギリスにおける「拡大学校」の事例

3．意義と成果・課題

(1)「拡大学校」運営のポイント

　このように、多岐にわたる活動を多様な人材の連携、協働のもとで進めていく「拡大学校」の取組において、その事業がより効果的なものとなるためには、どのようなことが必要となるのであろうか。2006年に学校や関係諸機関向けにつくられた「Planning and funding extended schools: a guide for schools, local authorities and their partner organizations」には、「拡大学校」の推進において検討すべき項目として以下のことが挙げられている。

1. ガイドラインを読む
2. 地方当局の拡大学校アドバイザーに連絡する
3. 拡大学校アドバイザーの助言を受けながら、地方自治体の状況を分析する
4. 他の学校や他の自治体の良い実践事例を分析する
5. 地方で挑戦しなければならないことを検討する
6. 学校理事会に良い方法を相談する
7. 教職員、組合、その他関係するパートナーに相談する
8. 子ども、若者、彼らの家族、地域にとってどうすれば効果的かを決定する
9. 児童生徒、彼らの家族、地域にとって、特に最も弱い立場に置かれかつ不利益を被っている者にとって必要な機会とは何かを継続して検討する
10. 地域内にある支援してくれる資源やパートナーを確認し、連携する
11. 全保護者や拡大学校の活動への支援を提供する他の利害関係者と活動する
12. （費用の）支払い方法及び支払い時期について（学校理事会を通して）定義する
13. いかにして労働環境改革と一貫性のある教職員配置をするかについて検討する
14. 拡大学校の取組と支援を学校改善計画と統合する

　「拡大学校」の成功には、学校を取り巻く環境の丹念な実態把握と、それに基づき作成されるよく練られた実施計画が欠かせない。学校を取り巻く地域には、

165

Ⅳ　教育支援による学校教育の広がり

どのような資源、サービスが存在しているのか、また、それらを有する組織とどのような連携・協働が可能で、そのことによってもたらされる利益は誰のためのどのようなものか、といったことが事前によく検討されたうえで、連携・協働のイメージが共有されることが重要である。

そして、活動が地域のニーズを反映しながら展開されていくことが重要となる。「拡大学校」に関わる多様な人材がそれぞれにやりがいを感じながら取組が展開されていくところに、質の高い活動が実現する。また、種々の活動の立ち上げ時には、とりわけ、外部のサービス提供者を導くコーディネーターの役割が重要となる。

このように、取組のミッションをつくりあげ、それを実現するためのそれぞれの役割の明確化がなされるプロセスを共有する場が機能することが、「拡大学校」の成功には必要不可欠なものとなっているといえる。

(2) 意義と成果

「拡大学校」の実施による効果に関しては、これまでの調査結果から以下のようなことが明らかとなっている。

まず、子どもや若者、保護者にとっての主要な効果は、自己効力感を高め、関係づくりを改善できることである。それによって、向上心を高め、子どもたちの学習意欲も高まりを見せている。また、心身両面での健康と社会的成果ももたらしている。

一方、教職員にとっては、勤務負担の増加が指摘されている。「拡大学校」のねらいの1つに、教職員の業務負担の軽減があげられているが、多様な組織・機関との学校を中心とした連携、協働が進められていくうえで、そこに多くの教職員の労力が注がれているのが現状なのであろう。

他にも、「拡大学校」においては、教育水準の向上、子どもたちの幅広い関心と技能の発展、社会的なリスクを負っている子どもへの支援、保護者の子どもの学習への積極的な関与、学校の施設設備の効果的な活用、専門機関から教職員・保護者への支援など、さまざまな成果が期待されている。これらは、「拡大学校」によって提供される多様な機会とそれに対応する参加者の変化・成長を見取るための複雑な評価が求められるところであり、体系的・継続的な評価によるエビデンスの蓄積と、それに基づいた実践の改善がめざされるものである。

また、見方を変えれば、このようにして「拡大学校」の取組によって多様な人材が関与することによって、これまではわからなかった子どもたちや保護者の包括的なデータが得られること自体が1つの成果となっているともいえる。

その一方で、学校は OFSTED（Office for Standards in Education：イギリスの教育監査局）によって常に学校評価を受けており、そこでは「拡大学校」の取組の明確な成果を提出することが求められている。また、行政の主要な関心はやはり PISA（Programme for International Student Assessment）などによる学力の結果である。これらのことが、「拡大学校」の運営に少なからず影響を与えていることは見逃せない点である。

(3)「拡大学校」の現在とこれから

2010年以降、「拡大学校」独自の予算がなくなり、学校がより柔軟に資金を活用できるようになった一方、そもそも「拡大学校」運営のための十分な資金額を調達すること自体が難しくなってきている。そのような中で、「拡大学校」に関わる人材には、たとえばナースだったら健康に関する知識を有し簡単な健康増進のための運動プログラムを実施できるといったような、独自の専門性はもちろん、より横断的な領域における知識や能力も求められるようになってきている。

また、学校と地域が一体となって「拡大学校」を運営していくためにも、地方当局が関係諸機関をコーディネートする機能を強化していくことが、より重要になってくるであろう。学校においても、コーディネーターの存在はますます重要度の高まるところである。ただ、現状コーディネーターに関しては、教職員などが兼業するケース、独立した職業として成り立つケース、複数校を1人が担当するケースなど、その配置はさまざまである。加えて、人材養成段階においても、あくまで「拡大学校」は Extra Need であり、コーディネーターとしての独自の資質・能力の育成は二の次になっている。このあたりに関しては、今後の動向を見守りつつ、どのように変化していくのか、参考にしたいところである。

4. おわりに

これまで見てきたように、イギリスの「拡大学校」の取組は、子どもの生活を「護り」、1人ひとりが有している可能性を「伸ばす」ための教育、福祉、体験活

Ⅳ　教育支援による学校教育の広がり

動などの多様なサービスの選択肢を増やす取組である。

　特に、朝食の提供に代表されるような福祉サービスの充実や、保護者を対象にしたプログラムの展開は、今のところ日本の学校においてはあまり盛んではないものの、こうした取組を行ううえでも学校がその役割を果たしうる可能性が大きいということが、「拡大学校」の事例からはよくわかる。

　イギリスでは、こうしたコミュニティサービスを統合した学校が古くから構想されてきた中で、学校内での多職種連携や、校長のリーダーシップによる積極的な外部連携が行われる土壌が形成されてきた。一方日本では、近年「学校支援地域本部事業」、「放課後子どもプラン」、「チーム学校」などに見られるように、学校を中心にした多様な人材の連携・協働を基本とした教育のチームアプローチ化が標榜され、さまざまな取組が展開されるようになってきているものの、その歴史は浅く、伝統的な学校文化においては、教員以外の人材が子どもに関わることが少なく、その中で教師は、教育を1人で行えることが大切だというソロアプローチの意識を強めてきた傾向が強い。

　こうした学校の文化的土壌の違いも踏まえたうえで、今後日本においてより学校を起点としたチームアプローチによる教育を充実させていくためには、学校を中心としたネットワークの開拓・構築を大学等もサポートしながら進めていくことが必要となろう。イギリスの「拡大学校」では導入時に大規模な予算が投入されたものの、2010年以降独自の予算がなくなってからは、その取組がほぼ皆無になってしまった学校も少なくないようである。幸い、日本は今こうした取組に重心が置かれるようになっている中で、予算も拡充される流れがある。こうした流れを生かしながら、継続可能なパートナーシップを多様な機関と結んでいくことが必要である。

　また、このような取組の中で校長のリーダーシップとコーディネーター機能を確保する組織体制を構築していくことも重要な課題となってくるであろう。この点に関して、イギリスでは「拡大学校」運営に関するガイドラインや、全国スクールリーダーシップカレッジ（NCSL）や、全国教育研究所（NFER）などの研究開発による、推進役となる校長やスクールリーダーに対する研修プログラムが充実している。こうしたガイドライン、研修プログラムを日本においても参考にし、活用しながら、連携・協働の実践と研修の両輪で具体的なノウハウを身につけつつ、そうした実践がもたらす新しい教育の利益を実践者自身が実感していけ

るようにすることが大切であろう。

　学校を通じて子どもは良き生徒になるのか、良き人間になるのか、少し大げさかもしれないが、教育のチームアプローチ化は、子どもの「生きる」というもっとも根源的な地平に寄り添った支援を可能にする第一歩となるだろう。こうした視点に立って子どもを支えていこうとする時、多様な人材の多様な関わりを生み出していく必然性が生まれる。そしてそれは、子どもの支援を中心として関わる保護者、学校、地域などの互恵的な取組となる。

　こうした取組の成功の裏には、きっと人間同士の泥臭い関わり合いによって生まれる連携・協働のプロセスがあるはずである。実は、「何をやるか」ということ以上に、学校を中心として子どもや保護者、地域の住民らが「同じ実践に参加する」というプロセスを共有すること自体が信頼関係のネットワークでつくられる包摂型社会の実現に寄与することになるのではないだろうか。

　イギリスにおける「拡大学校」の事例は、日本における学校のあり方の広がりを考えるうえでも、多くの示唆を与えてくれるものであろう。

[引用・参考文献]
・植田みどり（2008）「『地域の教育力』を活用した学校改革に関する日英比較研究 ―資料集―」平成20年度重点配分経費「地域の教育力を活用した学校改革に関する日英比較研究に関する資料収集」
・安田苑子（2015）「大学と学校現場との協働によるチームアプローチモデルとしてのイギリスの『拡大学校』の取り組みに関する現地調査報告書（粗構成版）」HATOプロジェクト先導的実践プログラム部門教育支援人材養成プロジェクト「東京学芸大学海外調査イギリス『拡大学校』チーム（代表松田恵示）」報告書（2015）

Ⅳ　教育支援による学校教育の広がり

第3章　チームで創る体育授業

鈴木直樹

1. はじめに

　1人ひとりの子どもの実態に応じた授業づくりが求められる中、大学において実践的力量を育む取組として模擬授業が多く取り入れられるようになってきた。しかしながら、これは大学生を相手にした取組であり、実際の授業の文脈の中における指導実践とは異なったものになっているのが現状である。また、教育実習では子どもたちの実態をふまえ、学生たちが実際に授業構想と授業実践を行っているが、大学で学んだことを十分に活かし切れていない。これは現場の教員と大学の教員との間に認識のズレがあることが一要因としてあげられる。
　そこで、平成25年度には、H市教育委員会の協力を得て、A小学校の放課後の時間に第4学年から第6学年の希望者を募り、大学院生が4つのグループをつくり、授業リフレクションを繰り返しながら、授業改善に取り組み、6時間分の授業を実践した。また、その後、同様の学生を対象として附属中学校において3～4時間の単元を構成し、授業づくりと授業実践を行った。附属中学校では、さらに3年生6名にも演習で学んだことを活かして授業実践に取り組ませた。その結果、教師としての力量形成の変化を実感するとともに、具体的な授業改善の視点を得ることができた。
　このような成果をふまえ、平成26年度にはH市教育委員会と連携をして教師力向上に資する研修会の実施をめざし、現職教員、学生、大学教員、指導主事が連携して取り組むプログラムを実施してきた。本章では、この異なった立場にある者が同一の場に参加し、同一の課題に協働して向き合うような「チームで創る体育授業」の取組について紹介する。

第3章　チームで創る体育授業

2. 実践の概要

　実践は、東京学芸大学とH市の連携によって実現されたものである。4～7月にかけては「チームで創る体育授業」を導入していくために、先行事例を調査した。その結果、教師の成長において異質な他者との出会いが大切であるということが明らかになった。また、その異質な他者の関係は、対話（対立・対等・対面）できる関係であることが明らかになり、このような関係を創り出していくためのしくみを教師力を高めていくプログラムに導入すべく議論がなされた。

　その結果、「よりよい体育授業」をめざすという目標のもとに異なる立場のものから構成されるチームをつくり、協働していく取組を行うことにした。また、チームを横断して全体で集まり、考え方をシェアするような定例会を月に1回実施することにした。さらに定例会では、教育以外の分野で活躍している方から見た教育について語ってもらい、それを手掛かりに教育を見つめ、考える場面を設定することにした。そこで、第1回目を8月に実施し、その後、「チームでの授業改善」と「定例会」を軸にして進めていった。なお、先行事例の調査から対話関係のあるチームにしていくために「懇親会」を大切にして、定例会やチームの集まりのあとには、積極的に懇親の場を設定するようにした。

　チームでの授業改善では、4チーム（小学校3チーム、中学校1チーム）で、よい授業像を話し合い、その実現に向けたチームでの取組を話し合った。そして、実際に授業分析や協議を重ねながら研究を進めていった。その中で、「教師が学生を指導していく」という関係から「共に創り上げる」コミュニティに変容し、授業づくりの変容と同時に参加者の教師力の向上が見られた。この取組のまとめとして平成27年2月10日には、公開研究発表会を実施し、全国各地から180名を超える参加者を迎えて成果を報告することができた。

3. 実践の紹介

　4チームの取組が同時並行で行われたが、ここではその中から2チームを具体例として取り上げていく。

Ⅳ　教育支援による学校教育の広がり

（1）授業づくりの脱構築

　あるチームでは、9月から2月にかけておよそ10回もの授業検討会を実施していた。その第一回目の記録には、以下のように記されている。（下線筆者）

・あくまで<u>学部生・院生・現職教員が学び合う</u>ということがテーマ。
・現職教員が色々な指導をして授業を作るだけなら教育実習と同じになってしまう。**学部生の発信が重要**。
・<u>学部生・院生</u>の良いところは、大学で教育に関する知識や理論を学んでいること。現場を知らないからこそ、柔軟な発想で考えることができること。
・<u>現職教員</u>の良いところは、現場や子どもの実態を誰よりも分かること。
<u>お互いに良いところ・知っていることをどんどん出し合い共有し学び合いながら授業を作り上げましょう！</u>

　まさにこの実践でめざすべき姿であるといえる。しかしながら、授業検討会の始まった頃は、実際には互いに気を遣い合い、意見をし合うことはなかなかできなかった。そして、スタートしたばかりの頃は、現職教員から宿題が学生に出され、それを持ち寄って会議で話し合うという方式が取られていた。つまり、授業計画案を学生が提案し、それに対して現職教員が意見をしながら、授業を修正していくような取組が一般的であった。

　そこで、学生は学生間で模擬授業を実施したり、学生同士で話し合いを持って教材研究をしたりしながら、計画案を練り上げ、提案を作成していた。その際、学生側は、現職教員に批判されるのを恐れながら、提案を考えていた。実際に、授業検討会で学生が提案をすると、それは、現職教員から子どもの実態に合っていないと批判され、結果的には賛同されずに、修正案を現職教員側が提案して、その考えに落ち着いていくというような流れで話し合いが進んでいた。

　ところが、現職教員にとって、「子どもの実態」ととらえていたのは真正な子どもの視点ではなく、自分が考える子どもの視点であることに気づいていく。そこに大きな影響を与えたのは、指導主事と大学教員であった。この2人は、学生や現職教員とは異なった立場から起きている事実を解釈し、むしろ学生の考えを受け入れて、実践に取り入れようとしていく。その考えの中で、現職教員に揺さぶりが起きていく。

それは、現職教員と学生の間には、「教える－教えられる」関係が成り立っている一方で、現職教員と指導主事や大学教員にはそれとは逆に現職教員が「教えられる」という関係が成り立っていることがあったのかもしれない。しかし、現職教員自身が「教えられる」存在というように認識していた指導主事や大学教員が学生と対話関係にあることに触れ、指導主事や大学教員が学生と同様の視点で語ったり、自分たちとは違った視点で語ったりする姿に触れ、考えが揺さぶられていったように思う。

　その中でもとりわけ大きな変化につながっていったのが、授業検討会も中盤にさしかかってきた時のことであった。後半に取り上げる単元を「体つくり運動」と決め、現職教員が一般的に実施してきた体つくり運動の視点から授業構想を進めてきたところ、指導主事と大学教員がその内容に疑問を呈したのである。

　常識的なことに投げかけられる「なぜ」に現職教員は困惑している様子であったが、前提から覆され、ゼロからのスタートになり、その問題解決に現職教員と学生が協働して向かっていった。これは、やっと何かが動きはじめた瞬間であった。ここに至るまでに、2カ月はかかったと思う……ここからは、チームとして体育の授業を創り出す仲間同士の関係がスタートしていく。

（2）衝突を乗り越えて……

　また、あるチームでは、「準備運動」の導入について大きな議論になった。このチームも、先述したチームと同様に、授業検討会当初は学生が現職教員に従うという関係ができあがっていた。ところが、大学で体育の授業づくりを学び、その考えに共感し、その考えに自信を持っていた学生が参加するようになり、現職

図表Ⅳ-3-1　授業検討会の様子

教員の授業を参観して、「昔の体育と変わらない授業であった」とその授業を称した頃から、関係が変わりはじめてきたように思う。それまでの「教える－教えられる」という関係ではなく、「考え合う」という関係への変容が見られてきたように思う。

そのような中で、体つくり運動の授業を考えるにあたり、学生たちは「準備運動は不要である」と主張し、現職教員は「準備運動は必要である」と主張し、意見が対立した。この議論は、大変積極的なものとなり、各々が自分たちの主張を強固にしていくために、科学的な根拠を調べながら展開されていった。そして、最終的にどちらかの意見に従うのではなく、それぞれのよいと考えられる点を取り入れながら、独自の準備運動を行うことにつながっていった。この準備運動はまさに衝突を乗り越えて、現職教員と学生が協働で問題解決に臨み、違いの中で生み出した産物であった。

このプログラムの終わりに公開発表会として、その取組の紹介と実際の授業を公開した。それに参加した人たちの感想の中には以下のようなものがあった。

・学生、教師、教育委員会の三者が共同で授業をつくっていく様子がよくわかった。それぞれの立場で得るものがあり、すばらしい実践だと感じた。
・教師や大学教員、学生といった大勢の考えが時間をかけて練られており、とても参考になった。特に、学生という現場から離れたところの考えが入っていることがよいと感じた。
・三位一体の研究の凄さと素晴らしさが伝わってきた。
・他人の視点というのは授業づくりの上でとても大切だと感じた。

この感想からも、違いの中で学び合うことの大切さに発表会で接してくれたことを理解することができる。

4. 参加者の感想から

(1) 現職教員

「『これは何につながるのだろう？』と11月頃まで感じていました。1カ月に1回の集まりや毎週のグループ会議がとても気の重いものになっていた気がしま

第 3 章　チームで創る体育授業

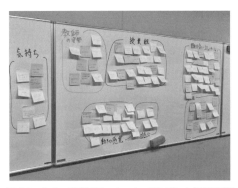

図表Ⅳ-3-2　授業後にチームで整理した振り返り

す」というのはある現職教員の感想に書かれていた一文である。参加した多くの現職教員が同じように感じていた。別の先生は、「チームで創る体育授業」では、それぞれの思いに差異があり、授業検討はまったくといってよいほど進まなかったと表現している。そして、その理由を、学生が大学で学んでいる理論と、学校で日々実践されている授業との違いによるものであったと考察している。

　一方で、体育の教材を深く学ぶことができたと感想を述べる教員もいた。ある先生が表現するように、参加している者の思いは同じで、子どもたちによりよい授業を届けることであった。したがって、考え方は違うが、めざすところは同じで、授業づくりを行うにあたっては、考え方の違いはとても重要な役割を果たしたのではないかと感じると感想を述べているものもいる。さらに、共通の目的を持ち、互いに協働していくことで、よりよいものがつくられると同時に、そこに関わった人たちが成長していけるのだと思うと感想を述べている先生もいた。

　実際の取組を通しながら、変化していく子どもに出会い、現職教員達は大きな刺激を受けていたように思う。そして、授業づくりに臨む学生の姿から、「どのように学ばせるか」という視点から活動ばかりに目を向けてきた自分の授業づくりを内省し、「何を学ばせるか」という学習内容を大切にした授業づくりの重要性に気づいていった教師になっていくプロセスを感想に述べる現職教員もいた。

　以上のように学び合う異質な集団の中でのフラストレーションとその解消、そして、その中に見出す成長を感じていた教師が多くいたように思う。

(2) 学　生

ある学生の感想を以下に紹介する。

　　私たちのグループの特徴は、"雑草の如く"であった。現職の先生方は、授業の行い方はわかれど、体育科教育の知識や考え方はないことを認め、それを会議の中で話題にする。学生は、少しは体育科教育の話はできたとしても、現場の先生方の意見は、新鮮であり、何より"先輩"としての教えとして聞こえる。学生の意見が通るように、そのような縦の関係を教育委員会の先生が壊してくれていた。つまり、私たちは、附属学校勤務や大学勤務経験、主任としてのキャリアを積んだ経験値、体育を熟知している人材がいないなかで、雑草の如く活動していったことが読み取れた。「体つくり」を考える過程において、"目の前のクラスに合ったいい授業"という正解はだれにもわからない。私たちの経験が指標になり、"目の前のクラスに合ったいい授業"という議論が進む一方で、アイデアや新発想は生まれてこない。混沌とした状態で、みんなの既有知識や経験で授業の内容を語っていた。目指す目標は"目の前のクラスに合ったいい授業"。休みの日の会議など、自分の時間を犠牲にしても"目の前のクラスに合ったいい授業"のコンセプトは変わらず、がむしゃらに考えていた記憶がよみがえる。発表会当日に講師の先生がおっしゃったように、チームで何かをするときの各々の究極の成長は、「人」が変わることである。私たちのチームは、何もなく、何もわからないというところから這い上がり、自分のもっているものをすべて提供し、相手のいいところを吸収していく。そのように授業を作っていったのではないだろうか。

　主体的な参加は簡単なようで簡単ではなかった。学生たちが多く感想に綴るのは、現職教員と対立して議論した思い出である。それは、それまで受け身で現職教員の考えを受け入れてきた学生たちが主体性を持って授業づくりに参加し、知識を受け取るということではなく、知識を生み出すという関わりへと転換させるきっかけとなっていたからであるように思う。この取組は、学生たちにとって、教師の切実感を学ぶよい機会になっていたとともに、変化としての成長を実感できた場であったように思う。

5. おわりに

　この取組をスタートさせてから、何度「理想は理想のまま終わってしまうのではないか」と思ったことだろうか……。

　第1回目の研修会が実施された8月。現職の先生たちは学生たちを指導するという思いで参加していた。一方で、対等な関係で関わり合いながら授業を創ると考えてきた参加学生は、そんな雰囲気に負けて自分を出せずにいたように思う。教員同士でも考え方の違いなど、受け入れられないという状況でスタートしたのが、8月であった。最初の3ヵ月は、停滞して前に進んでいないというように感じ、プログラムをコーディネートする立場として焦りさえ感じていた。

　印象的だったのは、最初の全体会で「何をやればいいんですか？」と質問されたことであった。このプログラムでの活動をいわば、作業部会のように考えていたことがこの言葉から読み取れるであろう。この質問に対して私は、「その答えをグループで見つけていくことがこのプログラムです」と回答した。さぞかし、現職教員には負担の重いプログラムだと感じられたことと思う。

　しかし、それから月日が経ち、このプログラムもいったんの終わりを迎えることになった。いつものように研究会後に懇親会を持ち、なんとなく成功できたと感じていた私はいつも以上に大変よい気分だった。そして、「2次会に行こう」と誘ったところ、なんと残ったのは私と一緒にこのプログラムをつくってきた運営委員会のメンバー数名であった……。それは、他の人はチームで2次会となり、それぞれ分散したからであった。なかには「1年に1回は同窓会をしよう」という声も……いつの間にか、仲の良いチームがそこにはあった。この時「体育授業を創る」ということを中心にチームがまとまったことを感じた瞬間でもあり、大変嬉しくなったことを鮮明に記憶している。

　異質協働の学びの実現にとって、すぐに成果を求めすぎずに、信じて待つことが大切なのだと実感した。振り返ってみれば「チームで創る体育授業」の成功の鍵は、「主体的な取組」「協働する場」「見守る」、この3点にあったと思う。

IV　教育支援による学校教育の広がり

第4章　地学における学校教育支援について

藤本光一郎

1. はじめに

　2011年の東日本大震災以降、日本列島の地震や火山活動の活発化が懸念されている。爆弾低気圧やゲリラ豪雨、竜巻、大型台風など異常気象による災害で大きな被害も出ている。市民1人ひとりが地震や火山、気象現象などに対する基礎的知識を持つことは、ソフトな防災対策として非常に重要である。しかし、日本の一般成人の地学を含む科学リテラシーは欧米に比べて低く、2011年度の科学技術白書は、それを克服するために学校での理科教育の充実や専門家や博物館・企業・研究機関などとの連携が重要と指摘している。
　一方、児童生徒たちの理科に対する興味関心については、小学校段階では理科はもっとも好きな教科の1つであり、宇宙や星、化石、恐竜などは人気が高い。文部科学省の実施した2015年の全国学力調査の結果では、理科が好きと答えた児童生徒は2012年の小学校段階では81.5％と国語や算数・数学が60％代なのに比べてかなり高い。しかし、3年後の中学段階においては、61.9％とおよそ20ポイント下がってしまい、国語や算数・数学とほぼ同等になる。また、教科の勉強が大切、わかる、役に立つという調査項目においても、小学校から中学の間で国語や算数・数学に比べて肯定的な回答が大幅に割合を落としているのが特徴である。その理由としては、小学校段階では体験重視の学習が多いのに対して中学校段階では理論的な内容も増えて難しくなるということなどがあげられよう。この状況の改善なしに科学リテラシーの向上はあり得ない。
　本章では、筆者の専門分野である地学を例として、学校教育における問題点を指摘し、とりわけ野外教育という観点を中心に教育支援の役割や重要性について

考えてみたい。ここで述べる教育支援は、序章の整理では連携的支援にあたる。

2. 地学から見た学校教育の現状

　地学から見た学校教育の大きな問題として以下のような教員の苦手意識や専門性がある。

　小学校については、地球領域で野外観察をともなう「月と星」「流水の働き」「土地のつくりと変化」は、教員が苦手意識を持つ理科の単元として常に上位に入る。たとえば、理科を教える教員を対象とした全国調査で15％以上の教員が「月と星」「土地のつくりと変化」を教えるのが苦手な3つの単元の1つにあげ上位を占めており、また、前者は41％、後者は30％の教員が観察・実験の実施が困難な単元としてあげている（日本科学技術振興財団、2011）。天体観測などの時間的制約、地層などの観察適地という地理的制約、授業の時間管理の難しさなどが大きな理由としてあげられている。文系出身の多い小学校の教員にとって地球領域の単元がかなり難しいことが想像される。

　中学校については、「地学」を苦手あるいはやや苦手とする教員はおよそ42％であり、「物理」の32％、「化学」の14％、「生物」の28％に比べて高い数字となっている（科学技術振興機構、2013）。これは、高校時代に地学を履修しておらず、大学時代にも地学を専攻していない教員が多いことが要因と考えられる。たとえば、東京学芸大学の中等教育教員養成課程（B類）の理科専攻において地学を専攻する学生が例年1割に満たない状況であるという実態からもうかがえる。

　高校においては物理、化学、生物、地学と分かれてそれぞれ専門性が高くなる。まず地学Ⅰ、地学Ⅱをあわせた地学の履修率が10％を切る状態が長く続いていたことを指摘しなければならない。2012年の学習指導要領改訂で、物理基礎、化学基礎、生物基礎、地学基礎のうち3科目必修となり、地学基礎の履修率は25％程度まで回復しているようである（宮嶋、2015）。しかし依然として他の科目に比べて低い状況は続いている。

　そもそも地学教員の人数が少なく、開講していない学校も多い。文科省の調査では、2013年度の地学基礎の普通高校での授業開設率は1年次で9.0％、2年次で30.1％と、化学基礎と生物基礎がほぼすべての高校で、物理基礎も1年2年合計で80％を超える開設率となっているのに対してまだまだ低いといわざるを

得ない。

また2010～2013年に公立高校地学教員として採用されたのは、わずか51名であり、理科全体2,376名のわずか2%にすぎない（中嶋、2015）。募集を理科一括にしている自治体もあるために、地学を専門とする教員の採用自体はもう少し多い可能性もあるが、他に比べて著しく低いことには違いなく、これが教員養成課程で地学を専攻する学生の少ない大きな要因となり、地学系の教員の減少に拍車をかけている。しかし、これまで長年地学教員を採用してこなかった東京都も2016年から募集を再開するなど、少しずつ状況は変わりはじめている。

以上述べてきたように、学校教育の現場で地学を教えるのが苦手な教員が多いことが1つの問題となっている。地学系の教員をすぐに増やすことはなかなか困難でもあり、それを補うためにはたとえ地学系の教員でなくても実験や観察の困難さを軽減して教育効果をあげるための支援を充実させることがまず求められる。

3. 地学における実物教育・野外教育の重要性と教育支援

地学において実物教育と野外教育の2点が重要であろう。実物をよく観察してその特徴を認識し、その物が何であるかを判断することが基本中の基本である。実物であればよいので、標本を室内で観察してもよい。多くの人数で典型的な標本を観察したり、他の場所の異なる岩石や鉱物と比較したりすること、顕微鏡などの機材を使って観察することなど、野外ではできない利点もある。一方、岩石や鉱物、地層などがどのような状態で自然の中で存在するかということが、土地の成り立ちなどを考えるうえで決定的に重要である。地層の重なり方、川原や海岸での石ころや砂の堆積の様子、河川による土地の浸食など、野外で自然現象そのものを観察することは、実感がともない、より深い理解をすることができるだろう。

しかし、教員側に知識や経験がかなり要求されるため、地学系以外の教員が大多数を占める中で、充実した実物教育や野外教育を行うことはかなりの困難がともなう。

このような困難を克服するには教員個人の取組もさることながら学校内での協力や学校外の組織や個人との連携が不可欠であり、今までにもかなりの実践例や研究例がある。たとえば、2011年度科学技術白書では、「社会と科学技術との新

しい関係構築に向けて」という節を設けてさまざまな機関の連携について紹介している。また、雑誌『科学教育研究』の 27 巻 1 号（2003 年）の特集「学校・地域・大学の連携による科学教育」では、学校と科学系博物館の連携や、学校、教育委員会、大学を含む地域一体型の連携などが紹介されている。地学に限れば、野外自然学習については宮下（2009）が連携のあり方や実践例を紹介している他、日本地震学会が、「地震の研究者と小・中・高等学校教員との連携」をテーマの 1 つとしたモノグラフを出版している。

　宮下（2009）は、野外学習支援を担当する教員の専門性の程度と野外学習時間の長さと 2 つの基準で類型化し、特に担当教員の専門性が高くない場合に学習支援者が必要であるとし、学習支援者の教育への介入の度合いによって、支援の考え方や実践例の報告などを行った。その結果、学習支援者も担当教員も両者も主体的に教育に関わるやり方において、児童生徒にとっての専門性の高い教育効果が得られるとともに、教員自身の指導力向上にも資するとした。学習支援を考える時に、教員の指導力向上の視点は重要であると思われる。

　さらに宮下（2009）は、学習支援を主体となって行うべき都道府県レベルの理科教育センターのほとんどが廃止縮小された現状で、大学なども連携協力した新たな社会的支援体制として「野外学習支援センター」を提案している。宮下の提案している野外学習支援センターは、学校からの学習支援の要請を受け、教材提供や指導方法の支援や野外学習支援者の派遣などを行う組織であり、大学教員や専門性を持つ小中高の教員、退職した研究者、博物館などの学芸員、教育委員会指導主事、地域学習センター指導員など、ある程度専門性を持つあらかじめ登録された人材からなる。また、学習支援の内容としても、教材提供や機材の貸し出し、教員研修なども行うとされている。この提案は十分検討に値する内容を持っている。

4. 教育支援の拠点としての博物館とジオパーク

　全国 4,000 余りの博物館を対象とした総合調査（日本博物館協会、2015）によると、自館の問題点として「学校教育との連携が不足している」と答えた博物館が、1997 年には 62.6％と多くを占めていたのに対し、2013 年に 50.8％まで減少しており、博物館側が積極的に学校教育との連携を進めようとしていることがう

IV 教育支援による学校教育の広がり

かがえる。ただ、実際に学校への窓口となる担当者を配置したり、教育委員会と連携した学校連携に取り組んでいる博物館は 35％程度にとどまり、「常設展関連の教育プログラム（授業案・ワークシート等）を作成」は 19.3％、「『学習指導要領』に沿った教育プログラム（授業案・ワークシート等）を作成」は 10.9％、「展示の教科書等との対応状況を整理したものを教員向けに公表」は 7.7％と決して高いわけではない。

ただ、国公立の比較的規模の大きい博物館においては、上記のような学校との窓口や学習指導要領に沿った教育プログラムを設け、学校側が利用しやすい工夫がなされている。館内での催しだけでなく、学校への出張展示や出前授業、野外見学会の実施など内容も多岐にわたっており、学校側の多様な要望に合わせた取組が行える体制が整ってきているといえよう。

近年大きく状況が変わった点としては、ジオパークや世界遺産などの認定をめざす地域が急速に増えたことがあげられる。地域おこしの一環ともいえるが、それが地域のすぐれた地形や地質、文化的な資源の教育への有効活用につながることは注目すべきであろう。ジオパークについては、2009 年に洞爺湖有珠山（北海道）、糸魚川（新潟県）、島原半島（長崎県）の 3 地域が世界ジオパークとして認定されて以降、2015 年 9 月現在全国各地に 39 地域が国内ジオパーク（うち、8 地域が世界ジオパーク）として認定され、さまざまな普及教育活動を行っており、その数は増えつつある。国内 19 地域の世界遺産については、たとえば知床、白神山地、富士山、石見銀山、屋久島、小笠原諸島などは地学的に高い価値を持っている地域も多い。

ジオパークの特徴として、①教材に適するジオサイトが設定され、観察路や案内板、パンフレットなどが整備されていること、②専門性の高い職員が多くの場合常駐し、研修を受けたボランティアのガイド組織が発達していることなどがある。実際に筆者も学生巡検などにジオパークを活用することがあるが、試資料が充実していることや現地の見学ポイントが整備されていることなどから、以前より容易に大きな教育効果があることを実感している。

また、ジオパークは活動の中心となる拠点施設を備えているが、それが博物館であり、常勤の専門家がいて標本なども充実している場合さらなる教育効果が期待できる。たとえば、箱根ジオパークと神奈川県立生命の星・地球博物館、秩父

ジオパークと埼玉県立自然の博物館、糸魚川ジオパークと糸魚川フォッサマグナミュージアム、南アルプスジオパークと大鹿村中央構造線博物館などである。とりわけ専門性の高い常勤の職員がいることは、学校教育との連携を高めていくうえで必須であるともいえる。日本ジオパークネットワークの 2013 年活動状況調査では、ジオパークを積極的に学習に利用している学校は全国で 156 校（高校が 58 校、中学校が 98 校）であり、そのなかでも授業の一環として利用はかなり多い（日本ジオパークネットワーク、2015）。

　一方で、より多くの学校教育現場で活用されるにはまだいくつかの課題を残している。たとえば、①教科書や学習指導要領との対応が必ずしも取れていないこと、② 1 日あるいは泊まり込みの校外学習を実施する際に交通や宿泊施設などが十分整えられていないこと、③試資料を展示する拠点が大人数の見学や学習に対応できていない場合が多いこと、などがある。また、ジオパークの事務局が地元自治体の商工観光課などの部署に置かれている場合も多く、教育委員会や学校との連携がそれほどスムースではないことも想定される。しかし、周辺の自治体や、博物館、大学や研究機関などの連携を深め、学校教育の現場での積極的な活用を進めていくべきである。

5．おわりに

　地学において重要な実物教育や野外教育は、専門性のある教員の不足から十分に行われている状況とはいえない。地学を専門としない教員でも十分な教育効果をあげる実物教育や野外教育を実施するためには、専門性の高い支援者を含む教育支援は不可欠である。

　博物館やジオパークは地学の教育支援の拠点となり得る可能性が高く、施設や設備、受け入れ態勢なども整いつつある。博物館やジオパークと学校・教育委員会との連携を組織的に深めていくことが効果のある教育支援を行ううえでも、また不可欠である。

[引用・参考文献、URL]
・科学技術振興機構 理数学習支援センター（2013）「平成 24 年度 中学校理科教育実態調査集計結果（速報）」http://www.jst.go.jp/pr/info/info979/

Ⅳ　教育支援による学校教育の広がり

- 宮嶋　敏（2015）「現行高校学習指導要領『地学基礎』の教科書作成に関わって」『日本地震学会モノグラフ 4』pp. 88-92
- 宮下　治（2009）『野外自然体験学習と理科教育』春風社、p. 190
- 中嶋　健（2015）「高校地学教育は万全か？」『日本地震学会モノグラフ 4』pp. 93-98
- 日本博物館協会（2015）「日本の博物館総合調査（平成 25 年度）：基本データ集」http://www.museum-census.jp/data2014/
- 日本ジオパークネットワーク（2015）「学校教育調査の結果」http://www.geopark.jp/activity/research/p20151002.html
- 日本科学技術振興財団（2011）「理科を教える小学校教員に向けた科学技術リテラシーのテキスト・情報の編集に係る調査報告書」

V

教育支援をめぐる調査と研究

V 教育支援をめぐる調査と研究

第1章　真正の授業を支える教師の専門職共同体と地域共同体との連携
── 米国の学校改革に関する調査研究から見えるもの ──

渡部竜也

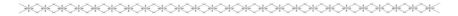

1. はじめに ── 専門性の脱私有化 ──

　筆者は大学院生の時分、「研究とは1人でするものだ」と教えられてきた。当時は共同研究など稀であり、またプロジェクト型の研究などもあまり存在しない時代だったので、こうした指導に疑問を感じることは少なかった。なんでも1人でできるようになることが、自律の証とされてきた。そしてそうした自律しているとされる研究者の研究に「口出し」をすることを「下品な行為」と考える人も少なくなかった。学校現場でも、少なくとも私が働いていた学校現場は、同僚の教師の授業に口を挟むことはご法度だった。私は私、あなたはあなただった。授業づくりも問題解決も1人でしなければならなかった。私は大学院を出ていたが、そのことで同僚が何か尋ねてくることは稀であった。いやそれどころかある後輩がなんでもかんでも私に尋ねてくるのに対して、少しは自分で考えればいいのにと内心軽蔑してさえいた。

　しかし、合衆国においてこうした「自律した専門職像」が近年、問い直されてきている。そのきっかけとなったものの1つが、1980年代から1990年代に行われた学校教師を対象にした一連の研究であった。それらの研究はいずれも、教師の専門性の成長や授業の質的向上に、学校文化や構造、さらには学校の外部の共同体や保護者と学校との関係性といった要素が大きな影響を与える事実を明らかにするものであり、この結果、教師の授業の質的向上は決して1人では成し遂げられないことが広く意識されるようになった（専門性の脱私有化：de-privatization）。

　本稿では、教育支援人材育成のあり方について考察するその基礎として、こうした合衆国の調査研究に注目してみたい。教育支援人材育成の観点から見て、今

のわれわれが今後注目していくべきポイントとは何であるのだろうか。

2. 2つの研究書

　こうした議論のきっかけとなった研究の1つに、ウィスコンシン・マディソン大学の研究グループのものがある。この研究グループの代表であり研究リーダーは、フレッド・ニューマンという人物で、ハーバード大学出身の社会科教育の教育原理研究（特に論争問題学習や社会参画型の学習論）やカリキュラム教材開発（オリバーとのハーバード社会科プロジェクトの共同研究）、真正の学習論、真正の評価論などで輝かしい研究成果をあげた研究者である。ニューマンは「全米効果的な中等教育センター（National Center on Effective Secondary School）」と「学校組織再編センター（Center on Organization and Restructuring of Schools）」の所長に就任したことがきっかけとなり、当時全米中で展開していた学校改革の調査を行うことになった。そしてニューマン自身の教育論にひきつけながら、その研究成果をまとめたものが1996年に出版された*Authentic Achievement: Restructuring Schools for Intellectual Quality*（『真正の学び —— 知的な質をめぐる学校再建』）である[1]。

　実はこの1年前である1995年に、同じくウィスコンシン・マディソン大学からよく似たテーマの本が出版されている。マイケル・アップルとジェームズ・ビーンが編集した*Democratic Schools*（邦訳『デモクラティックスクール —— 学校とカリキュラムづくりの物語』、1996年）[2]である。こちらは著者が著名な急進派の教育学者であることもあって、わが国でもよく知られている。この本も、ニューマンの本と同じく、当時の合衆国の学校改革の実態について、具体的な実例を通して示したものである。

---

1) Newmann, F. M., and Associates（1995）*Authentic Achievement: Restructuring Schools for Intellectual Quality*, Jossey-Bass Publishers
2) マイケル・アップル＆ジェームズ・ビーン編、澤田 稔訳（1996）『デモクラティックスクール：学校とカリキュラムづくりの物語』アドバンテージサーバー。近年、第二版が翻訳されたので、こちらも紹介したい。マイケル・アップル＆ジェームズ・ビーン編、澤田 稔訳（2013）『デモクラティックスクール：力のある学校教育とは何か』上智大学出版会。

しかし両著書には大きな違いがある。アップルらの本(『デモクラティックスクール』)は、端的にいえば、彼ら自身の鑑識眼を通して「民主的な学校改革をしている」と判断した学校改革の実例を紹介した本だといってよいだろう。先にアップルらの側に「あるべき教育論(学校論)」が示され、その正当化を図るための実例を集めてきた本といってもよいかもしれない。以下に『デモクラティックスクール』の目次を掲載しておきたい[3]。第1章ではアップルらの考える民主主義的学校の条件が解説され、第2章から第5章までは、その条件を持つ学校が小中高(+ミドルスクール)別に、「物語」という形で紹介されている。なお、各学校の改革の「物語」は、学校改革の実践者や責任者たち自身が語っている(つまり、第2章から第5章は、アップルらではなく、各学校の関係者が原稿を書いている)。第6章は、第1章でのアップルらの主張が学校現場の裏打ちのあるものであることを確認するといったような中身となっている。

第1章　なぜ、いま、デモクラティックスクールか
第2章　ポートフォリオによる新たなカリキュラムづくり
　　　　：セントラル・パーク・イースト中等学校の〈物語〉
第3章　職業教育の再生に向けて：リンジ工業高校の〈物語〉
第4章　民主的多文化教育への旅：フラトニー小学校の〈物語〉
第5章　カリキュラム作りを生徒とともに：マーケット・ミドルスクールの〈物語〉
第6章　デモクラティックスクールからの教訓

これに対してニューマンらの本は、これよりずっと分析的であり、このことから説得力があり、さらには学校再編や授業実践に貢献する要素が大きいものとなっている。ニューマンらはアップルらのように事例紹介より先に民主主義的な学校の条件や「あるべき教育論(学校論)」をあげるようなやり方は採らない。彼は学校改革が進められている小中高それぞれ8校ずつ(計24校)を調査対象とし、ここに「子どもたちの真正の学び」「教師の真正の授業や評価」の質が高い学校とそうでない学校があることを明らかにする(基本的にはその学校での数

---

3) これは初版の目次である。

学および社会科の授業とそこでの子どもたちの学びを分析対象とする)。そして質の高い学校とそうではない学校とを比較し、そうした違いがなぜ生じるのかを検討する。そして教師の授業や子どもの学びの質の高い学校の中にも、あまり民主的といえない環境の学校が含まれていること、そして民主的に見える学校でも、授業や学びの質が高いとはいえない学校があることなどを発見し、それらの学校でどうして質の高い授業や学びが保障されたりされなかったりするのかを追究していく。そしてその結果として、学校の「構造」が民主主義的かどうかよりも、その学校が全体として「知性の質」に意識を持っているかどうか、そして同僚の間に強力な専門職共同体を築けているかどうかなど、学校の「文化」が大きなカギとなること、さらには学校外の諸機関や保護者を学校再建にうまく取り込めているかどうかも、少なからず影響を与えていることをこの研究は明らかにしていく。アップルらの研究の特質を観念的・哲学的・演繹的であると表現するならば、ニューマンらのそれは、分析的・実証的・帰納的と表現することができるのではないだろうか。

　以下に『真正の学び』の目次を示しておきたい。なお、本書はいずれの章も研究者が執筆している。またこのうち、ニューマンが直接書いているのは、第1章、第2章、第6章、終章である。

第1部　真正の学び
　第1章　真正の学びと授業の基準
　第2章　真正の教授法は子どもたちの学びを増大させるのか
第2部　学校再建のポートレート
　第3章　キャリーン小学校とラマー小学校
　第4章　レッドレイク・ミドルスクールとオカナゴン・ミドルスクール
　第5章　シボラ高校とアイランド高校
第3部　学校再建に成功するための基礎条件
　第6章　知性の質
　第7章　学校全体での専門職共同体
第4部　学校文化と学校構造の相互作用
　第8章　子どもたちの学びへのサポート
　第9章　衡平への道

Ⅴ　教育支援をめぐる調査と研究

第 10 章　参加型民主主義
第 11 章　外部機関からのサポート
結論‐子どもたちの真正の学びのための学校再建

　本稿では、先に答えを決めつけず、教育支援人材養成に必要となる条件を冷静に見極めるためにも、このニューマンらの研究書（『真正の学び』）の方に注目してみたい。

3. 真正の学びの定義

　ニューマンらは学校再建に取り組んでいる全米 24 校を対象に、その学校の社会科および数学の授業の質を判断した。判断する際に用いられた基準の主なものは、「知識の構築」「鍛練された探究」「学校を超えたところでの価値」の 3 つであり、この 3 つの基準を反映していた授業をニューマンは「真正の授業（教授法）」と呼んだ。
　「真正さ」の概念についてはニューマンが最初に提唱したとされるが、その後、ウィギンズやマクタイなど、他の研究者も注目する概念となった。ただ、ウィギンズやマクタイらの考える「真正さ」のとらえ方と[4]、ニューマンのそれとには若干の違いがあると思われる。ウィギンズとマクタイは、学者が実際に調査する視点や問いといったことをより重視し、これらを「真正さ」の条件として最重視しているのに対して、ニューマンはより現実の社会生活での場面を重視する傾向

---

4) G・ウィギンズ＆J・マクタイ著、西岡加名恵訳（2012）『理解をもたらすカリキュラム設計—「逆向き設計」の理論と方法』日本標準、p.184 と比較していただきたい。彼らは「真正さ」について「現実的な文脈化がなされている場合」「判断と革新が求められる場合」「生徒に教科『する』ことを求める場合」とある。この基準であれば、現実的な場面での学問的な問い、たとえば「あなたは○○学者だとします。この立場から××の課題に取り組んで、報告書をつくってみましょう」という設定が「真正の授業」とされることになる。これに対してニューマンらの基準（特に「学校を越えた価値」）では、こうした「○○学者だとします」といった状況設定をあまり好んではしないと思われる。ニューマンらは、生徒たちが将来就くと思われる職業人や将来直面するであろう場面を授業上で想定しているようである。
5) Newmann, F. M., and Associates（1995）*Authentic Achievement: Restructuring Schools for Intellectual Quality*, Jossey-Bass Publishers, p.29

図表Ⅴ-1-1 「真正の教授法」のためのスタンダード：評価課題[5]

＊知識の構築
スタンダード1：情報の組織化
この課題は、概念、課題、問題に対処するに当たって、複雑な情報を組織化し、統合し、解釈し、説明し、評価することを子どもたちに要求する。
スタンダード2：選択肢（代替案）の考察
この課題は、概念、課題、問題に対処するに当たって、選択肢となる解決案、戦略、見方考え方、見解を考察するように子どもたちに要求する。

＊鍛練された探究
スタンダード3：学問的内容
この課題は、学問規範や職業規範の中核と考えられる考え方や理論、見解についての理解や活用を表現するように子どもたちに要求する。
スタンダード4：学問的プロセス
この課題は、学問規範や職業規範を特徴づけるような探究、調査、伝達の手法を活用するように子どもたちに要求する。
スタンダード5：詳細な文章による伝達
この課題は、文章を書くことを応用することで、子どもたちの理解や説明、結論を詳細に論じるように要求する。

＊学校を超えた価値
スタンダード6：学校外の世界と結びついた問題
この課題は、教室の外の生活で直面したことのある、または直面すると思われる概念や問題、課題と同じものに子どもたちに触れさせ、これらに対処することを要求する。
スタンダード7：学校外の聴衆
この課題は、教室、教師、学校の建物の外にいる聴衆に向けて、自らの知識を伝達したり、生産物やパフォーマンスを提供したり、何らかの行動をとるように子どもたちに要求する。

があった。「学校を超えたところでの価値」を「真正さ」の条件に加えて特に重視したところに、ニューマンの特徴がある。

V　教育支援をめぐる調査と研究

　ニューマンは授業を評価する際に、図表V-1-1に示した基準に基づいて評価をした。たとえば次の事例は、図表V-1-1の「スタンダード6：学校外の世界と結びついた問題」「スタンダード7：学校外の聴衆」という点で高く評価された授業事例である[6]。

　「ミシシッピ川流域の絶滅危惧種である鷹について何がなされるべきなのかについて、あなたの意見を表明した手紙を、州議会の下院議員や上院議員に届けましょう。説得力を持つ中身になるように、次のことが行われるべきです。
・主題についての知識を伝えあいましょう。
・考えを文章にまとめましょう。
・いろいろな方法を用いて文章の冒頭部を工夫して表現しましょう。
・考えを伝え合うために、対話を用いましょう。
・正しい句読点や綴り方を用いましょう。
・友達に手紙を読んでもらい、建設的な批判をしてもらいましょう。手紙の内容に満足したら、その手紙を送りましょう。」

　また子どもたちは「真正の学び」ができているかどうかについても、授業でのやり取りや授業後の行動を図表V-1-2のような基準から判断することで、明らかにされていった。
　さて、こうして学校再建に取り組む全米中の24校の数学、社会科の授業計約800時間分を調査・分析した結果、ニューマンは次のことを明らかにした。

・「真正の授業」は子どもの「真正の学び」および学問の成績を高める（「真正の授業」と「真正の学び」は表裏一体の関係にある）。
・質の高い「真正の授業」は、学習者の性別、人種などの社会的背景に関係なく、学習者の真正の学びを高める。従来型の（多肢選択式の）評価法でも高い成績であることが示される傾向がある。
・学校改革を試みている24校の全てが質の高い「真正の授業」に取り組んでいるわけではなかった。むしろこうした学校は少数派であった。

---

6)　前掲書、p.31

図表Ⅴ-1-2 「真正の教授法」のためのスタンダード：授業過程[7]

＊知識の構築
スタンダード1：より高次な思考
指導法が、子どもたちを、情報や考え方をまとめたり、一般化したり、説明したり、仮説を立てたりして、それに新しい意味づけや理解を生み出すような結論にたどり着くことで、そうした情報や考え方を詳しく説明することに携わらせる。

＊鍛練された探究
スタンダード2：深い知識
指導法が、結びつきや関係を探究したり、比較的に複雑な理解を生み出したりするのに十分なだけの十分な徹底さを伴ったトピックや規範性についての中心的観念に取り組んでいる。
スタンダード3：内容のある会話
子どもたちが教師や仲間たちと、教科内容について広く会話的な意見交換を行い、考え方やトピックについて改善され共有された理解を生み出すことに携わる。

＊学校を越えた価値
スタンダード4：教室を越えた世界との繋がり
内容のある知識と公的問題または個人的経験との間を子どもたちが結びつけている。

・学校によっては社会科だけ質の高い「真正の授業」をしている、数学だけ質の高い「真正の授業」をしているというケースもあった。もちろん、社会科と数学の両方で質の高い「真正の授業」をしているケースもあったし、両方で質が低いケースもあった。

---

7) 前掲書、p. 33

4. 同僚たちの専門職共同体と真正の授業・真正の学び

ニューマンによると、小中高いずれにも、社会科・数学の両方で「真正の授業」を行っている学校は存在し、そしてこれらの学校にはいくつかの共通点があったという。それは、次の2点であった。

(1) 質の高い「真正の授業」をしている学校は、いずれも「知性の質（intellectual quality）」を気にかけていた。
(2) 質の高い「真正の授業」をしている学校は、大抵は強力で質の高い同僚性が存在する。

まず、学校全体が「知性の質」に関心を持っていない場合、その学校にそこそこ質の高い専門職共同体が存在していようとも、その学校の授業の質は低い段階にとどまっていた（Aのフンボルト小学校など）。だが知性の質に関心を持っている場合は、専門職共同体の質が真正の授業の質に大きな影響を与えていた（図表V-1-3）。
そこでニューマンらは、学校内で教職員が意思決定権をどの程度持っているのかを解明することで、各学校の権力関係を明らかにして、どういった学校で強力かつ質の高い専門職共同体が築かれるのかを突き止めた。そして、強力で質の高い専門職共同体は、管理職と教職員がさまざまな場面において共同で意思決定を行っていく「共同の権力関係」にある学校で築かれやすい傾向があることがわかった（図表V-1-4）。一極集中型の権力関係の学校であってもかなり高い質の「真正の授業」をしている学校はあったが（Fのキャリーン小学校、Nのコパン・ミドルスクール）、これは後の調査から管理職や校長の指導力やカリスマ性といった要素が大きく影響を与えていたことが判明した。
逆に一極集中型の権力関係を持つ学校の管理職や校長に指導力やカリスマ性がなかった場合、学校はかなり低い次元の専門職共同体しか築けず、こうした学校では質の高い真正の授業を子どもたちに保証し得ないという結果が出た。また自由放任型や分権型は、学校全体が一体となって真正の授業をしていこうといった雰囲気を阻害するので、結果として質の高い専門職共同体を築くには限界があ

第 1 章　真正の授業を支える教師の専門職共同体と地域共同体との連携

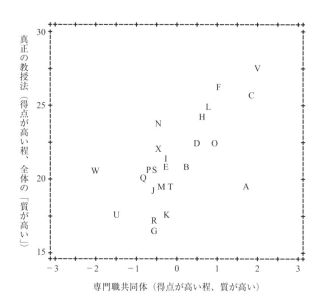

学校の指標	小学校		ミドルスクール		高校	
	A	フンボルト	I	モリス	Q	フリーモント
	B	サンプター	J	セルウェイ	R	ウォリングフォード
	C	アシェリー	K	ボールドウィン	S	フリンダース
	D	エルドラド	L	レッドレイク	T	ヒューロン
	E	ウィネマ	M	シャイニングロック	U	サウスグレン
	F	キャリーン	N	コパン	V	シボラ
	G	フォールズリバー	O	オカナゴン	W	アイランド
	H	ラマー	P	オタワ	X	マーブルキャニオン

図表V-1-3　専門職共同体と真正の教授法[8]

り、そのことがその学校の授業の質にも影響を与えていた。

　たとえば、自由放任型の権力関係にあった B のサンプター小学校の場合、個人主義が根強く浸透していたため、せっかくある教師が質の高い真正の授業を行えたとしても、その普及は学校内において一部にとどまってしまったことが、この学校を参与観察した調査者から報告されている。また分権型の Q のフリーモント高校は、数学の教科団が真正の教授法に反発して職員会議への参加を拒否す

---

8) 前掲書、p.185

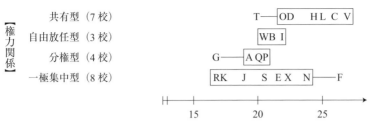

図表Ⅴ-1-4　真正の教授法と権力関係に関する改革された学校の分布[9]

るといった結果になってしまい、そしてこの学校の数学の授業は、旧態依然のままで放置されることになったことが報告されている。逆に、共有型であったCのアシェリー小学校などは、教師たちの斬新なアイデアは職員会議などで共有されていったため、学校全体が高い質の真正の授業を保証することになった。そしてこのことは、子どもたちの真正の学びを刺激し、大きな成果を生み出すことにつながっていた（図表Ⅴ-1-3も参照）。

　ニューマンらは、共有型の権力関係を築き上げるうえでどういった要素が重要になってくるのかを明らかにするために、こうした学校に調査者を派遣して、長期（1年間）の参与観察を行っている。そしてそこで重要になったのは、校長のリーダーシップであることを発見している。共有型の学校を築くため、次の要素が必要であるとニューマンらはまとめている[10]。

①校長の権利として保証されてきた力強い指導権を発揮して、彼らは多様な闘技場（アリーナ）で開花しようとしている教師のリーダーシップを育成することができていた。
②校長は革新的な実験を奨励していた。
③校長は起業家であり、教師に同じクオリティを求めた。彼らはアイデアのみならず、奨学補助金や外の世界の認識をも提供することで、学校の成長と意識の集中を保持していた。

9）前掲書、p. 253
10）前掲書、pp. 258-260

④校長たちは地方学区や州からの要求や圧力、規則から学校をかばっていた。
⑤校長は教師が学校の年中のてんやわんやの日々のペースに嫌気がさした時、教師たちに学校のビジョンやミッションを思い起こさせていた。

5. 外部機関との関係と真正の授業・真正の学び

　ニューマンらの調査は、第11章でさらに学校外の諸機関にまで広げられていく。そして質の高い真正の授業を学校全体で行っていたところの多くは、学校外の諸機関をうまく活用していたり、良好な関係を築き上げたりすることができていることを突き止める。

　まず教育委員会や学区、州といった行政組織との関係であるが、質の高い真正の授業を行っていた学校の多くは行政組織から適度な自治権や相当額の資金を獲得しており、それらの獲得において校長や管理職が果たす役割は大きかったとニューマンらは報告している。たとえばレッドレイク・ミドルスクールでは、校長のリーダーシップが州の多くの奨学補助金をもたらすのに一役買い、教師がカリキュラム開発をする時間を得ることになったことが紹介されている。

　真正の授業の全学的な質的向上を図るために、民間教育研究団体や学会をうまく利用している学校もいくつか見られたとニューマンは報告している。たとえばある学校では、そこの教職員が毎年こうした研究団体のサマーセミナーや研究大会に参加し、発表をすることをその学校の文化としていた。またある学校では、校長が全教師に自らの教室に向けて資金を得るためのプロポーザルを書くように促し（そしてほとんどの教師がそれを実行し）、主体的に毎年の学会に教師が参加することをサポートした。大学の先生を招聘して勉強会を開催する学校もあった。そしてこれらのことが、学校に中身のある柔軟な利益をもたらしていた。というのも、これらは個々の教師の授業の質的向上だけではなく、専門職共同体の質的向上と強化にもつながったというのである。

　また保護者や子どもたち、地域住民との関係として、彼らを学校のガバナンスやスケジュール作成などに参画させる学校の事例も多く紹介されている。これは地域住民や保護者、子どもが納得する目標、納得するカリキュラムを築くことを可能にするので、教師たちはこれまで以上にスムーズに真正の授業をデザインし、実行に移すことができる。さらには、社会参画型の学習やサービスラーニン

グなども実践可能となり、教師たちの教授戦略の選択肢を広げることにもつながっていた。さらには、保護者との良好な関係が教師の専門職共同体の質的改善につながっていくことも報告されている。

ただし、これはいつも成功するとは限らないのであり、保護者や地域住民が意にそぐわない管理職を辞めさせたり、質の高い真正の授業が子どもたちの成績向上につながっていないとして学校改革を妨害したりするケースもあったとニューマンらは報告している。フォールズリバー小学校はこうした事例の典型といえ、学区が義務として課している統一テストの成績が悪かったことが原因で、保護者たちが革新的な改革を否定し、また教師の専門性まで否定するという行動をとってしまい、学校は旧態依然のものに戻ってしまった。教師たちと保護者や地域共同体との対立関係が真正の授業の質的改善を生み出した事例は一例もないとニューマンらはまとめている。

6. おわりに ── ニューマンらの研究が教育支援人材育成に示唆するもの ──

ニューマンらの研究からも、民主主義的な構造の学校の方が、そうではない学校よりも質の高い真正の授業・真正の学びに貢献するところが大きくなる傾向にあったことを確認できる。この点は、アップルの主張するところと大差がない。しかし民主主義的な構造がいつも質の高い真正の授業を保証するとは限らないことを明らかにした点は、アップルらの研究には見られないニューマンらの研究の貴重な研究成果である。たとえば知性の質に関心を抱かない学校は、学校の構造がいかに民主的であっても、真正の授業に与える影響には限界があった。また、いたずらに学校外部の人々を学校のガバナンスやカリキュラムメーキングに参加させることは、学校改革に負の効果をもたらす危険性も十分に考えられる実態も明らかになった。逆に非民主的と思われる学校構造を持つところでも（たとえば一極集中型の権力関係にある学校でも）、校長たちのやり方次第では、ある程度のポジティブな効果を生み出す学校もあった。

むしろニューマンらの研究でキーワードになったのは、知性の質への同僚たちのコミットメント、校長のリーダーシップ、専門職共同体の質、そして専門職共同体をサポートする地域共同体や保護者、外部機関の存在という要素であった。

まず、校長は学校のリーダーとしてはっきりとしたビジョンを持っている必要がある。そして同僚たちが知性の質に関心を持ち、より質の高い真正の授業を追究していけるように知的・物質的・精神的サポートのできる存在である必要がある。場合によっては同僚を行政機関から守り、そして行政機関をうまく利用できるだけの存在である必要がある。こうすることで、同僚の教職員たちは、自然とその校長についていこうと考えるような存在となる必要がある。専門職共同体は、教科別の単位で教師をグルーピングするよりも、さまざまな教科担当の先生を集めた学年別のチームや全教職員が参加できる運営委員会を設計するなど、学校の意思決定のシステムの見直しが鍵となる。外部機関や保護者、地域住民の学校の意思決定の参加は、教師と彼らがビジョンを共有でき、そして彼らが教師たちの専門性をある程度信用しておく必要がある。

ここから教育支援人材の育成として得られる示唆として、筆者は次の点をあげておきたい。第一に、学校運営者として、校長や管理職のガバナンス能力を向上させていく必要がある。校長は学校で働く教職員のことがよくわかっている人でなくてはならないだろう。その点、民間企業の人間をいたずらに採用することは、現場の混乱を招くだけになるかもしれない。しかし教師とは異なる管理能力や監督能力、そして人材育成能力が求められることを考えると、校長や管理職にはしっかりと特別プログラムを受講させるなどの対策が必要であろう。

第二に、専門職共同体の存在の重要性について、教員養成課程などでしっかりとデータをふまえて学生たちに伝えておくことが重要だということである。ただ共同体が存在するというだけでは意味がない。もし共同体が傷のなめ合いをするだけの存在でとどまるのであれば、そのことが教師たちの成長を抑制してしまう危険性もある。知性の質に関心を持ち、その向上を図っていくという学校のミッションを共有していくことが条件となる。

第三に、外部機関や保護者、地域住民の存在は、学校改革の成否に大きな影響を与えることは間違いがないのだが、彼らからのサポートは、彼らが学校教師の仕事や学校のビジョンについて多少の理解がなければ、彼らの学校の意思決定への参画は、学校改革にネガティブな効果しかもたらさないかもしれないということである。教員免許を持った人々を、学校と地域共同体や保護者とのパイプ役として人材活用していくなどの試みが、今後必要になると思われる。

第2章　学校教員の職能意識と教育支援
── 学校教員調査 ──

鈴木秀人

1. はじめに

　ここでは、2015年に北海道（札幌市・富良野市）および大阪府（豊中市・大阪狭山市）の21名の小学校教員を対象に行われた聞き取り調査の結果[1]をもとに、学校教員と学校外の人材によるさまざまな教育支援との関係が、現在どのような状況にあるのかを明らかにする。

　結論を先に述べてしまうと、現在の小学校教員と学校の外側にあって教育を支援する人材との関係はそれほど強いものではなく、またその連携の制度化も十分に進んではいない。支援を必要とするような局面において、学校教員がまず頼りにしているのは依然として同僚の教師であり、例えそれが自分の勤務する学校の外に求められたとしても、やはり頼るのは学校の教師なのである。

　かかる状況は、B教諭（北海道・17年め）との次のようなやりとりに象徴される。「何か相談することがあれば、研究会の仲間だとか校内の先生方とかあると思うんですけれど、校外で相談する人というのはありますか」という質問に対し、B教諭はまず「先生の中で？」と問い返す。質問者は、「いや、先生に限らず地域の人でもいいし、たとえば特別なケアの必要なお子さんがいると思うんですけれども、そういった場合に校外の専門家と連携したりとかは実際にありますか」と問い直したものの、B教諭はすぐに、「やっぱり先生がメインですね」と答えているからである。

---

1) 大澤克美代表（2015）「小学校における社会科・理科・体育科の学習指導に関する調査研究報告書」東京学芸大学

第 2 章　学校教員の職能意識と教育支援

　本章はこういった現状をふまえたうえで、未だ活発とは言い難い学校教員と学校外からの教育支援との関係の実像を、聞き取り調査における教員の語りから描き出しつつ、今後それをよりよいものへ発展させていくために何が必要なのかについても考えてみる。

2. 教育支援の現状

　聞き取り調査の結果を概観すると、活発ではないながらも現在行われている教育支援の現状は、大きく3つの内容に分けて見ることができそうである。
　第一に、日々の授業を手伝ってくれるさまざまな人々による支援である。教科としては、算数、生活科、社会科、そして体育についての語りが多く、教科ではないものの外国語活動への言及も多い。算数では授業に TT として入ってくれるボランティアが、生活科や社会科ではある職業や地域について詳しい人材の活用が、また、体育では特定の種目の専門家による指導などがその典型であり、外国語については ALT ということになる。第二に、教科外の学校行事などにおけるボランティアに代表される多様な支援である。そこには当然のことながら、主要な担い手としての保護者が含まれている。第三に、近年どこの学校でも顕在化している特別なケアを必要とする子どもへの対応をめぐるスクールカウンセラーなどの専門家による支援である。LD や ADHD への対応は教職の経験年数が短い若手教員はもちろんのこと、経験年数が 20 年を超えるようなベテラン教員の語りの中でもその難しさが同様に語られるとともに、それを支援してくれる専門家の必要性や重要性が繰り返し語られていた。
　それでは次に、この3つの教育支援それぞれについて、学校教員がどのようにとらえているのかをフォローしてみたい。

3. 学校教員による教育支援のとらえ方

(1) 教科の授業

　まず、算数について見てみよう。K 教諭（北海道・8 年め）が勤務する学校では低学年の算数の授業で学級に 1 人ずつ、TT としての支援員が入るという。その多くは、教員免許を持っている主婦が多いということであった。

V　教育支援をめぐる調査と研究

　実際にそういった支援を受けた際の感想を問われるとK教諭は、「僕としてはとてもありがたいなと思いますね」と語る。「どういう面で、ですか」と質問者が問うと、「一斉指導で、やっぱり学習が苦手な子ですとか、落ち着けないですとか、そういう子に対して、マンツーマンでついてくれたりするので、一斉指導してできないから、そのあとに個別に指導に回るというふうに今までやっていたんですけど、タイムラグもあるので、一斉指導している中でその人が横にいて、『今、先生こうやっていってるよ』と通訳さんみたいにしてくださったりとか」と、具体的にその効用を説明した。これは授業の中身に関わるものではなく、1クラス30人を超えるような子どもたちを1人で教えている教員が、子どもそれぞれへの個別の対応がどうしても十分にできないという問題を部分的に解消するTTの有効性を述べているものである。よって、こういったとらえ方は算数だけでなく、他教科の授業においても当然語られている。
　たとえばT教諭（大阪・11年め）は、図工の授業に学生ボランティアが入った時の経験を次のように語っている。「……図工なんかの時が。一番手が足りない時に手伝ってくださって、すごくありがたいんですけれども。その時に、根の描き方、細かくこういう（ところを）見なさいよという指示が全部通らない時に、個別にちょっと見ていただけたりとか、すごく助かります」というのである。
　このようなとらえ方を、ベテランのR教諭（大阪・36年目）の言葉を借りてまとめるならば、「やっぱり日本の学校のシステムが1つのクラスに担任が1人。まあ、少人数とかいうのも入ってきましたけれども。一番のネックはやっぱり、40何人を1人の担任で見ていくというのは、これはちょっと完璧に個別の指導なんかはとてもできない状況やと思うので。やっぱりそういう支援はあった方が、子どもたちにとってもいいのではないかなと思いますね」ということになる。同じことをQ教諭（大阪・8年め）は、「人手としては助かるというのが生の声と違いますかね、教員としては。人手としては助かる。大変な子が一杯いる中で授業についてもらって、『ここを写すんやで』『これってこういうことなんやで』ってそばでいってもらうというのは子どものためにもなるし、担任も見なならんってわかっているけど手の届かんところを見てもらえるので、そういった意味では指導の一端を担っているといえる」とより率直に語っている。
　一方、生活科、社会科、体育科の授業における教育支援のとらえ方はこれとは少々異なるといえそうである。それぞれの教科における語りを見てみよう。

A教諭（北海道・3年め）は、2年生の生活科について次のように語っている。「よかったなって思うことだらけです。もう本当に。やっぱり学校の中でこういうお店があるよって勉強するだけよりも、実際にそのお店の人と関わってふれあって。お寿司屋さんに行ったんですけど、実際に大きなカレイを見せてくれて、『オーッ！』て、みんな『すごーい！』って。裏側まで見せてくれて、普段お客さんじゃ行けないところを見せてもらったりしたら、働いている方の努力とか工夫とかも、子どもたちなりに文章にしていたりして。全然違いますよね、協力してくださると。よかったと思います」。

　社会科については、G教諭（北海道・23年め）が語っている。「これから実はまた6年生でやるんですけれども、地域にいらっしゃる方とか、郷土資料館がこの学校の近くにあるものですからそこの職員の方とか、いわゆる古老の方ですよね、昔からこの地域に住んでいらっしゃる方とかのお話を伺ったりとか。そういう方に来ていただいて、授業でお話をしていただいたりというようなことはしておりますし、これからも実はする予定なんです」。

　かかる取組がなぜ有効なのかについては、まだ教職経験が浅いE教諭（北海道・3年め）もすでに次のように明確に把握している。「何ていうか、子どもたちって人の体験の話にすごい耳を傾けるんですよね。なのでたとえば、まだ3年生だから戦争（についての学習）とかはないけど、実際に体験した人が話す機会みたいなのがあったら、きっと子どもたちはより心を動かされるのかなと」。同じく若手のM教諭（大阪・6年め）も、「すごい勉強になりますね。こっちが『こんなんしたいな』って思うことのその道のプロみたいな方が来てくださったら、やっぱり自分らが説明するより説得力がありますし、実際やっている様子とか見たら子どもらもすごいイメージがつきますし、映像で見せるよりも」と語る。

　また体育科については、S教諭（大阪・10年め）の語りがある。「実際に体育なんかは……そういったプロの人に来てもらってやってもらったり。うちはフラッグフットボールを結構やっているので、フラッグフットボールは実際、大学生の方に応援に来ていただいて授業をずっと進めている学年とかがあるんですよ。だからその時に、その分野に特化してやられている方は、やっぱりわれわれよりも一杯知識もあるし教え方もうまいし、そこで子どもたちはぐっと伸びる瞬間があるので、できるだけそういった人材というかあれば私はどんどん活用していきたいなと思っています……」。

生活科、社会科、体育科についてのこれらの語りから明らかなように、ここでの教師の教育支援のとらえ方は、教師が持っていない知識や経験を伝えてくれるゲストティーチャーという意味で、先に見た算数や図工とは明らかに異なり、授業の中身と関わる次元のものと理解される。このように、教科の授業における教育支援も、教員の立場からは質的に異なってとらえられているといえよう。

(2) 教科外の学校行事等

これには、特定の教科ではないものの基本的には授業という枠組みの中で行われる出前授業のようなものと、親子学習のような行事に大別できる。

O教諭（大阪・20年め）は出前授業について以下のように語る。「それはお金があるんだったらどんどん来てやってもらった方が。結局30人、大体30人じゃないですか、クラスね。（先生が）1人で興味を持たせるといっても限界はある。だからいろんな人が入ってきて、どの話を縁にして興味を持つかわらへんからね、子どもは。過去にも、出前授業とか休日参観とかに、お父さんとかの仕事の話を学校全体で取り組んだことがありましたね。お医者さんとか、鉄道関係とか、銀行の人とか。募集をかけて十何人ぐらい。子どもらはそこに分かれて。おもしろかったですよ。お医者さんが脳みそを持ってきてくれたりとか、本物の。……それこそ実物ですわ。僕らが教えられないこと、別に学校で教えんでいいこと、結構子どもが興味を持っているような。そういう経験が体験できるのは、ちょっと違った人に入ってもらうのが有効的かなと」。

このとらえ方は、先に教科の授業に関わる教育支援のところで確認された生活科、社会科、体育科のゲストティーチャーと基本的には同じである。ただそれが、「学校で教えんでいいこと」までが含まれるものであるということだ。親子学習の例としては、「親子バレー」などがあげられていたが、これは教育支援というよりも、従来からあるレクリエーション行事の範疇に入るものと考えられたのでここでは特に取り上げない。

(3) 特別なケアを必要とする子どもへの対応

聞き取り調査の対象となった21人の教員の半数が語った教育支援は、特別なケアを必要とする子どもへの対応に苦慮する教員を助ける、専門家としてのスクールカウンセラーの存在である。

第 2 章　学校教員の職能意識と教育支援

　若手の A 教諭（北海道・3 年め）は次のようにその存在について語る。「グレーゾーンな子が、障害があるのかないのかという子がスクールカウンセラーの方に絵を見てもらって判断してもらったり、お母さんと面談して『そのケースは ADHD ですね』といってもらったり。（学校の）先生からいわれると、『うちの子を偏見的に見ているんですか』っていう保護者もいらっしゃるようで」「だからスクールカウンセラーの方みたいに専門の方がいらっしゃることは、すごく助かります」。
　ここには、子どもと向き合う教育の専門家でありながら、複雑化する現在の子どもの状況に対応できない専門家の苦悩が見え隠れする。ベテランの G 教諭（北海道・23 年め）も、その存在のありがたさを次のように語っている。「昨年はちょっとそういうお子さんを担任した関係もあったので、スクールカウンセラーの先生と僕と 2 人でお話をしたり、今までの経過とかそのお子さんの成長してきた部分を確かめ合ったりとか。逆に、今後の接し方とか、子どもが成長してきたので次の段階ではこうしましょうというような相談をしたり、アドバイスを受けたりということは定期的にいただいたりしていましたね」「……僕自身にとっては非常にありがたかったですし、自分自身がやっていることがどうなのかなって疑問に思ったり、悩んだり迷ったりしているところで、専門の方のアドバイスであるとか、自分のやっていることに対する評価というか、そういうのを受けることは自信にもつながりますし、次の道筋がはっきりするので非常に僕としてはありがたかったですね」。
　だが同時に、このように特別なケアを必要とする子どもへの対応は現在の学校教員にとって重要な教育支援ととらえられているにも関わらず、その連携は十分に制度化されていないという現状を学校教員の語りは明らかにしている。
　たとえば、若手の I 教諭（北海道・6 年め）は、「（スクールカウンセラーが来るのは）不定期……。毎日いらっしゃるわけではないので」と語っているし、ADHD の子を担任している C 教諭（北海道・10 年め）は、「その子の保護者だけでなくデイサービスの方と連絡をとって……」いるものの、それは学校全体での取組ではなくて「個人」でやっていることだというのである。また、ベテランの D 教諭でさえ、「（スクールカウンセラーや相談員など）そういう方、あとは僕も組織的なものは詳しくはわからないですけれど、学校に補助的なサポートをする意味で来られている先生というか……」「その子だけに接するわけではない

205

ですけれど、システム的な部分を自分はまだ覚えていない部分があるんですけれども、毎週毎週来られて、午前中だけいらっしゃっているという形」というように、その連携の全体像が把握できていないのである。

4. おわりに

　長い間、学校教員の世界は閉鎖的であるといわれてきた。それは裏返せば、学校教員の職能意識の高さが外部の人材の関わりを拒んできたといえるかもしれない。これまでに見てきた教育支援でいえば、ゲストティーチャーは以前から見られた形態であるが、それは授業を行う専門家としての教員の立場は明確に保持しつつ、それを補う意味で特定の領域の専門家を一時的に招くという形であるがゆえ、教員の職能意識との衝突が避けられたからではないだろうか。

　しかし、学校教員が向き合う子どもたちの状況は複雑化している。これまでに見てきたように、スクールカウンセラーなどの専門家による支援の必要性を学校教員自らが声を大にして語れるようになっているのは、社会全体のかかる問題への理解が進んできたことと無関係ではあるまい。

　紙幅の関係上、詳しくは論じられなかったが、外国語活動についても何人かが語っている。ベテランのR教諭（大阪・36年め）は率直に、「（必要性のある教育支援人材について）一番感じているのは外国語です。英語ですね。もうこれはとても僕たちは……」「……もう英語の指導だけは、どうしてもやっぱり僕たちの年代からすると、絶対に外部のそういう人に手伝ってもらわないと無理だなというふうに思っています」と語るのである。

　学校教員は、こういったさまざまな環境の変化の中で、ようやく学校の外側からの支援を求める声を上げられるようになりつつあるのかもしれない。だが、その制度化は本稿でも明らかになったように未成熟であるし、何よりもそこには、学校教員の主体的な関わりが求められるはずである。体育では、教える種目の専門家が学校にやって来てその時間は外部指導者に丸投げという教員の姿を見ることもある。本書におけるとらえ方で言えば、ここで教員に語られた教育支援は「協働」であるものであろうが、現実はそれとはまだ距離があるようである。

第3章 教育支援人材の現状
—— 教育委員会調査の分析より ——

腰越 滋

1. はじめに

本章の目的は、平成26年度の秋口から年度末にかけて、全国の市区町村の教育委員会に向けて実施した「教育支援人材に関する実態調査[1]」の再分析結果を題材とし、その一部を紹介しながら、わが国における教育支援人材のありようの現状の一端を素描することにある。加えて、教育支援人材が広く社会に浸透するための方途に関して、若干の提言を行うことにある。以下、調査の概要と結果の概要を紹介するところから始める。

2. 調査の概要

(1) 調査の目的

本調査は、これから将来において進展するであろうと予測される「チームで教育を行う」学校教育を考えるため、各市区町村における「教育支援人材」の配置や活動の実態について把握・分析を行うことを目的に企図され、実施された。

理科、特別支援、英語科、体育科などの**教育支援員**や、生徒指導や多面的な支援を担うスクールカウンセラー、スクールアドバイザー、スクールソーシャルワーカーなどの**専門職的教育支援者**と、学校支援、行事支援、環境整備・安全確保支援など、地域参画を基本とした**ボランタリーな教育支援者**が、学校教育にお

---

[1] 詳細は、松田代表・東京学芸大学教育支援人材に関する実態調査研究チーム編（2015）を参照のこと。

いて先生方と協働する教育体制が、現在では散見される。これら三者（教育支援員、専門的教育支援者、ボランタリーな教育支援者）のうち、特に教育支援員とボランタリーな教育支援者に重点を置いて、日本の教育界への浸透度などの実態を詳らかにすることが企図された。

(2) 調査対象・時期・方法、回収状況

調査対象：全国の市区町村教育委員会の生涯学習・学習支援担当者　計1,727名／調査時期：平成26年2月～3月／調査方法：郵送法／回収票：895（回収率51.8％）

(3) 調査の内容

本調査は以下の2つの部分にわたり、それぞれ複数の質問項目部分から構成されている。

①「教育支援員[2]」の項目部分の内容：配置状況、業務内容、採用状況、採用・配置プロセス、予算、活動方針、自由記述、の各項目。

②「学校支援ボランティア[3]」の項目部分の内容：配置状況、活動内容、受け入れ状況、受け入れ・配置プロセス、予算、活動方針、コーディネーターの必要性に対する意識、自由記述、の各項目。

質問内容は、①②でほぼ相同であるが、②では①で尋ねた質問項目に加えて「コーディネーターの必要性に対する意識」に関する項目が、付加されている。

3. 結果の概要

(1) 配置状況[4]

「教育支援員」を配置している市区町村は、744（全体の88.2％）、「学校支援

---

[2] 本調査および本稿における「教育支援員」は、ひとまず「教員の業務および子どもの学習活動を支援することにより、教育委員会または配置される各学校と雇用関係にあり報酬を得ている者」と定義することとする。

[3] 本調査および本稿における「学校支援ボランティア」は、「教員の業務および子どもの学習活動の支援または学校環境の整備等をボランティア活動として行っている者」と、ひとまず定義する。

ボランティア」を配置している市区町村は、655（全体の77.6％）である。また両方とも配置している市区町村は、555（全体の62％）であり、両方とも配置していない市区町村は、51（全体の5.7％）であった。

（2）支援・活動内容[5]

　ここでは調査からわかった「教育支援員」の支援内容、「学校支援ボランティア」の活動内容の概略を、それぞれ紹介する。「選択肢」は共通で、以下の6通りで構成されている。
・すべての学校で実施…すべての学校で実施している場合
・ほとんどの学校で実施…該当校が全校数の8割を超えるがすべてではない場合
・ある程度の学校で実施…該当校が全校数の2割から8割程度の場合
・あまりない…該当校が全校数の2割に達しない場合
・全くない…該当校がない場合
・把握していない…教育委員会では把握していない場合

　まず小学校「教育支援員」の支援内容から説明する。「すべての学校で実施」の比率が高い項目上位5位までを順にあげると、⑫「特別支援や配慮を要する子どもの指導場面」＞①「各教科の授業における指導場面」＞④「HR、清掃、給食等の指導場面」＞⑤「運動会、遠足、宿泊などの指導場面」＞②「総合学習の時間での指導場面」、となっている。これらは、**学級担任1人ではクラスの児童全員を十分にフォローしきれない場面などで、教育支援員が起用される傾向にあることを示している**といえよう。

　逆に「まったくない」の比率が高い項目は、⑬「成績処理・要録作成等の教務事務の作業場面」＞⑯「地域が長期休業中に主催する教育活動場面（サマースクールetc.）」＞⑰「地域が主催する教育活動場面（放課後子ども教室etc.）」＞⑧「進

4）配置の他、性別、年齢、主な属性などは報告書（松田代表　同書, pp. 6-9）を参照のこと。
5）支援・活動内容の他、（3）採用・受け入れ、配置プロセス［①公募・募集時に使用している媒体（複数回答可）／②選考方法／③採用・受け入れ時の条件の設定／④配置プロセス、選考・採用の決定権の所有］、（4）報酬・謝金等の平均金額、（5）活動方針の策定、（6）コーディネーターなどの配置状況と必要性［「学校支援ボランティア」のみ調査／①配置状況／②コーディネーターの必要性］など、調査内容は多岐にわたっているが、報告書（同書、pp. 13-37）を参照されたい。

Ⅴ　教育支援をめぐる調査と研究

路指導の場面」＞⑭「保護者への知らせや学級通信等の広報物作成の指導場面」、となる。これらは、そもそも小学校ではあまりない業務（⑧）か、教育支援員には任せるわけにはいかない担任教諭が行うべき業務（⑬⑭）などが含まれており、ある程度首肯できる内容となる。

　続いて中学校「教育支援員」の支援内容であるが、「すべての学校で実施」の比率が高い項目上位は、4位までは小学校と相同で、5位のみが⑥「生活指導や生徒指導の場面」となり、小学校と異なっている。中学校になると、生徒の荒れの問題が現出し、担任教諭だけでは手に負えなくなるケースなどが想起され、そういう時に「教育支援員」のニーズが生ずると考えられる。

　今度は、「学習支援ボランティア」の活動内容を紹介する。本調査では、「学校支援ボランティア」を下記の4つに分類し、活動の実施状況を尋ねている。
①学習アシスタント：児童生徒の学習を効率よく進めるために、教師の指導の手
　　　　　　　　　　助けをする。
②ゲストティーチャー：児童生徒の学習の理解を深めるために、直接、学習指導
　　　　　　　　　　　を行う。
③環境サポーター：児童生徒にとって安全で快適な学習環境を整備する。
④施設メンテナー：専門性を発揮しながら、学校施設の維持管理を支援する。

　小学校「学校支援ボランティア」の活動では、「環境サポーター」や「ゲストティーチャー」を実施している学校が多く、「施設メンテナー」や「学習アシスタント」は相対的に実施されない傾向にある。この傾向は、中学校「学校支援ボランティア」の活動においても同様である。

　これらの結果からは、「学校支援ボランティア」が無給であること、「教育支援員」と「学校支援ボランティア」の棲み分けが見られることなどが想起される。というのは、施設のメンテナンスは有給の用務員を雇用することになるだろうし、学習アシスタントは学習支援員の守備範囲になるからである。やはり**ボランティアという性格上、（環境）サポーターやゲスト（ティーチャー）というレベルでの登用の方が取り入れやすいようである。**

4. 教育支援人材の配置を促進する要因は何か？

(1) コーディネーターの存在について

　まず、「Ⅳ.学校支援ボランティア」の調査項目中で尋ねられる「Ⅳ.Q14.教育支援員／学校支援ボランティアコーディネーター職の必要性」と、「学校支援ボランティア（Ⅳ.Q13）推進方針の策定状況」との関連について、クロス集計分析[6]してみると［$***p<.001, \chi^2(3, n=633)=37.618$］、コーディネーター職の「必要性を感じていない」傾向にある教育委員会では、当然のことながら「策定検討に入っていない」。ここからは、**学校支援ボランティアに関しては、コーディネーター職配置の必要性などの意識をどれだけ持っているかが推進を規定する**、とも解せる。

　続いて、「Ⅳ.Q14.教育支援員／学校支援ボランティアコーディネーター職の必要性（2択）」と、「Ⅳ.Q5.学校支援ボランティアの属性」をクロス集計した[7]［$*p<.05, \chi^2(5, n=630)=14.381$］。すると、地域住民が学校支援ボランティアとして参画している市区町村では、教育委員会の方も学校支援コーディネーター職を配置する必要性を感じているようで、幾分かの意識の高さがうかがわれた。

(2) 教育支援員・学校支援ボランティアの員数に影響を与える要因
①小学校・教育支援員数に関しての重回帰・パス解析

　ここでは、限られた調査項目から「教育支援人材」の増員に影響する条件を探索した。試行錯誤の末、Ⅲ_Q2.の小・中ごとの教育支援員数に注目し、ステップワイズ法による重回帰分析を適用することにした。得られた結果の概要を順に示す。

　図表Ⅴ-3-1から、小学校の教育支援員の人数には、極めて弱い係数ながら「図書室の指導や業務」＞「教育支援員についての推進の方針・計画の策定度合い」＞「教科の授業の指導場面」の順で、有意な正の影響があることがわかる。つまりこ

---

6) 結果を読みやすくするために、Ⅳ.Q14を4択から2択に換え、4×2のクロス表を作成した。詳細は報告書（同書、p.38）に記載。
7) 紙幅の都合上、クロス表は割愛。詳細は報告書（同書、pp.38-39）を参照のこと。

図表V-3-1 「小学校・教育支援員数（Ⅲ_Q2e）」を目的変数 y とする重回帰分析

説明変数		偏回帰係数 B	偏回帰係数標準誤差 SE B	標準偏回帰係数 β	
Ⅲ_q1.⑦小学校	図書室の指導や業務の場面	4.49	0.63	**0.30**	***
Ⅲ_q1.⑮小学校	登下校・授業中の安全確保場面	−1.40	0.66	**−0.10**	*
Ⅲ_q1.⑰小学校	地域が主催する教育活動場面（放課後子ども教室 etc.)	0.71	1.20	0.03	
Ⅲ_q1.⑯小学校	地域が長期休業中に主催する教育活動場面（サマースクール etc.)	−1.00	1.09	−0.04	
Ⅲ_Q12r.	教育支援員に関する推進の方針・計画の策定は？	3.26	0.76	**0.17**	***
Ⅲ_q1.①小学校	各教科の授業における指導場面	2.42	0.82	**0.15**	**
Ⅲ_q1.⑤小学校	運動会、遠足、宿泊などの指導場面	−2.34	0.78	**−0.16**	**
	R^2	0.15	***		

従属（基準）変数　「Ⅲ_Q2e. 所管小学校の中での教育支援員数」
***　$p<.001$　　**　$p<.01$　　*　$p<.05$

れらの 3 項目は、**教育支援員数増加のための十分条件と見なすことが可能**である。

　反対に、「運動会、遠足、宿泊などの指導（−0.16）」や「登下校・授業中の安全確保（−0.10）」は、教育支援員数には弱いながらも有意な負の影響を与えている。こうした業務内容は、教育支援員が担ってはいないことが多いと、読み取ることができるだろう。

　加えて、図表Ⅴ-3-1 をパス解析図で表現してみたのが、図表Ⅴ-3-2 となる。図表Ⅴ-3-2 は、CFI＝1.00＞0.95、$p=0.699$ を示し、モデル適合度は極めて良好な値を示す。ただ、図表Ⅴ-3-2 では有意なパス（単矢印）、共分散（両矢印）しか残していないこと、欠損値込みの全件データ（895 票）でのモデリングということもあり、図表Ⅴ-3-1 と図表Ⅴ-3-2 のパス係数値およびその全体構造は、必然的に異なる。さらに、図表Ⅴ-3-1 で有意だったパス（「登下校・授業中の安全確保」→y）が、図表Ⅴ-3-2 では非有意になっていたり、逆に図表Ⅴ-3-1 で非有意だったパス 2 つ（「地域が主催する教育活動」→y、「地域が長期休業中に主催する教育活動」→y）が、図表Ⅴ-3-2 では有意になっていたりする点にも、留意が必要である。

　そこで、ひとまずここでは、図表Ⅴ-3-1 と図表Ⅴ-3-2 とで共通に有意なパスを、得られる暫定的な知見としておく。すなわち**小学校の教育支援員数には、「図書室の指導や業務」＞「教育支援員についての推進の方針・計画の策定度合い」＞**

「教科の授業の指導場面」の順で、有意な正の影響があり、反対に「運動会、遠足、宿泊などの指導」は負の影響を有意に与えている、と。

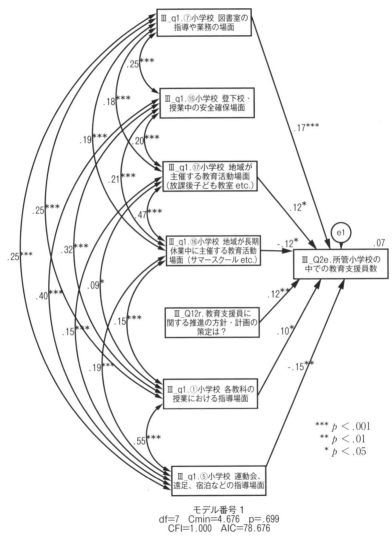

図表Ⅴ-3-2 「小学校・教育支援員数（Ⅲ_Q2e）」が目的変数のパス解析結果

②中学校・教育支援員数に関しての重回帰・パス解析

今度は中学校・教育支援員についてである。要領は、先の小学校・教育支援員数の場合と同様なので、結果のみ示す。

図表V-3-3より、中学校・教育支援員の人数には、極めて弱い係数ながら「課外活動、部活の指導場面」>「図書室の指導や業務の場面」>「生活指導や生徒指導の場面」の順で、有意な正の影響が認められる。逆に「登下校・授業中の安全確保」、「進路指導の場面」は、弱いながらも有意な負の影響を与えている。これら2つの業務は、少なくとも教育支援員が関与することが少ない、ということであろう。小学校・教育支援員の結果と比較してみると、中学校では課外活動や部活動、生徒の生活指導などに、教育支援員が関わる様子が垣間見える。多感な思春期・前期青年期にいる生徒たちを、教師が指導にあたるだけでは対応しきれないことの現れとも理解できるのではないだろうか。

さらに、図表V-3-3をパス図に描いた結果が図表V-3-4である。適合度は、CFI＝0.990＞0.95、p＝0.042を示し、良好な値ではある。パスや共分散は有意なものだけを残したが、ここからは「図書室の指導や業務の場面」と「課外活動、部活の指導場面」のみが、有意な正の影響を「中学校・教育支援員数 (y)」に及ぼしていることがわかる。図表V-3-3と図表V-3-4の共通点としては、「図書室の指導や業務の場面」と「課外活動、部活の指導場面」のみが、有意な正の影響を与えているということのみとなる。まとめると、中学校・教育支援員は、**図書館業務や部活などの課外活動には関わる機会を得て増員されることが比較的あっ**

図表V-3-3　「中学校・教育支援員数（Ⅲ_Q2j）」を目的変数 y とする重回帰分析

説明変数		偏回帰係数 B	偏回帰係数 標準誤差 SE B	標準偏回帰係数 β	
Ⅲ_q1.⑦中学校	図書室の指導や業務の場面	1.774	.604	.140	**
Ⅲ_q1.⑨中学校	課外活動、部活の指導場面	2.988	.787	.183	***
Ⅲ_q1.⑮中学校	登下校・授業中の安全確保場面	−1.573	.598	−.128	**
Ⅲ_q1.⑥中学校	生活指導や生徒指導の場面	1.625	.627	.134	**
Ⅲ_q1.⑧中学校	進路指導の場面	−1.908	.960	−.093	*
Ⅲ_Q12r.	教育支援員に関する推進の方針・計画の策定は？	1.087	.668	.070	n.s.
	R^2	0.09	***		

従属（基準）変数　「Ⅲ_Q2j. 所管中学校の中での教育支援員数」
***　$p<.001$　　**　$p<.01$　　*　$p<.05$

ても、他の業務や活動の補助指導者としての増員は行われにくい、ということがうかがわれよう。

③小学校・学校支援ボランティアに関しての重回帰・パス解析

前項までと同じ要領で、重回帰とパス解析を援用し、「小学校の学校支援ボランティア数（Ⅳ_Q2e.）」に影響を与える変数を探った。

結果は、図表Ⅴ-3-5、図表Ⅴ-3-6に示されるとおりである。ただし図表Ⅴ-3-5では、デフォルト条件での実行では決定係数値 R^2 が低すぎるため、外れ値除去の処理をしたうえで重回帰分析を実行したが、それでも決定係数値が0.1

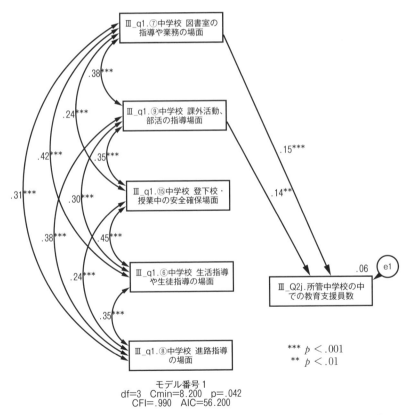

図表Ⅴ-3-4 「中学校・教育支援員数（Ⅲ_Q2j）」を目的変数とするパス解析結果

V 教育支援をめぐる調査と研究

図表V-3-5 「小学校・学校支援ボランティア数（Ⅳ_Q2e）」を目的変数yとする重回帰分析

説明変数		偏回帰係数 B	偏回帰係数標準誤差 SE B	標準偏回帰係数 β	
Ⅳ_Q1.④小学校	施設メンテナーの存在	117.387	45.796	**.161**	*
Ⅳ_Q1.①小学校	学習アシスタントの存在	101.449	47.081	**.132**	*
Ⅳ_Q13r.	学校支援ボランティアに関する推進の方針・計画の策定は？	94.140	49.914	**.112**	n.s.
Ⅳ_Q6r.	学校と学校支援ボランティア間、学校支援ボランティア同士の連絡調整を行うコーディネーター人材の有無	72.017	47.035	**.094**	n.s.
	R^2	0.094		***	

従属（基準）変数 「Ⅳ_Q2e.所管小学校の中での学校支援ボランティア数」
* $p<.05$　　n.s.：$p>.05$

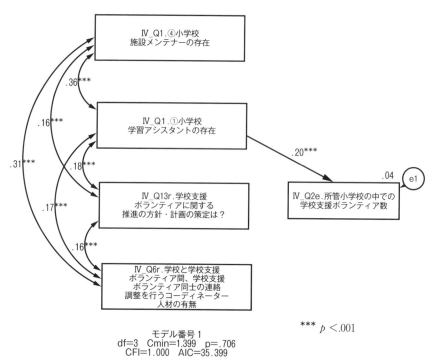

図表V-3-6 「小学校・学校支援ボランティア数（Ⅳ_Q2e）」を目的変数とするパス解析結果

に満たず（$R^2 = 0.094$）、有意となった説明変数も上記2つのみとなった。また有意なパスと共分散のみを残した図表V-3-6のパス解析でも、モデルは棄却されず（$p = .706 > .05$）、適合度も良好（CFI = 1.00）なものの、小学校・学校支援ボランティア数（y）に有意なパスが伸びるのは、「Ⅳ_Q1.①小学校　学習アシスタントの存在」のみとなった。

　以上をまとめると、「小学校・学校支援ボランティア数」には、「学習アシスタント業務」が有意に影響を及ぼしている、ということだけは少なくとも指摘できる。

④中学校・学校支援ボランティアに関しての重回帰・パス解析

　最後に、「中学校・学校支援ボランティア（Ⅳ_Q2j.）」についてである。

　ここでも前項と同様の要領で重回帰・パス解析を行ったが、好適な結果が得られなかったため、説明変数に他の問いなども加えて試行錯誤し、図表V-3-7に示されるように弱い係数ながら「学習アシスタントの存在（Ⅳ_Q1.①）」と「コーディネーター存在の有無（Ⅳ_Q6r.）」[8]が、「中学校の学校支援ボランティア数

図表V-3-7　「中学校・学校支援ボランティア数（Ⅳ_Q2j）」を目的変数yとする重回帰分析

	偏回帰係数 B	偏回帰係数標準誤差 SE B	標準偏回帰係数 β	
（定数）	−35.329	28.672		
Ⅳ_Q1.①中学校　学習アシスタントの存在	21.934	6.449	.210	**
Ⅳ_Q6r. 学校と学校支援ボランティア間、学校支援ボランティア同士の連絡調整を行うコーディネーター人材の有無	22.236	6.581	.209	**
R^2	0.095	***		

a.　従属変数　Ⅳ_Q2j. 所管中学校の中での学校支援ボランティア数
**　$p < .01$

8）説明変数に加えた、「学校と学校支援ボランティア間、学校支援ボランティア同士の連絡調整を行うコーディネーター人材の有無（Ⅳ_Q6r.）」についてであるが、この変数は名義尺度であって、スケール（間隔尺度）と見るには無理がある。しかし、学校と学校支援ボランティアの間や、学校支援ボランティア間の連絡調整役の人材としてのコーディネーターやリーダーが「いない」よりも「いた」方が、「学校支援ボランティア数」にプラスに影響することは明らかである。また、その担い手が誰であるかが重要で、学校支援ボランティア自身＞社会教育関係者＞一般教員＞管理職教員＞不在、の順に逆転項目化することで、擬似的にスケール扱いしたうえで、係数の読み取りを行うことにした。

V 教育支援をめぐる調査と研究

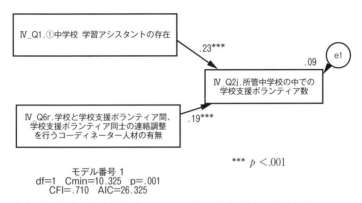

図表V-3-8 「中学校・学校支援ボランティア数（Ⅳ_Q2j）」を目的変数とするパス解析

（Ⅳ_Q2j.）」に有意に影響を与えていることをつかんだ。

さらにパス解析結果については、良好モデルは得られないため、図表V-3-7をそのままパス図に描き、適合度の関係から（CFI＝0.710　p＝.001）、あえて共分散を設定しない図表V-3-8を採択した。

5. おわりに

本章で紹介した調査は、各市区町村教育委員会職員という行政職員を対象にしたものであるにも拘わらず、教育支援人材に関する理解の分散が、未だ大きいものであるように思われた。たとえば、「①教育支援員」、「②専門職的教育支援者」、「③ボランタリーな教育支援者」がいて、それらを包摂する概念として、（各市区町村における）教育支援人材なるものを同定するとすれば、このような枠組みの共有化がまずは概念整理上、必要となる。そして、行政（教育委員会など）の枠を超え、教育支援員、学校支援ボランティアの存在を市井（地域社会など）の人々に周知していくことが、同時に求められる。

本章で得られた主たる知見（findings）は、図表V-3-2・4・6・8に示されたものであり、一定の制約内のものにすぎない。だが、教育支援員にせよ、学校支援ボランティアにせよ、その人数に寄与する支援活動内容は、意外と限定されたものであることに、改めて気づかされる。今回の調査の回答者が、教育委員会の

職員ということを考えると、一般には、遠い存在どころか、その存在すら知られていないというのが、教育支援員や学校支援ボランティアなのではなかろうか。

　この厚い壁をどう乗り越えていくのか。予算の問題もさることながら、単なる学校の教諭の補助をするのが教育支援員や学校支援ボランティアである、という誤認識を払拭していくところから始めていくことが必要だろう。おそらくは、日本社会全体が高次の福祉社会にシフトしていくことで、実現可能性が見えてくるように思われる。端的には、自分の子どもが学齢期を過ぎても、学校に何らかの形で市民が協力している社会の構築を実現するのが理想となる。

　本章では言及できなかったが、教育支援員にせよ学校支援ボランティアにせよ、その担い手が40から50代の女性に傾斜していることからくる分析の困難があった。つまりフルタイムの仕事を持っている人ではなく、パート程度の仕事を持つ専業主婦層が、担い手の中心であることが推測されるのである。

　家事労働を賃金換算すると、相当な額になるという俗説を聞くが、教育支援員や学校支援ボランティアは、一定年齢層の元気な専業主婦層にだけ任せておけばよいものなのであろうか。この感覚を社会から払拭していかない限り、専業主婦層が自分の子どもの学齢期間に学校へ協力はしても、卒業してしまえばおしまい、という流れから抜け出すことはできないだろう。

　また有給である教育支援員には、退職校長や教員採用試験を控えた教師予備軍なども一部含まれはするが、退職校長が現職校長よりも大きな存在となり、学校自体が消極的になり、現職校長が学校経営に苦慮するという話なども聞く。これなどは、学校教育は元教師か現職教諭、あるいはこれから教師になる人間が担うものだという頑迷固陋とした考え方から一歩も抜け出せていない典型例だろう。

　教育支援員や学校支援ボランティアを含む教育支援人材は、当然のことながら学校教諭がより伸び伸びと教育実践を行使できるように追い風を吹かせるべき存在の人材なのであり、学校教諭が担わなくてもよい部分を学校と相談しながら把握し、その部分へのフォローアップに入っていくのが理想のはずである。

　現今の経済主導の日本の社会システムにおいて、悠長にボランティアに専心（コミットメント）できる層がどれほどいるのかと考えたら、それは甚だ心許ないといわざるを得ない。そうであるならば、教育の界（champ）を超えて、社会全体に働きかけていくことが早晩必要になるであろう。

　現状は厳しい状況にあることは論を待たないが、高次福祉社会に向けての動き

が出てくることに期待を寄せたい。それはおそらく教育や福祉が最後になるのではなく、経済界などの他の界と同列に扱われることが前提になるだろう。

　10年後、20年後、30年後の学校に、どれほど教育支援人材としての教育支援員や学校支援ボランティアが出入りしているのか。そのことが、日本が高次福祉社会へと舵を切れたかどうかの指標(インディケーター)となるに違いない。

[参考文献、URL]

・松田恵示代表・東京学芸大学教育支援人材に関する実態調査研究チーム編（2015）『「教育支援人材に関する実態調査」報告書』東京学芸大学。
　http://www.u-gakugei.ac.jp/~koshigoe/pdf/20160128.pdf

VI

教育支援を支える大学での「学び」

Ⅵ 教育支援を支える大学での「学び」

第1章 さまざまな職種がチームとして子どもたちを支えるために

佐藤由佳利

1. はじめに —— 学校の抱える困難と、それを支える職種 ——

　ある日の中学校の風景である。相談室に1人の生徒と、その保護者がいる。向かい合うようにして担任、養護教諭、スクールカウンセラー、スクールソーシャルワーカーがいる。
　なかなか学校に来られない生徒の支援のために集まっている。家族は母親と生徒の2人。母親には精神疾患があり、家事ができず、寝てばかりの生活が続き、父親は逃げるような形で荒れ果てた家を出、生徒が小学生の時に離婚となった。
　「ごはんは食べてる？」と担任が聞く。以前、担任が聞いた時にはコンビニ弁当を食べているということだったが、その後母子ともに外出ができなくなったらしい。「学校に来て、給食だけでも食べたらどうかな」と担任が語りかける。生徒はちょっと興味を示す。メニュー表を見せると、「あ、これ好き」と生徒の目が少し、輝く。
　「ごはん、あんまり食べてなくて、体調、悪くないの？」と養護教諭が体調面から心身状態を聞いていく。
　「お母さんも、ごはん、食べてないんですか？」とスクールソーシャルワーカーが母親に聞く。「外に出るのが大変だったら、食事を運んでくれる福祉サービスもありますが」と促す。「おひとりで子育ても大変ですよね。お母さんの兄弟とかで手伝ってくれる人はいないですか」と周囲のサポートについても聞いてみる。
　1時間ほどの面接で、おおよその母子の経済状態を含む生活状況、母親の通院状況や精神状態などが明らかになってきた。
　スクールカウンセラーが、「お母さんの具合が悪かったみたいだね。もしかし

第1章　さまざまな職種がチームとして子どもたちを支えるために

て心配で安心して学校に来られなかったりするのかな」と問いかけると、生徒はうなずき、目に涙をためた。「一緒に給食、相談室で食べようか。1人じゃ食べづらいよね」と、まず居場所づくりを提案する。

その後の話し合いで、母親の通院先の主治医とも連絡を取り、地域の福祉関係者の定期的訪問を検討することとなった。生徒は、他の生徒と会わない時間帯に相談室に来て、養護教諭か、ボランティアの学生と給食をとるところから始めることにした。スクールカウンセラーが来ている日にはカウンセリングも行うことも決められた。もしそれでも学校に来られないようなら、担任とスクールカウンセラーが家庭訪問をすることも視野に入れた。

こうした親子の例は、珍しくなく、どこの学校にでも起こり得る。しかし、このように校内に多職種が集まり、この親子を支援する体制が必ずしもできているとは限らない。こうした体制ができるためには、3つの要素が必要である。

第一に、専門性の高い教員以外の視点を持つ職種が存在すること。スクールカウンセラーが公立の学校に配置されるようになったのは、平成7年のことである。教員以外の職種が学校内に入るというのは、当時としては画期的なことであった。増える不登校、数件続いたいじめ自殺などが、そのきっかけとなった。当初、各都道府県および政令指定都市にそれぞれ3名のスクールカウンセラーが試験的に配置され、純増している。しかしスクールカウンセラーだけで学校の問題は解決されなかった。子どもの貧困や親の精神障害など、社会福祉的視点からの支援が必要なケースが増えている。これをサポートするためにスクールソーシャルワーカーが導入されたのは、平成20年のことである。まだ数は少ないながらも、その役割は重要であり、必要性はますます、増している。

このように現在、担任王国といわれた時代は終わりを告げ、多くの職種が手を携えながら子どもたちをサポートする時代へと移行しつつある。しかし、どれほど優秀な人材や役立つ心理や福祉の専門職がいようとも、それを活用していく校内体制がなければ、連携はうまくいかない。第二に必要なのは、こうした専門職をコーディネートする教員の力量ということになる。

さらに、優秀な専門職と、それをコーディネートする教員がいても、その人材が校内で特別な存在となって浮いてしまっては意味がない。校内体制として、情報共有、相談体制の充実、その報告、ケース会議などが行われ、全体が当事者意識をもって関わる必要がある。これが第三の要素となる。北海道教育大学教育学

Ⅵ　教育支援を支える大学での「学び」

研究科学校臨床心理専攻では、大学院での学びを通して、高い専門性を持ってスクールカウンセラーになれる人材、その専門職をコーディネートできる力を持つ教員、多職種連携が可能になる校内体制を構築できる教員の養成をめざしている。

以下に具体的に、どのようなカリキュラムのもとにこうした力をつけることが達成されていくのかを示す。

2. 大学院学校臨床心理専攻で学ぶ「子どもを取り巻く協働のあり方」

本大学院では、教育学と臨床心理学の両面から学びを深めている。そのため大学院生も、大学を卒業して臨床心理士をめざす人、現職教員で、日々、相対している子どもたちが直面している問題をなんとか解決できないかと学び直しに来た人、看護師や精神保健福祉士、役所の福祉課や児童相談所、養護施設などの職員で、それぞれの対人援助職においてスキルアップしたいと願う人など、いろいろである。学生として集った時点から、多くの職種の協働が始まっているともいえる。

こうした学生たちが在籍していること、こうした学生たちを社会に送り出すことを念頭におきながら、図表Ⅵ-1-1のように授業を構成している。

いくつかの授業を、在籍学生および受講して数年経った大学院修了生への調査から抜き書きする。

図表Ⅵ-1-1　積み上げていく授業の構成（授業科目の一部）

（1）臨床生徒指導特別演習

　本授業は、教育学を専門とする教員が、生徒指導や教育相談における現代的課題について、受講生が体験した具体的な教育上の物語的エピソード（narrative episode）に基づいてカンファレンスを行い、具体的な事例から、多層的な発達援助の可能様態を析出する思想と方法について学び合うことを目的にして行っているものである。受講した学生は、以下のような感想を持っている。（一部編集）

> ・教師自身のものの考え方や感じ方をありのままに伝えること感じることの大切さを学んだ。自分が子どものことで悩んでいる時、子どもへの寄り添い方や支援についての見方・考え方について授業の中で話すことができた。
> ・授業で学んだことが、その後の学校でのケース会議、カンファレンスの持ち方の基盤となっており、少しずつではあるが校内でのケース会議が担任を巻き込みながら気負うことなくスムーズに進めることができるようになった。

　教員が校内で子どものことについて考えていること、感じていることをシェアすることが意外に難しいのだということが、ここからわかる。他の職種どころか、実は校内での連携すら容易なことではない。実は、教員が、自分が子どもたちについてどう考え、その行動をどう感じ、どうしたいと思っているのかを自分自身で確認し、それを同僚に伝えること自体が意外に難しい。しかし半年の授業で、それができるようになる。これは、校内・校外を問わず、連携のための基礎でもある。

（2）臨床心理査定演習

　「査定」は、アセスメントとも呼ばれる。専門的視点から行う見立てのことである。教員であれ、臨床心理士であれ、それぞれの視点から、査定が行われる。臨床心理査定演習は前期と後期で2科目設定されている。以下は受講した学生のフィードバックである。

> ・外部（病院、スクールカウンセラー、スクールソーシャルワーカー）とのケース会議の中で、心理検査や病理についての解釈の際に一定の知識が必

Ⅵ　教育支援を支える大学での「学び」

要となり、大学院で学んだことが改めて活かされた。
・心理査定は今度も必ず使用するものなので、ただ使用方法を学ぶだけでなく、実際に演習として行うことによって、実際に心理検査業務を行うことができるようになった。

　本授業では、心理検査を含むアセスメントを行い、それをもとに今後、対象者に関わるための計画を立てたり、コンサルテーションを行うことを学ぶ。それぞれが自分の視点をしっかり持って査定を行い、それを持ち寄ることから連携は始まる。自分なりの査定ができることは協働の基本ともいえる。

(3) 臨床心理実習

　臨床心理実習は、いわば大学院での学びの集大成ともいえる授業である。今までの学びの応用編ともいえる。講義や演習がプール学習とすれば、臨床心理実習は、海水浴場で泳ぐようなものであり、実際に大海（社会）に出ていくための前段階でもある。実習の場は、2つあり、1つは病院、学校、福祉施設、教育センターに行き、実際に臨床心理士がどのように現場で、さまざまな職種と連携しながら動いているかを見せてもらい、関わらせてもらいながら指導を受ける外部実習である。もう1つは学内で実際に相談事例を担当し、大学教員のスーパーバイズを受けながら学んでいく内部実習である。どちらも、修了後に専門職として独り立ちしていくための授業である。以下に学生からのフィードバックを載せる。

①内部実習
・相談室でケースを持つことができ、実際に面接を行い、スーパービジョンをしていただくことで、つらさを抱えている人との関わりについて、実践を通して理解を深めることができた。患者さんと関わるうえで、この経験は非常に役立っていると思う。
・実際にクライエントさんと面接をさせていただけたことは、現在の臨床でも役立っており、困った時にはスーパービジョンで先生方からいただいた言葉を思い出し振り返りながら面接を続けることができている。1回の面接ごとにスーパービジョンをしていただけていたことは、本当に貴重だった。

②外部実習
・生徒と相談室で面接をするだけではなく、普段の何気ない話を授業の時間を気にしたりしながら聞いて過ごす時間も毎週あったため、今毎日生徒と会って様子を見て話を聞いたり様子を見たりすることに役立っている。
・いつもの教員としてコーディネートするのとは逆の立場であるコーディネートされる立場で学校に入り、教職員とは違う立場で生徒と接する経験が現場に戻ってからスクールカウンセラーだけでなく他の教職員と情報共有のシステムをつくるのに役立った。

　現在、臨床心理士でスクールカウンセラー職に就いている人は多い。それにも関わらず、学校をフィールドとして実習を行っている大学院は少ない。しかし、現職教員である学生が、スクールカウンセラー実習生という立場で学校に入ってみると、どのようにコーディネートしていくとスクールカウンセラーが動きやすいか、どのように連携するとスクールカウンセラーに有効に子ども支援をしてもらえるのかがわかる。また、直進の学生は、実際に学校内でどのように教員とスクールカウンセラーが連携しながら生徒の抱える問題に対応しているのかを学ぶことができる。そして机上で勉強した「共感」「傾聴」という言葉が、実際の面接場面の何を表わしており、アセスメントを面接計画に仕立てていくというのはどういうことなのかが、個別ケースのスーパービジョンを通して学ぶことができる。

(4) その他

　先にも述べたように、本専攻は学生になった時から、多職種コミュニティができあがる。それによる効果は大きい。そのことについて、学生や修了生は以下のように述べている。

・学校の先生や福祉施設の職員の方など、色々な経歴をお持ちのみなさんと学生生活を送ったことで、多くのものの見方を教わったと思う。現在の職場では精神科スタッフだけでなく他科スタッフとも関わることが多く、視野を広く持ち相手の考え方を知ることの重要さを感じている。
・違う職場だが仕事の話を聞いてもらったり助けてもらいながら、勉強する機会を得、お互い一緒に成長できる仲間になった。直進だけではなく、現

Ⅵ　教育支援を支える大学での「学び」

　　職の先生方の話が大学院の時にはよくわからないことが多かったが今では
　　少しだが理解できるようになった。
　・学校で不登校児童を抱えた際に、授業内でカンファレンスを受けたり、修
　　了後もさまざまな面でサポートを受けることができた。
　・院生の自主ゼミで、それぞれの学校の実態や実状を交流することで、どの
　　機関の誰と話し合う際に連携が取れやすいなど、子どもの状況や家族、通
　　院している病院の状況に応じて話をすることができた。
　・相談できる同期生や先輩がいる。同期ゼミの中に教師以外の職に就いてお
　　り、児童相談所の職員、大学の研究員、養護教諭などさまざまな立場、視
　　点で話し合いができたことや、それぞれの悩みを相談し合える環境であっ
　　たことはよかった。
　・大学院で学んだことで、一番良かったことは、大学とのつながりができ、
　　校内でスクールカウンセラーのカウンセリングのあとに行うカンファラン
　　スがスムーズにできるようになったし、自校の先生たちがスクールカウン
　　セラーと連携することの重要性に気づけるようになった。

　このように学生たちは、在学すると同時に多様性に満ちた世界に入り、その中で大学を中心としたコミュニティをつくっていく。それは修了後も継続し、大学教員や大学を中心としたコミュニティから時に羽ばたき、時に戻りしながら、学びを深めていっていることがわかる。

3.「学校心理学特別演習」に見る連携

　1つの授業を具体的に紹介してみよう。この授業は主に1年生で履修する。スクールカウンセラーをめざす直進、現職教員、その他社会人の学生たちが、相互交流しながら、それぞれの視点を活かして、子どもたちへの実践的で効果的な関わり方について考えを深めるために開講している。
　ここで紹介するのは平成27年度に行った15コマの内5コマの集中授業である。
　午前中は、学校における他職種連携とは何かを講義し、その後、地域で専門家として学校と関わっている講師4名に連携の実際について話をしてもらった。午後からは、3つのテーマで学生たちにワールド・カフェ（グループワークの手法）

を行った。
　テーマ１：午前中の講義で印象に残ったことはなんですか
　テーマ２：子どもたちは学校にどんな協働があったらうれしいと思うでしょう
　テーマ３：実際にみなさんの現場で、あるいは将来の学校現場で、どんな協働ができたら最高でしょう

　テーマ１は、午前中の授業についての感想や意見を出し合ってもらうためのものである。テーマ２では立場を変え、支援対象者である子どもの側に立ってみることを促した。テーマ３では、実際に実現可能で、かつ実践に結びつけるアイデアを出してもらった。

　ワールド・カフェでは、4〜5名のグループが模造紙をメモ用紙に見立て、自由に書きながらテーマに添って話し合いを進める。時間がきたら、テーブルにホストを残し、他のグループを見て回る。そして、次には前回とは違うテーブルに座り、また新たなテーマに添って話し合う。これを繰り返すことによって、場から生まれるアイデアは、個人のものでもテーブルのものでもなくなり、場全体がブレインストーミングを繰り返しながら、思考を発展させていくことができ、個人は多くの人たちの考えの影響を受けることとなる。

　授業のあと、アンケートを行ったところ、現職教員の学生からは「今まで教員目線でしか学校現場を見ていなかった。視点が広がった」「子どもを中心に考えていく時に、必要な人、必要なところと顔の見える関係づくりは大切で、そのためのネットワークづくりを常日頃から心がけたいと思いました」「教員としてどのようにつながっていくかの選択肢を知ることが大切だと気づけた」「とてもフットワーク軽く、子どもの支援に取り組んでいると思いました。その際に医療や行政等とつながれる相手をわかっていて、それを活かして次につなげているのだろうと思いました。自分もその中にいっしょにつながっていきたいという気持ちを持ちました」と、今まで机上のものだった連携や協働が、自分とつながった実感があったことがうかがえる。

　またワールド・カフェという対話促進型のワークショップを行ったことで、「まったく考えてもいなかった『気づき』をたくさん知る機会になって、勉強になりました」「みなさんのさまざまな発想が私の視野を広げてくださった」「さまざまな職種の方の目線の違うさまざまな意見を交換できた」「難しいなあで終わ

Ⅵ　教育支援を支える大学での「学び」

テーマ	教育現場を支援する人材養成を大学院教育で行う	
実施日	7月5日(日) 9:00 − 17:00 (1時間の昼休み)	
目　的	教育現場を支援するさまざまな職種についての理解を深め、協働について省察する	
展開例	活　動　の　流　れ	留意点
9:00 導入5分	□あいさつ □目的確認	・記録機器の確認
9:05 55分	□教育現場での協働についての講義 ・教育現場が抱える困難 ・教育現場にさまざまな職種が導入された背景 ・他職種連携について □講師紹介	・パワーポイント使用
10:00 休憩10分		
10:10 120分	□講師によるミニ講義「教育現場での協働の実際」 ◆スクールカウンセラー ◆スクールソーシャルワーカー ◆巡回相談員 ◆セラピスト	・1人30分 ・パワーポイント使用確認
12:10 昼休60分		
13:10 170分	□ワールドカフェについての説明　20分 □ワールドカフェ ・セッション1　　30分 ・ラウンド1　　　10分 ・セッション2　　30分 ・ラウンド2　　　10分 ◆ハーベスト　　　70分 ・学びをポストイットで貼る ・各グループの発表	・パワーポイント使用 準備 ・模造紙 ・マジック ・ポストイット
16:00 休憩10分		
16:10 まとめ 50分	□講評 ・参加者より ・担当教員より	

図表Ⅵ-1-2　学校心理学特別演習のシラバス（一部）

図表Ⅵ-1-3　模造紙に書き込まれた話し合いの様子

らせるのではなく、よいところを見つけ、前向きに事を語ることで見えてくるものがあるなあと思いました」「いろんな方の意見や思いを共有できることにわくわくしました」という感想が得られた。多種多様な人々が集い、互いの考えを述べ合い、そのことによって1＋1＝2ではなく、3にも4にもなる。そのためには、自分の立場を守ったり、自分の意見に固執するのではなく、多様性を認め、受け入れていく柔軟性が必要である。また同時に、自分自身を他者に向かって開いていき、考えや感じたことを率直に表明することも求められる。こうした体験を、本授業の中で実感してもらうことが授業の目的であり、それが達成できたことがわかる。

4. おわりに ── 教員養成系大学に求められていること ──

　困難を抱えた子どもに対しては、校内でもチームとして関わることが望ましい。情報を共有し、知恵を出し合い、必要であればスクールカウンセラーやスクールソーシャルワーカーなどの教育支援人材もチームに入れて対応する。場合によっては、校外の専門機関への紹介や、ケース会議も検討されよう。こうした流れについては、誰もが承知しているし、これに異を唱える人はほとんどいないだろう。しかし、実際には円滑に動いているとはいえない。
　その原因はなんだろう。スクールカウンセラーがどのような背景を持ち、どのような人で、何を考え、何をしてくれるのか、教員はわかっているだろうか。ス

Ⅵ　教育支援を支える大学での「学び」

クールソーシャルワーカーと親しく話をし、生徒のことを相談したら、どんな対応をしてくれそうか想像ができているだろうか。そんな単純な一歩が踏み出せない例が多い。そしてその一歩が踏み出せることが、大きな一歩となる。

　学部で教員になるための勉強をしてきた学生が、今度は大学院で、教員以外の職種とともに子どもたちを支えることを学ぶ。また学校で子どもたちの困難を解決できないことに悩んだ教師が、再び大学院に来て、子どもへの理解と支援について学ぶ。この両者が出会い、実際に事例や実習をベースにして実践的に学びを積み重ねていく。教員養成系大学ならではの、机上では学べないものがここにはある。

　同じものを見ながら、立脚点が違うと、違った考え方が出てくる。違うことは多様性であり、その多様性こそが、子ども支援につながる。子どもたちが多様化しているからである。多様な視点を受け入れていくことを学生のうちから学んでいく機会を、なるべく多くカリキュラムの中に入れていっている。

　どんな専門家であれ、教育支援人材は魔法が使えるわけではない。しかし学校での子どもたちをよく知る教員と連携することで、多くの可能性が広がることは確かである。学校現場において職種間に立ちふさがる壁を取り払うことが、教員養成系大学に求められていることであり、それは学生の修了後にも、地域支援として受け継がれていく。

[引用・参考文献]

- Brown. J & Isaacs. D（2001）*The World Café*. Mill valley: Calif: Whole Systems Associates. 香取一昭・川口大輔訳（2007）『ワールド・カフェ』HUMAN VALUE
- Senge. M. P（2012）*Schools that learn*. New York: Crown Business. リヒテルズ直子訳（2014）『学習する学校』英知出版
- 佐藤由佳利（2012）「教員研修における効果的な事例研究法：ワールド・カフェをもちいて」『学校臨床心理学研究：北海道教育大学大学院研究紀要（10）』pp.3-11
- 佐藤由佳利（2012）「観点　学校からの報告（5）ワールド・カフェ方式による事例検討会の提案」『子どもの心と学校臨床（6）』遠見書房、pp.133-140

第2章 学校インターンシップの可能性と課題

木原俊行

1. はじめに

　今日、教員養成学部・大学のカリキュラムにおいては、教員志望学生の幼稚園・小中高等学校・支援学校（以下、学校等）におけるフィールド体験が重視されている[1]。そして、学校等におけるフィールド体験は、教員志望学生の実践的能力向上のため、長期化、多様化する傾向にある。それらは、今日、「学校インターンシップ」と呼ばれることが増えた。その意義は、中央教育審議会・初等中等教育分科会・教員養成部会が平成27年7月に示した「中間まとめ」においても、次のように示されている[2]。

> これら（学校インターンシップ：筆者）の取組は、学生が長期間にわたり継続的に学校現場等で体験的な活動を行うことで、学校現場をより深く知ることができ、既存の教育実習と相まって、理論と実践の往還による実践的指導力の基礎の育成に有効である。また、学生がこれからの教員に求められる資質を理解し、自らの教員としての適格性を把握するための機会としても有意義であると考える。

---

1) 日本教育大学協会が平成19年から20年にかけて会員大学に対して実施したアンケート調査に寄せられた回答によると、教育現場に関わるボランティア体験を教育課程内のプログラムとして実施しているケースが会員大学の54％にのぼった。また、それは、教育課程外では71％にもなった（松田、2010）。
2) 文部科学省答申（中教審教員養成部会）「これからの学校教育を担う教員の資質能力の向上について」2015、p. 33

Ⅵ　教育支援を支える大学での「学び」

　こうした学校インターンシップの趣旨を先取りする形で、大阪教育大学教育学部第二部（以下、第二部）では、学校インターンシップ科目に該当する科目を平成14年度に開講させた[3]。また、それは今日まで続き、十数年の歴史を数えている。本章では、この科目のねらい、構成、成果と課題を整理する。そして、それを踏まえて、今後の学校インターンシップ科目の展望を述べる。

2.「特別教育実践研究Ⅰ・Ⅱ・Ⅲ」のねらい

　第二部の学校インターンシップ科目の名称は、特別教育実践研究Ⅰ、同Ⅱ、同Ⅲである（以下、それらを「特別教育実践研究Ⅰ・Ⅱ・Ⅲ」と総称する）。それぞれ、要件を満たせば、通年で2単位が履修学生に付与される。第二部は5年課程であるが、第3年次から、履修が可能である。したがって、「特別教育実践研究Ⅰ・Ⅱ・Ⅲ」をすべて修了すると、合計6単位となる。
　「特別教育実践研究Ⅰ・Ⅱ・Ⅲ」の目的は、履修学生が手にする『研修の記録』に、次のように記されている。

> （前略）幼稚園、小学校、中学校または特別支援学校の何れかの校園に、第二部学生が研修生として継続的に訪問し、授業観察や、授業補助などの支援によって教育現場の教育活動へ参加し、幼児・児童・生徒とふれあい、教育の厳しさや喜びを体験し、教育を学び、研究し、教職をめざす者としての自覚を高めることを目的とする。

　この文言から、第二部の「特別教育実践研究Ⅰ・Ⅱ・Ⅲ」が、前述した、中央教育審議会・初等中等教育分科会・教員養成部会による「学校インターンシップ」の理念に合致することがよくわかろう。

3）第二部では、基本的には、夜間に講義等が開講されている。それゆえ、学生が昼間に学校等に赴いても、幸い、その時間帯には、キャンパスでは講義は開講されていない（二重履修とならない）。

第 2 章　学校インターンシップの可能性と課題

3.「特別教育実践研究 I・II・III」の流れ

　「特別教育実践研究 I・II・III」は、第二部と大阪市・堺市・神戸市の各教育委員会および、それらの教育委員会が管轄する学校等とのパートナーシップに基づく営みである。その流れは、図表VI-2-1のようになる（大阪市の学校等における活動の場合）。第二部の教員や研修生（この科目において学校インターンシップ活動に従事する学生ボランティアをこのように呼ぶ）、学校等、そして、教育委員会の共同について、その要点を時系列に確認してみよう。

(1) 学校インターンシップの準備

　研修生は、学期はじめに大学で催される、学校インターンシップ説明会において、上述したような「特別教育実践研究 I・II・III」の意義を確認するとともに、いくつかの教育委員会や学校から、学校インターンシップの実際についての説明を受ける。その後、この科目の履修を決めた学生は、「研修生カード」を大学事務窓口に提出する。そこには、氏名や連絡先といった基礎情報に加えて、希望研修先校種、訪問希望日、そして研修したい内容、実施可能な支援活動を記すことになっている。また、このカードには、研修の心得（守秘義務など）の遵守を誓約する欄も設けられている。

　並行して、学校等からは、「募集票」が大学事務窓口に届けられる。そこには、どこの学校がいかなる支援を求めているかが記されている。研修生は、それを閲覧し、希望するケースがあると、大学事務窓口を通じて、当該学校等に連絡する。その後、研修生は学校等に赴いて、校園長と面接する。当該学校等における活動に関して双方が合意できたら、研修生は、「面接結果報告書」を作成し、大学事務窓口に届ける。同報告書をもとに、第二部の担当教員（専任教員全員が担当教員となる）はオフィスアワーなどにおいて研修生と面談し、彼らの学校インターンシップ活動の内容を確認したり、その留意点を助言したりする。

(2) 学校インターンシップの活動

　学校インターンシップのスタートにあたって、担当教員は、研修生が活動する学校等を訪問し、そこで、校園長と、面接結果報告書の内容を再確認するととも

235

Ⅵ 教育支援を支える大学での「学び」

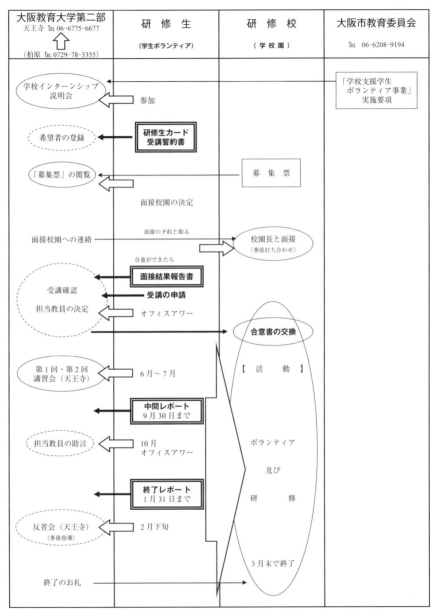

図表Ⅵ-2-1 「特別教育実践研究Ⅰ・Ⅱ・Ⅲ」の流れ
（大阪市の学校園の場合）

第 2 章　学校インターンシップの可能性と課題

に、合意書を交換する（合意書に校園長印を頂戴する）。多くの場合、すでに学校インターンシップ活動に研修生が従事しているので、それを見学したり、その模様を校園長からヒアリングしたりもする。

　キャンパスでは、土曜日などを活用して（他の講義が開講されていない時間帯を利用して）、学校インターンシップに関する講習会が催される。これは、学校園の代表者が、学校インターンシップにおける研修生への期待や要望を詳細に語る集いである。たとえば、学校等で突発的にトラブルが起こった場合にどのように対応してもらいたいか、「研修の記録」にいかなる内容を記載してもらいたいか等々、研修生を受け入れる側から、学校インターンシップ開始前の説明会の内容をさらに具体的に語ってもらい、それを鏡にして、研修生たちは、自身の学校等における学校インターンシップ活動を形成的に評価する。なお、この講習会は、研修生が異なる学校におけるインターンシップ活動の様子を交流する、よき機会ともなっている。

　各学校等では、面接で合意した内容に基づいて、研修生は活動を繰り広げる。それは、図表Ⅵ-2-2のように、授業だけでなく、休み時間や給食にも及ぶ。第二部では、それを次のようにポイント化している。

・研修校での1日研修：1研修ポイント
・研修校での半日研修：0.5研修ポイント
・泊を伴う校外活動：2研修ポイント
・日帰りの校外活動：1.5研修ポイント
・講習（研修）会参加：1研修ポイント

図表Ⅵ-2-2　学校インターンシップの様子

Ⅵ 教育支援を支える大学での「学び」

　「特別教育実践研究Ⅰ・Ⅱ・Ⅲ」の単位修得には、それぞれ、20ポイント以上が必要である。研修生は、日々の活動を「研修の記録」の該当ページに記すとともに、その内容やポイントなどに関して、学校等の担当者に点検してもらう（押印していただく）。
　研修生は、活動中に悩み等が生じた場合は、第二部の担当教員に相談する。筆者も、担当教員として、いくつか、そうした悩み等に応じたことがある。たとえば、合意したはずの活動に従事させてもらえない、学級担任の子どもへの指導方法について疑問がある、特定の学級の指導補助ばかりなので別の学級での活動も経験したい等々が、それらの内容であった。個々のケースに応じて、その対処法を助言したり、学校等に彼らの意向を（部分的にではあるが）連絡したりした。

（3）学校インターンシップの評価

　「特別教育実践研究Ⅰ・Ⅱ・Ⅲ」の評価は、前述したように、研修生が20ポイント以上の研修ポイントを獲得していることが、その前提となる。そのうえで、中間および終了時に作成するレポートが評価材料となる。
　中間レポート（1200字程度）の課題は、以下のとおりである。

●研修した教育活動の中からテーマを1つ選び、活動状況を具体的に述べる。この中で、
　・学校から何をすることが期待されているか。
　・研修で、何を考えたか、何を学んだか。
　・得られなかったものは何か。
　等を記述する。
●また、後半の研修で何を目標に、どんな活動をしたいか、あなたの抱負を述べる。

　なお、担当教員は、このレポートをもとに、研修生と面接をして、研修内容についてさらに詳しく情報を得る。この面接内容も、評価の対象となる。
　終了時にも、研修生は、レポート（2000字程度）を作成する。その課題には、前述した中間レポートで求められたものに加えて、「できなかった点などの反省点」や「学校インターンシップ制度への感想や希望、改善への提案」が含まれる。

最終的には、各担当教員は、中間および終了レポートの結果を総合して、100点満点で研修生の学校インターンシップ活動を評価する。

4.「特別教育実践研究Ⅰ・Ⅱ・Ⅲ」の成果と課題

　入試時に第二部への入学希望理由を尋ねると、少なからずの入学希望者が「学校インターンシップ活動があるからです」と答えるくらい、「特別教育実践研究Ⅰ・Ⅱ・Ⅲ」は、第二部の教員養成カリキュラムのシンボル的存在となった。

　筆者は、大阪市内のいくつかの学校の校内研修を支援しているが、当該学校で学校インターンシップ活動を繰り広げている研修生を目にすることがある。そうした学校の管理職からは、しばしば、彼らの存在が学校教育活動を支えているといったコメントが寄せられる。一方、「特別教育実践研究Ⅰ・Ⅱ・Ⅲ」を履修し、学校インターンシップ活動に従事した学生にとっても、その経験は貴重である。彼らの一部は、学校インターンシップ活動によって、当該学校に親しみを覚え、その学校を管理する教育委員会が実施する教員採用試験を受験する意志を固めている（出身地などが違っても）。これらの成果、そしてその継続性は、前節で述べたプロセスに明らかであるが、第二部の教職員が「特別教育実践研究Ⅰ・Ⅱ・Ⅲ」の意義を共通理解し、その企画・運営に組織的に参画していることによっている。

　しかしながら、「特別教育実践研究Ⅰ・Ⅱ・Ⅲ」による学校インターンシップの取組にも、課題がある。それは、他の教育支援との競合である。「特別教育実践研究Ⅰ・Ⅱ・Ⅲ」が開講された時期に比べて、今日、教員志望学生が学校現場に身を投じる機会が増えた。たとえば、多くの市町村教育委員会が放課後学習指導員や特別な支援を要する子どもの指導補助員等を予算化しており、教員志望学生は、それらの機会を利用して、実践的指導力を高めることもできる。それに呼応するように、実際、第二部の「特別教育実践研究Ⅰ・Ⅱ・Ⅲ」履修者は、次第に減りつつある。教員志望学生の多様な臨床経験において、「特別教育実践研究Ⅰ・Ⅱ・Ⅲ」の学校インターンシップ活動がどのような独自性を有するのか、それを維持・強化するためにはいかなるしくみが必要なのかについて、関係者は検討しなければならない。そのファーストステップとして、平成27年度入学生を対象とするカリキュラムにおいては、「特別教育実践研究Ⅰ・Ⅱ・Ⅲ」は、「学校

インターンシップ基礎Ⅰ・Ⅱ」および「学校インターンシップ発展Ⅰ・Ⅱ」と名称変更されるとともに、合計8単位を履修できる科目群となった。また、その履修は、2年次から可能になった。

5. おわりに

1で述べたような背景から、今後、学部レベルにおいても、大学院レベルにおいても、学校インターンシップ科目は増えるであろう。すでに、いわゆる教職大学院のカリキュラムにおいては、学校インターンシップ科目の内容などを高度化させたものとして性格づけできる、「学校実習」科目が重視されている。

ただし、この科目が教員志望学生の実践的指導力の高まりに寄与するためには、大阪教育大学の「特別実践研究Ⅰ・Ⅱ・Ⅲ」がそうであるように、教員養成学部・大学と地域の学校や教育行政との豊かなコミュニケーション、それを支えるさまざまなしくみやツールが欠かせない。それらの充実や整備が、学校インターンシップ科目が教育支援として機能するための要件となろう。

それは、教員養成学部・大学が、学校インターンシップ科目の企画・運営に求められる要件を満たそうと努力することで、その組織に期待される、学校や地域とのパートナーシップの確立、それを通じた地域貢献を進展できることを意味する。つまり、学校インターンシップ科目は、今日の教員養成学部・大学がその使命を果たすためのシンボル的存在になりうるだろう。

[引用・参考文献]

・松田恵示（2010）「3-2-1 日本教育大学協会会員大学における教育とボランティアに関わる取り組みの現状」日本教育大学協会編『「教育支援人材」育成ハンドブック』書肆クラルテ、pp. 237-254

第3章　教員養成教育における
　　　　サービスラーニングの意義

　　　　　　　　　　　　　　　　　　　　　　　　新崎国広

1. はじめに
　　── 教育大学における教員養成教育の現状と課題 ──

　Ⅱ-第4章でも述べたように、近年、不登校・いじめ・いじめによる自死問題・児童生徒による暴力行為等学校教育現場には困難な問題が山積している。このような現状を踏まえると、これからの教員養成教育においては、地域に愛着を持ち他者に対し思いやりの心を持った子どもを育成するために「多様な場面における子ども理解力」と「多様な人材のコーディネート力」の育成が必要不可欠となる。しかし、現状の教員養成教育のカリキュラムは、残念ながらそのような内容があまり含まれていなかったことが指摘できる。

　今後の教員養成教育において、「多様な場面における子ども理解力」と「多様な人材のコーディネート力」といった実践力を育成するためには"サービスラーニング[1]"が効果的である。特に「多様な人材のコーディネート力」は、教育活動における「チーム学校＝多職種連携・地域協働」を推進するうえで、教員が修得すべき重要なスキルであるといえる。

　"サービスラーニング"の意義を、教育現場（大学・学校）・学生・地域の視点で整理すると下記のとおりである。
　　○学生：コミュニティサービスの担い手として社会貢献学習による実践力の育成

---

1) 学校等で学んだ学問的な知識・技能を、地域社会の諸課題を解決するために組織された社会的活動に生かすことを通して、市民的責任や社会的役割を感じ取ってもらうことを目的とした体験学習による教育方法。

○学校：教育活動の質の充実、児童と学生の"ナナメの関係づくり"（大学生がロールモデルとなる）
○大学：地域貢献への寄与と、アクションリサーチ[2]のための実践研究フィールドの拡大
○地域：地域における教育支援人材（学校支援ボランティアなど）の育成

本稿では、筆者が主に関わってきた大阪教育大学における教育支援人材養成プログラムの概要を紹介し、教員養成教育におけるサービスラーニングの意義について考察していく。

2. 大阪教育大学での教育支援人材養成の取組①
―― いい汗かこうぜ！〜サービスラーニング（社会貢献学習）からボランティア学習へ〜

開講の意図・講義計画（2007年度開講、2014年閉講）
【授業科目名】
　いい汗かこうぜ！〜サービスラーニング（社会貢献学習）からボランティア学習へ〜

【本講義開講の問題意識】
　矢野智司（2003）によると、教育は「発達としての教育」と「生成としての教育」の２つの次元から成立する[3]。「発達としての教育」とは、いわゆる知識教育であり、学力を向上させるための教育である。一方、「生成としての教育」とは、個人が存在することに価値を見出し、学習者自身が存在有用性としての価値を体験的に学習する過程であるということができる。本講義におけるサービ

---

2) 社会活動で生じる諸問題について、小集団での基礎的研究でそのメカニズムを解明し、得られた知見を社会生活に還元して現状を改善することを目的とした実践的研究。（大辞林　第三版）
3) 矢野智司（2003）「『経験』と『体験』の教育人間学的考察―純粋贈与としてのボランティア活動―」市村尚久・早川操他編『経験の意味世界をひらく―教育にとって経験とは何か―』東信堂、p. 42

ラーニングは、主に後者の「生成としての教育」を目的として開講した。

「生成としての教育」が重要視される社会的背景としては、従来の学校教育が個人の知識の習得や能力の向上といった「発達としての教育」に収斂されがちで、「生成としての教育」の実践と理論化が乏しかったという点が指摘できる。このような目的を達成するために、単に体験を行うことで終わらせるのではなく、自らの体験を省察し、体験を語り合うことで、学びの質も深くなるとの認識のもと、図表VI-3-1のような講義計画を企画・実施した。

サービスラーニングの意図は、学生自身がフィールドワークを通し当事者（子どもたちや障害者・高齢者など）や実践者の視座に立ち、今までの自らの考え方や価値観を省察することで、結果的にスキルアップをめざすことを目的としている。教師が与える指示を最小限度にとどめ、学習者自らが積極的に学習能力を開発する「問題解決（発見）学習法」のを採用した。このように、学生たちが、他者とのコミュニケーションスキルや社会性を単に知識として理解するだけでなく、サービスラーニングを通じた頭と身体と心を使った「心身まるごとの体験」をとおして、体得すること目的としていた。

【キーワード】

体験学習・サービスラーニング（社会貢献学習）・ボランティア学習

図表VI-3-1　講義計画

第1回	ボランタリズムとはなにか？	第9回	SL実習・ボランティア活動
第2回	SL・ボランティア活動の社会的意義	第10回	SL実習・ボランティア活動
第3回	SL実習の心構え・留意点・活動記録の書き方	第11回	SL実習・ボランティア活動
第4回	SL実習の実際1　実践者による活動紹介	第12回	SL実習・ボランティア活動
第5回	SL実習の実際2　実践者による活動紹介	第13回	グループふりかえり討議1—SL実習で学んだこと
第6回	SL実習の実際3　実践者による活動紹介	第14回	グループふりかえり討議2—SL実習で学んだこと
第7回	SL実習・ボランティア活動	第15回	グループふりかえり討議3—SL実習で学んだこと
第8回	SL実習・ボランティア活動	おおむね、第7-11回はSL実習・ボランティア活動を充当する	

・本講は、①前期の講義②SL実習・ボランティア活動③後期の活動後のふりかえり・発表の三部構成とする。
・前半、第1～3回は事前準備学習。
・第4～6回は、実践者を招聘し「SL実習の実際　実践者による活動紹介」を実施。
・第7～12回は、SL実習・ボランティア活動に参加する。
・後半の第13～15回は活動のリフレクション（ふりかえり）として、個々の活動報告と学んだことをシェアする。

Ⅵ　教育支援を支える大学での「学び」

【授業の重点ポイント】
1) 導入教育（事前学習）での取組
　事前学習においては、学生が、興味・関心を持ち活動のモチベーションを高めるために、サービスラーニングの意義や活動の際の留意点などの説明を行ったあと、活動先の実践者や先輩たちをゲスト講師として招聘し、さまざまな活動の紹介やプレゼンテーションを行った。
2) 事後学習（省察・リフレクションの時間）の重視
　個々の学生が参加した活動体験を、単なる体験に終わらせないために、リフレクションに重点をおいた。個々の活動記録を省察し、自らの体験を受講生同士が報告し合い、活動の意義を語り合うことで、活動中に気づかなかったことを、体験を通して学んでほしい（インフォーマルエデュケーション[4]）と考えて構成した。

【開講目的が達成できたか】
　本講義を受講しサービスラーニングを行った学生からは、「活動に参加する前にあった障がい者への偏見や先入観がなくなった」とか「子どもたちとの交流を通して、ボランティアとしての役割を考えた」等々、開講目的に近い振り返りをレポートする学生がほとんどであった。特に印象的だったのは、過去3年間、社会教育施設で青少年対象のキャンプカウンセラーとしてボランティア活動を行っていた学生からは、「今まではボランティアとして関わっていたにすぎなかったが、講義を受講したあとに、キャンプカウンセラーの仕事に取り組むことによって、キャンプカウンセラーの教育的意義がより深く理解できた」との嬉しい報告があった。
　なお、本講義は、2014年度に閉講し、「共生社会論（2015年度〜）」と「サービスラーニング実践論（2016年度〜）」に改編した。

---

[4]「あらゆる人々が、日常的経験や環境との触れ合いから、知識、技術、態度、識見を獲得し蓄積する、生涯にわたる過程。組織的、体系的教育ではなく、習俗的、無意図的な教育機能である。具体的には、家庭、職場、遊びの場で学ぶ、家族や友人の手本や態度から学ぶ、ラジオの聴取、映画・テレビの視聴を通じて学ぶなどがあげられる。学習を目的としない無意図的学習。結果としての学び」：渋谷英章（1990）日本生涯学習教育学会編『生涯学習事典』東京書籍、pp. 43-45

3．大阪教育大学での教育支援人材養成の取組②

教員養成課程「教職実践演習」第二ブロック〈選択型授業〉（2012 年度開講）

教職実践演習は、大阪教育大学が 2010 年度から開講している教員養成課程の学生を対象としたカリキュラムである。

> いわば全学年を通じた「学びの軌跡の集大成」として位置付けられるものである。学生はこの科目の履修を通じて、<u>将来、教員になる上で、自己にとって何が課題であるのかを自覚し、必要に応じて不足している知識や技能等を補い、その定着を図ることにより、教職生活をより円滑にスタートできるようになることが期待される</u>。（下線筆者）[5]

大阪教育大学では、4 年生の教員免許取得予定者を対象に、「第 1 ブロック：ガイダンス」「第 2 ブロック：選択授業」「第 3 ブロック：ふりかえり」の 3 つのブロックを設定し「教職実践演習」に取り組んでいる。

筆者は、第 2 ブロックの〈選択型授業〉の前・後期計 2 回、各 5 コマの講義を担当している。4 年生の教員免許取得予定者で履修希望学生に対して、レクチャーとグループワークで授業を展開している。受講生を 24 名に限定（希望者が多い場合は抽選）し、グループワークが十分にできるよう配慮している。

講義タイトルは、「学校と地域の協働による福祉教育・ボランティア学習の今日的意義」とし、講義内容は下記のように構成している。

①オリエンテーション＆アイスブレーク：コミュニケーション力を高めるグループワークトレーニング
②学校と福祉～地域福祉・教育コミュニティの今日的意義を学ぶ
③福祉教育・ボランティア学習概論～サービスラーニングの意義と課題
④福祉教育方法論（チーム学校）～学校と地域の協同による福祉共育実践例に

5）文部科学省「教職実践演習（仮称）の主旨・ねらい」
http://www.mext.go.jp/b_menu/shingi/chukyo/chukyo0/toushin/attach/1337016.htm
access：2015.10.08

Ⅵ 教育支援を支える大学での「学び」

　学ぶ〜
⑤学習障がい等の理解されにくい障がいのある子への通常学級における支援のあり方
⑥ワールド・カフェによるリフレクション〜今後の教育実践に向けての課題共有と今後に向けて〜

【学生からの感想】
　以下に「授業のねらい・要点」に対する学生の感想の一部を掲載する。

○福祉と教育の共通性について（「生存権保障と幸福追求権」、福祉の専門家と普遍化）
　「教員として、教科指導ではなく人間としての教育を行うことの意味、大切さ、方法を学ぶことができた。まず、ワークをしながらも自分が教員などになり同じワークをすることを想定することで違う視点からとらえることができたように思う。（略）福祉と教育は完全に同じ分野というわけではないけれど、共通する領域は多くあることを知った。また、学校で福祉教育や人権教育を行っても、保護者など大人に意識が行き渡っていなければ意味がなく、地域での福祉教育も行うことが必要だとわかった。（下線筆者）」
　「"福祉"と聞くと、何か困っている人や社会的に弱い人々を支え"助ける"というイメージが強かった。ゆえに何か小難しいことだと考えてしまっていたのだが、今日の講義を受けてそのイメージが本来の意味での"福祉"という概念とずれてしまっていることに気づいた。（略）憲法で保障されている、人が人らしく生きる権利と幸せになれる権利、それらをサポートするのが福祉の役割であり、任務なのではないかと考える。（下線筆者）」

○「相手の立場に立って考えること（思いやりの心を持つこと）」の重要性と困難性について
　「アクティビティ（ワーク）では、子どもたちが参加したくなるようなゲームを行いながら、自然と他者と関わるきっかけをつくったり相手の立場に立って考えるきっかけをつくることができ、私が教員になったら子どもたちがつながりみんなが参加でき自分のことも相手のことも知れるようなアクティビティを積極的

に取り入れていこうと思った。私は教育法学のゼミに入っていて、インクルーシブ教育や子どもの貧困について考えている。本を読んだり、ゼミの仲間と話す時には気づきもしなかったことを、今日知ることができた。たとえば、相手の立場に立って考えるというのは、本当に大切だと思うが、子どもに『思いやりの心を持ちなさい』といっても、実は思いやりの心を持ち、相手の立場に立って考えることは難しいこと、強要させることではないということを考えたこともなく、子どもに話していたなぁと気づいた。（下線筆者）」

○偏見と差別の違い（「偏見≠差別」）について
　「偏見を持つことはいけないことだとどこかで思っていた。だから自分の中に一瞬でも偏見的な考えが生まれた時には、あえて目をつぶりそんな気持ちにふたをしてきた。けれども、この授業で単に偏見を持つことが悪いことではないと知り、誰もが持ちうる感情なのだと学ぶと、すっと胸が楽になった。そして、見て見ぬふりで終わらせるのではなく、そのような偏見をはらんだ自分自身の感情にも、これからはしっかりと向き合っていこうと思うことができた。（下線筆者）」

○幅広い自立観（「自立≠孤立」、「受援力」）について
　「講義の中で、『人は人との関係の中で生きている』自分でできることは精一杯頑張り、できないことは恥ずかしくない、誰かを頼ることも大切なんだと思った。誰かと助け合ってこそ『自立』は意味をなすんだと思った。（下線筆者）」
　「自立とは、『他者の支援を受けても自分の人生を生き抜くこと』が大事なのだという話を聴き、受援力というのも、その人のひとつの能力であると考えることができた。教師という仕事は1人ではできない仕事で、周りの人のサポート、生徒の手助けを受けることでできる仕事なのだと、この話を通して改めて考えた。（下線筆者）」

○「チーム学校・多職種連携」＝「助け上手　助けられ上手」について
　「チーム学校や学校教員と他の専門職の連携について、何となく概要は聞いたことがあったが、具体的にどんな制度や連携によって問題に取り組んでいるのかはあまり聞いたことがなかったので、こんな活動や取組があったのかと驚くことがあった。なかでも、発達障がいや家庭内の関係などわかりにくい問題にいかに

Ⅵ　教育支援を支える大学での「学び」

<u>気づくことができるか、特に家庭内の問題に学校・教員としてどのように関わるべきなのかは気になっていたので、勉強になった。</u>また、子どもの貧困化の問題で、日本が他の先進国に比べてかなり課題を抱えていることが意外だった。たしかに、教育や子育てに関する制度が充実しているといった話は聴いたことがなかったが、それでも大きな差はないだろうと考えていたので、日本の子どもには大きな負担がかかっていることがショックだった。こうした家庭内での、子どもへの関わり方や生活の変化によって、今までも家庭内で行われていた教育の役割を教員や学校に求めるようになったのかと思うととても納得がいった。しかし、教員の世代交代で一気に若い教員が増え、こうした家庭内の教育を伝えようとした時に、教える方法というのは大学でもそこまで学ぶ機会がなかったように感じ、どのように伝えていけばいいのだろうと思った。（下線筆者）」

「講義の中で、『学校は開かれなければならない』とあったが、私自身スクールサポーターとインターンシップの活動をしていて、担任の先生の学級経営から学ぶことはたくさんあり、『担任の先生はすごいなぁ』と日々感じている。しかし、それと同時に『何がなんでも担任の先生1人では無理があるのではないか』と感じることも多くあった。小学校においては、担任の先生が子どもの授業のほとんどを担っているが、子ども1人ひとりがさまざまな思いや事情を抱える中で、スクールソーシャルワーカー・スクールカウンセラー・養護教諭だからこそ協力できることは、たくさんあるのではないかと考える。」

「今回の講義を通して、『周囲』という環境の重要性を痛感した。（略）実際に教師になった際、1人で抱え込みそうだが、そうではなく助けてもらう勇気を持ちたい。そして、周囲の人と協力しながら子どもたちを支えていきたいと思った。（下線筆者）」

「私は、<u>学校がすべての子どものセーフティネットであり、教師が子どもたちと共に、生きづらさを乗り越えていくことで、子どもたちが前向きに生きていく力を身に付けてられるのではないかと考え、研究</u>している。なので、今日先生が話してくださったお話しは大変心に響いた。子どもの貧困の連鎖を少しでも改善し、子どもたちが自分も相手も大切にできるような信頼関係をつくる場を提供していくことで、人と人のつながり、将来の道も開けていけるんだと思った。そこで、教師1人で問題を解決しようとするのではなく、スクールソーシャルワーカー・スクールカウンセラーなどと協力してチームで支援をしていくこと、その

第 3 章　教員養成教育におけるサービスラーニングの意義

中で教師になる私が子どもたちに少しでも『やればできる！』という達成感や、『人の役に立てる』という自己有用感を与えてあげられるような教育を全力でしていきたい！と、思った。（下線筆者）」

○「困った子は、実は困っている子」について（特別支援教育、他者から理解されづらい障がい）

「子どもは教師のことをよく見ているので、教師は『困った子』と思って接すると、周囲の子も『困った子』と認識してしまい、排除しようとしてしまうことが印象に残った。教室という空間で一番力を持っているのはやはり教師であるので、その『力』によって子どもを傷つけることのないよう細心の注意を払う必要があると感じた。（下線筆者）」

4. 大阪教育大学での教育支援人材養成の取組③
――「共生社会論」開講の意図・講義計画（2015 年度開講）――

「共生社会論」は、教養学科と教員養成課程の両課程の学生が 1～4 年生まで幅広く履修できる教養基礎科目として創設した。本講では、多文化理解・環境問題・社会福祉・教育などのさまざまな分野で論じられている「共生社会論」について、主に福祉と教育の観点に焦点をあてて講義を構成した。

【講義創設の意図】

　従来の大阪教育大学では、一般教養科目を除いては、教員養成課程と教養学科の学生が福祉と教育の共通課題をともに学び、ともに考える講義が極めて少なかった。教育現場の逼迫する危機的状況を考えると、教員養成課程においても、「生成としての教育」ができる教員養成を行うことが社会的要請であるといえる。もちろん、「生成としての教育」の必要性は、教員養成課程に限定するものではない。すべての学生が、今後社会人として、豊かな人間関係や対人関係力を身につけていくためにも重要な教育であるといえる。このような理由で、教員養成課程の学生と、教養学科の学生がともに学べる教養基礎科目として開講した。

【キーワード】

　ESD（持続可能な開発のための教育）、福祉教育、人権教育、インクルーシブ教育

Ⅵ　教育支援を支える大学での「学び」

【講義の到達目標】

　すべての人々が、それぞれの差異と多様性が尊重される「共生社会」の実現に向けて、どのような知識を身につけ、考え、行動することが求められるのかといったテーマを中心に、当事者や支援者による実践の講話なども取り入れて、さまざまな社会的課題についての基礎的な知識を身につけるとともに、それぞれの差異や多様性をお互いに尊重できる態度の涵養に資することを目的としている。

　具体的には、共生社会論について下記の5点について学び、共生社会創造の意義（価値・知識）と共生社会の創造に向けた具体的実践方法（技術）に関して総合的な習得をめざす。

⑴共生社会論の基本理念を学ぶ

　　ノーマライゼーション・バリアフリー・市民参画・多職種連携と地域協働

⑵共生社会創造のための3つのゴールを学ぶ

　　タスクゴール／プロセスゴール／リレーションシップゴール

⑶共生社会創造のための3つの学習概念を学ぶ

　　①フォーマルエデュケーション（学校教育）

　　②ノンフォーマルエデュケーション（学校外教育）

　　③インフォーマルエデュケーション（無意図的学習・結果としての学び）

⑷共生社会創造に向けた実践の方法を学ぶ〜サービスラーニング・ボランティア学習・協同実践〜

⑸さまざまな領域で展開される共生社会創造を目的とした実践を学ぶ

【講義の計画（準備学習も含む）】

	講義概要
1	「共生社会論」オリエンテーション〜共生社会（ノーマライゼーション社会）の実現をめざして〜
2	共生社会創造のためのサービスラーニングの意義〜参画と協働実践〜
3	共生社会についての「5つの視点」と「指標群」（内閣府共生社会政策統括官）
4	児童福祉分野〜子どもの貧困問題や貧困の連鎖について学び、対応策を考える〜
5	障がい者福祉分野〜ICF視点と4つのバリアフリー

6	障がい者福祉分野〜障害を理由とする差別の解消の推進に関する法律（障害者差別解消法）
7	ESD（持続可能な開発のための教育）と共生社会論
8	教育分野〜人権教育・特別支援教育・福祉教育による共生社会の創造
9	教育分野〜教育コミュニティづくりによる共生社会の創造
10	教育分野〜「社会的包摂にむけた福祉教育〜共感を軸にした地域福祉の創造〜」
11	共生社会創造に取り組む実践事例から学ぶ〜地域子育て支援の視点から〜
12	共生社会創造に取り組む実践事例から学ぶ〜障がい者自立支援の視点から〜
13	共生社会創造に取り組む実践事例から学ぶ〜生活困窮児童への学習支援の視点から〜
14	共生社会創造に取り組む実践事例から学ぶ〜地域貨幣"まーぶ"の実践から〜
15	総括〜ワールド・カフェによる学びのシェア

【講義の省察】

　毎回、授業後の省察と理解度評価のための小レポートを実施した結果、同じ授業を受講しても、教員養成課程の学生は、自分が教師になったことを想定しての省察が多く、教養学科の学生は、さまざまな社会課題に関する社会の対応への批判（社会モデル）や改善策を考察する内容が多かった。また、障がい当事者をゲスト講師に招聘した授業では、障がい者への理念的理解と学生自身が持つ偏見との葛藤を省察としてあげている学生が多く、講義のみでは内在化できない障がい者理解教育の重要性を再確認できた。

5. おわりに ── 今後の展開 ──

　近年、不登校・いじめ・いじめによる自死問題・児童生徒による暴力行為など学校教育現場には困難な問題が山積している。このような厳しい現状を解決するためには、教師と補助的・連携的・協働的支援を含めた多様な教育支援人材の連携・協働が不可欠である。教師と教育支援人材の連携・協働を促進していくためには、教員養成教育の課程において、教員養成課程と教養学科（教育創成学科）

Ⅵ　教育支援を支える大学での「学び」

の学生がサービスラーニングなどの学習プログラムでともに学び、専攻の異なる学生同士が議論できるようなカリキュラムづくりを、積極的に行っていくことが必要不可欠であることが示唆された。

第4章 心理と福祉と教育の協働をめざして

下村美刈・岩満賢次

1. はじめに

　愛知教育大学では、現代学芸課程臨床福祉心理コースにおいて、心理学と社会福祉学を一体的に学習し、カウンセラーやソーシャルワーカーを養成してきている（図表Ⅵ-4-1）。

　教育現場においては、スクールカウンセラーやスクールソーシャルワーカーのような学校教育を支える教育支援人材としての実践を学ぶために、教育支援活動を推奨している。自主的なゼミナールとして、学生と教員とでその活動を振り返る中で、教育支援人材の特性が明らかになった事例を最初に述べたい。

　次に、子ども支援の現場との連携による教育活動を、カウンセリングとソーシャルワークの融合した現場を学ぶために行っており、その活動の1つである、スクールカウンセラーとスクールソーシャルワーカーを招いた授業実践について述べる。

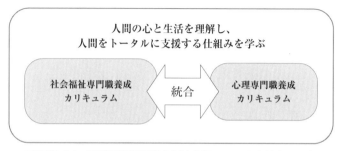

図表Ⅵ-4-1　現代学芸課程臨床福祉心理コースのカリキュラム

2. 自主ゼミナールの中での学生の教育支援活動の振り返り

　参加者は、臨床福祉心理コースの3年生7名と教員2名（心理学を専門とする教員と社会福祉学を専門とする教員）であり、教員は指導的な役割ではなく、学生の話の聞き役であり、学生のグループの中での教育支援活動の体験の振り返りをファシリテートする役割を取った。

(1) 学生が行っている教育支援活動
①学校内での外国人児童の学習支援活動
　主に南米、ブラジル系の低学年児童に、1クラス5人程度のグループで1カ月に1回教員の作成した指導案に基づき授業をサポートする。
②学校外での外国人児童の学習支援活動
　ⅰ）主に南米、ブラジル系の児童・生徒10人前後に、団地の公共で利用する部屋で、小学生児童には60分、中学生生徒には90分の個別学習支援を、週3回行う。
　ⅱ）主にペルー系の中学3年生4人に、団地の1室で、週1回90分、受験勉強の支援を行う。
③障がい児への学習支援活動
　放課後などデイサービスにおいて、主に発達障がいの子どもたちの宿題の学習支援を週1回60分行う。
④児童養護施設での学習支援活動
　児童養護施設において、入所児童、主に中学生の宿題の学習支援を、60分、週2回行う。

(2) 教育支援活動の振り返りについて学生の感想
①活動を行って、良かったことの内容
・子どもとの時間が楽しいと感じた。人と関わることの楽しさや子どもとの接し方の勉強になった。
・小学生との関わりを持つきっかけとなった。子どもと接する心構えがわかっ

た。地域の外国人の問題に関心を持つようになった。学習支援の多様性がわかった。
・児童福祉に関心があった。子どもの背景に関心を持つようになった。学習の必要性を感じた。心を開いた時、伝えたい想いを考えるようになった。
・家族の環境の影響を感じた。別の支援（生活の支援）があって学習支援が成り立つと思った。
・外国人児童のイメージはなかったが、関心を持つようになった。困ったこと、話したいこと、寂しさ、抱えていることがわかるようになった。
・あたりの強い子に関わり続けていくことの意味がわかった。関わり方が見えてくるようになった。
②困ったことの内容
・なかなか座ってくれない、会話能力と学力とのギャップ、生徒同士の関係性。
・継続的な支援の困難性（短期間で移動、帰国する家族）、複雑な家庭事情。
・学生スタッフへのあたりが強い子、学習に取り組めず、教材を隠して（見えないようにして）学習する子ども、勉強の教え方がわからない。
・子どもが勉強する気のない時、機嫌の悪い時
・子どもとの距離はなかなか縮まらない。勉強面では時間が足りない。

(3) 教育支援活動の振り返りの中で明らかになったこと

　学生たちは、振り返りの中で、各々の体験を話しながら、困ったことについては共感して頷いたり、良かったことについては、お互い体験している学習支援の場や内容に対して関心を持ち、質問したり、自分の体験している場や内容と比較したりしていた。振り返りの中で、教員養成ではない教育支援人材養成としての特性が出ている。つまり、児童生徒の学力のみならず、子どもの心理状態とその背景の生活や家庭の問題に着眼している点である。この点は、子どもを心理的な側面と生活の側面から理解しようとするものであり、臨床福祉心理コースが目標としている教育成果の一端を示していると考えられた。今後は、教員養成の学生も含めてグループワークを行い、お互いの異なる視点を理解できるような授業実践が必要であろう。

Ⅵ　教育支援を支える大学での「学び」

3. 子ども支援の現場との連携による教育活動

　カウンセリングとソーシャルワークの融合した現場を学ぶことを目的に、市町の子ども若者総合相談窓口による現場見学を、1年次の初年次演習から実施しており、早い段階で現場を知り、現場感覚を養成する教育を行っている。
　ここでは、スクールカウンセラーとスクールソーシャルワーカーを招いた授業実践について述べる。
　本コースでは、スクールカウンセラーとスクールソーシャルワーカーの連携を軸としていることから、この両者を軸に、心理と福祉と教育の協働をめざした支援ができる人材養成を目的とした授業実践を行っている。
　学校現場で働いているスクールカウンセラーとスクールソーシャルワーカーの連携をテーマにしたシンポジウムを開催し、学んだ知識を現場の専門職の話を聞くことで実践とつなげる橋渡しとして効果がある。
　学生、大学教職員、学外の現場の教員、教育委員会職員、児童相談センター職員などの市町の子ども支援に関わる専門職とともに討論を行った。シンポジストのスクールカウンセラーの方の話の内容は、学校の中でのスクールカウンセラーの位置づけとスクールカウンセラーの関わりの特徴および、連携の課題についてであった。一方スクールソーシャルワーカーの方の話は、実際の支援活動の中で、どのように教員と協働していったかという内容であった。専門職や学校現場の教員のみならず、学生も積極的に質問や意見を述べていた。学生の意見や感想は、共通している点が多く、代表的なものとして、次のような内容があげられていた。
・問題があるとされる子どもには、子どもが抱える問題やその背景にある家庭や地域の問題などさまざまな問題があると思う。多面的な問題を支援していくためには多職種が連携していくことが必要不可欠であると実感した。
・チーム学校は、子どものためというよりも、学校に持ち込まれる問題の複雑化により教師の対応が厳しくなってきたことへの解決策として考えられたという印象がある。将来問題を抱える子どもたちが、多面的な視点でとらえられることで、問題を解決できる体制が整えられるよう自分たちも考えていくべきだと思った。

第4章　心理と福祉と教育の協働をめざして

・学校とスクールカウンセラーとスクールソーシャルワーカーの両方の視点から現状と課題を聞くことができ理解が深まった。それぞれの視点から子どもやその家族、背景をどのように理解しているかという見立てをすり合わせることが必要ということがよくわかった。
・連携が単なる情報交換にならないよう、子どもたちをさまざまな面からとらえていくために、スクールソーシャルワーカー、スクールカウンセラー、教員が協働していく必要があることがわかった。
・教員は、多職種チームにおけるチームワークを学ぶ機会が少ないと思うので、学部のうちからこのような授業を受けることは必要だと感じた。

4. 心理と福祉と教育の協働をめざして

　学校現場のカウンセラーやソーシャルワーカーは、基本的に常勤職は珍しく、「非常勤」「週に一度」などの構造的特徴があり、深くコミットすることが難しいという側面がある。

　現時点では、そのような前提の上で、スクールカウンセラーとスクールソーシャルワーカーと教員の協働をめざすことを考えなければならない。そういった現状の課題を知ることは、学生にとって、現場に出て働く際に、大学で学んだ理論と現実とのギャップに悩むことが少なくなるだろうし、それをふまえて現場で活躍できるチームを育てるにはどのようなことが必要であるかを考え出すだろう。

　医療において、多職種専門職によるチームへの要求が高まり、国策としてチーム医療が推進されたように、教育においてもチーム学校が推進される中で、本コースの学生は専門職として学校現場に携わる限り、チームにおいて機能することが基本的技能として求められるのである。それには、先述した学生の感想にあるように、多職種チームにおけるチームワークを実践的に学ぶことが必要である。

　West（2012）は、産業組織心理学の立場から、チームワークは5つの要素から成ると説明している。それらは、リーダーシップ・適応力・相互モニタリング・バックアップ行動・チームの方向性である。リーダーはチームに必要であり、優れたリーダーシップがあるとチームが成功する可能性が高まる。また、各メンバーに適応力があればあるほど、外的変化に柔軟に対応し、不確実な条件下でも機能できる。相互モニタリングは、メンバー同士がお互いの行動を評価し、時に

は助言を行うことも重要である。バックアップ行動は、あるメンバーの行動や試みが機能しない際にカバーする行動であり、チームワークに欠かすことができない。そしてチームの各メンバーにチームの方向性が共有されていることが必要である。

さらに、これらの要素によって成るチームワークが機能するための基礎として3つの要件をあげている。メンタルモデルとClosed-Loop communicationおよび相互信頼である。メンタルモデルとは、各メンバーに共有されるチームワークにおけるそれぞれの役割、動き、全体の方向性の心的イメージである。Closed-Loop communicationは、言いっぱなし、やりっぱなしの一方向的なコミュニケーションと異なり、やりとり、言葉や行動の送り手と受け手の双方向性のコミュニケーションであり、相互信頼は、各メンバーがお互いを信頼していることであり、チームワークの基礎である。

学校現場に携わろうとする学生に対して、このようなチームワークについての理論を学び、実践していく作業を積み重ねていけるような授業実践が必要となる。

[引用・参考文献]

・West M.（2012）*Effective Teamwork: Practical Lessons from Organizational Research*（3rd. edition）Wiley-Blackwell.

第5章 「(仮称)教育支援人材論」プロトタイプの開発
―〈多職種連携教育〉ワークショップの試みから―

加瀬 進

1. はじめに

　筆者は平成22年度から「子どもの貧困」を主題とする自主ゼミを主宰し、平成25年度からは意図的に教員志望の学生とソーシャルワーカーやカウンセラーをめざす学生で構成される「多職種連携教育」の場へと自主ゼミを発展させてきた。後者の自主ゼミ（通称"つなプロ"[1]）は平成25年度後半からHATOプロジェクトの1つである「教育支援人材養成プロジェクト」のカリキュラム開発系ワーキングに位置づけていただくこととなり、本稿執筆時点でおよそ2年間にわたって活動を展開してきたことになる。同ワーキングのミッションは「教育支援フィールドを作り出すとともにともに、学生の実践的な活動に基づき、カリキュラムのプロトタイプを検討する」というものであることから、自主ゼミとしての独立性を担保しつつ、「フィールドの創出」と「カリキュラムのプロトタイプ開発」を主軸としてきている。

　平成25年度の取組を要約すれば、子どもの貧困、東日本大震災からの復興、医療的ケアを必要とする重症心身障害児・者のためのサマーキャンプ、という最前線の実践に参画し、異なる専攻学生が同じ体験を共有したうえで協議などを展開することの意義を明らかにしようとしたものである。それぞれの実践現場は本学から遠く、交通費など費用のかかるものであったが、いずれも地理的に身近な

---

1) 学生の命名によるものである。すなわち「多様な専攻の学生がつながり、大学内外の多様な実践とつながり、〈子どもの最善の利益〉をめざすつながりをさらに広めるための「つながるプロジェクト」、略して「つなプロ」。

Ⅵ　教育支援を支える大学での「学び」

実践に置き換えることができるものを選定した。紙幅の関係からこの詳細は別途報告書に譲るが（加瀬、2014）、参加学生の「学びのレポート」を分析すると、①今の自分なりの立場でやれることがある、という実感の獲得、②「1人ひとりの将来を見据えて」子どもを支援する必要性への気づき、③異なる専攻の学生が参加する問題解決型授業プログラムへの希求、という学びと動機づけに結びついたことが示唆されている。

　さて、平成26～27年度は本報告の副題にある"スペシャル・ワークショップ「教育支援人材って何？」"（平成26年7月12日（土）実施）に向けた事前学習活動、ワークショップの実施とまとめ、それに基づく「（仮称）教育支援人材論」のプロトタイプとしての整理を主たる活動とした。事前学習とワークショップの詳細は拙稿を参照いただくこととして（加瀬、2015）、本報告ではその概要と「（仮称）教育支援人材論」のプロトタイプについて記しておきたい。

2. スペシャル・ワークショップ「教育支援人材って何？」

　従来から教員とスクールカウンセラー、スクールソーシャルワーカーといった専門職との連携が少なからず課題とされてきた。筆者は特別支援教育と障害者福祉の双方を教育・研究のフィールドとしているが、こうした課題の解消に向けて、まずは本学のように幼稚園・小学校・中学校・高等学校・特別支援学校の教員、養護教諭を養成すると同時に、カウンセリングやソーシャルワークを学ぶコース／分野を擁している大学が、可塑性の高い大学段階で相互理解の場を用意する必要性を痛感してきている。

　そうした中で、異なる専攻の学生[2]が、スクールカウンセラー、スクールソーシャルワーカーの第一線で活躍する現職と「教育支援人材とは何か」をテーマに、討議形式で考え合い、学び合う試みを行った。これがスペシャル・ワークショップ「教育支援人材って何？」である。

2）具体的には社会福祉・カウンセリング・生涯学習・特別支援教育・養護教育・初等教育教員養成などである。

第 5 章 「(仮称) 教育支援人材論」プロトタイプの開発

(1) 事前学習

平成 26 年 7 月 12 日開催予定のスペシャル・ワークショップに向けて 2 つの班を形成し、主として次のような事前学習を行った。
・定例学習会を活用し不登校などの児童生徒のための「居場所」づくりの準備
A：「教育支援人材」班
・スペシャル・ワークショップでプレゼンテーションする「教育支援人材」の機能と類型の検討
B：「人間の尊厳」班
・「子どもの権利条約」「人間の尊厳（スウェーデンにおける 1985 社会庁勧告）」の読み合わせによる「子どもの最善の利益」の検討

A 班の事前学習は後述するワークショップ当日のプレゼンテーションであったが、B 班の事前学習においては学生と筆者の化学反応といってもよい「子どもの権利条約」からの学びがあった。それは子どもを「まもる」ことのとらえ方である。すなわち「まもる」にあたる漢字には 2 種類あって、「守る」の方の語義は「手の中に包み込んで、放さない」であり、教育支援の文脈では「多様な支援者が、それぞれの都合や『専門性』なるものによって『子どもを手の中に包み込んで、放さない』という事態は決して子どもの最善の利益を『まもる』ことにはならない」と解釈できる。一方、「護る」の方の語義は「そこにある何ものかが壊れないように、外から支える」であり、「子ども自身が壊れずに、成長していけるように、多様な支援者が手を携えて外から支える（中略）例えていうならば、人の手によるトランポリンのように（中略）ことこそが子どもの最善の利益を『まもる』ことになる」と解釈できる。われわれは「護る」の語義を大切にしたスタンスで「教育支援人材」のとらえ方とその養成、さらに教職員との協働に臨む大切さを共有することとなったのである（加瀬、2015）。

(2) ワークショップ当日①問題提起としてのプレゼンテーション内容

「親、それに代わる人、子どもに『しなくちゃならないこと』のある人全員が子ども支援人材であり、そのうち学校教育の中で、教師と協働して直接的・継続的・計画的・意図的に子どもを支援する人材が『教育支援人材』ではないか？」という観点から次の 4 つの問いを立てた。

Ⅵ　教育支援を支える大学での「学び」

・学校という場で担任をパイプとして支援していく人材？
・担任に関わらず、学校教育の場と連携して支援する人材？
・教員と生徒の双方向に働きかける支援をしていく人材？
・子どもが身近に感じる、教育とつながりを持つ人材？

(3) ワークショップ当日②到達点

　ワークショップの進行などの詳細は加瀬（2015）を参照いただくこととして、ここでは「教育職員と教育支援人材の相互理解におけるポイント」を一部、再掲しておきたい。のちのプロトタイプ「(仮称) 教育支援人材論」開発に向けた重要な視点につながったからである。

> 教育支援は、子どもの最善の利益のために、子どもの力を引き出す統合的・総合的営為である」と捉えた場合、教員養成とソーシャルワーカー養成の間にある、根本的な差異…（中略）…（即ち）教員養成は「Solo Practice／一人で一通りのことをこなすことができる」ことを目差して展開されるが、ソーシャルワーカー養成は「Networking／ニーズ（困っている状態）のアセスメント（発見と評価）とそれを充足する社会資源を探し、つなぎ、開発することができる」ことを目指して展開されるという根本的な違いがある。ゲストの方々からも、子どもの評価が「教育では減点法」、「ソーシャルワークでは加点法」であり、関わり方も「教育ではトップ・ダウン」、「ソーシャルワークではボトム・アップ」であるといった実感が少なからず語られていた。問題はどちらが正しいかではなく、まさにそこに専門性の違いを見て、その違いを知り合い、子どものために協働していけるシステム構築（個人の努力に依存せずに済む公的な仕組みづくり）が同時に議論され、展開されなくてはならないのである。

3. プロトタイプ「(仮称) 教育支援人材論」の前提

　さて、いうまでもなくカリキュラムのプロトタイプというものは、あらゆる大学に適応することができる開発物ではなく、一定の条件を設定したうえでの提案

であり、今後、各々の大学事情に合わせてカスタマイズしつつ「フィールド・トライアル」を重ねていく中で、活用可能なものとなる「雛形」である。そこで今回は、以下のような前提条件を想定した。

(1) 東京学芸大学E類教育支援課程教育支援専攻に置く科目を想定

　本学は平成27年4月より7コース4サブコースからなる「E類教育支援課程教育支援専攻を」を新設した。カウンセリングコース・ソーシャルワークコース[2]・生涯学習コース（生涯学習サブコース・文化遺産教育サブコース）・多文化共生教育コース（多言語多文化サブコース・地域研究サブコース）・情報教育コース・表現教育コース・生涯スポーツコースから構成される一課程一専攻の学部組織であり、旧来の教養系再編ではなく、新しい組織の新設である、というスタンスに立っている。しかしながらお気づきのとおり、この7コース4サブコースで養成しようとしている「教育支援人材」像は実に多様である。筆者は教育支援人材養成の大きなミッションを「教師がわかり、子どもの最善の利益に向けて教師と協働できる教育支援人材」養成である、ととらえており、教師をめざす学生と教育支援人材をめざす学生が共鳴し合う学びの場を設定することが極めて重要であると考えてはいるが、まずは多様な教育支援人材の卵たちが相互の特色や専門性等を知り、自らの「教育支援人材としてのアイデンティティ」を確立する一助となる科目が必要と考えた次第である。

(2) 教育系学生と教育支援系学生が履修する 「(仮称) 教育支援協働演習」への継続を想定

　教員免許取得に関わるカリキュラムの縛りがある中で、どうすれば教育系学生と教育支援系学生が同時に履修し、同じ題材や共通の話題に関する議論や学びを「大学の授業として」実施し得るかは非常にハードルの高い、いわばビッグ・チャレンジとでもいえる難題ではある。しかしながら、たとえば一定程度の自由度を「教職実践演習」に見出して、数回分はこうした協働演習のエッセンスを取り入れる、あるいは教育実習の事前事後学習に組み込んでいく、といった工夫の余地は多分にあるのではないだろうか。ここでいう「(仮称) 教育支援協働演習」はそうした具体的運用を想定しつつも、「(仮称) 教育支援人材論」を引き継いで、教師をめざす学生と教育支援人材をめざす学生がともに学び、豊かな化学反応を

引き起こすような科目として開設を期したものである。

(3) 授業運営上の想定 —— 履修学生数、履修学生像、使用教室 ——

今回のプロトタイプ開発のもととなった自主ゼミは通常の学習会が20名強、ワークショップ当日は10名程度の参加で小規模に行ってきている。しかしながら、本学の可動式机で100名定員の教室を念頭においた場合、40〜50名の履修学生が6グループに分かれて討議を行う程度までは授業担当者として対応可能と判断し、あわせて7コース4サブコースの内、半数以上の多様なコースの学生が履修したものとして授業内容を設定している。

4.「(仮称) 教育支援人材論」について

(1) ねらいと目標

今日の学校教育が直面する諸課題を解決し、子どもの最善の利益に向けて、子どもの「能力と発達と学習」を十全に保障するために教師と協働する教育支援人材の現状と課題を知り、自らがめざすべき「教育支援人材」のあり方を主体的に学ぶ。

(2) 授業シラバス (案)

内容は「今日の学校教育事情を児童生徒の多様性、学校教育実践の多様性並びに政策動向から把握するとともに、現時点における教育支援人材の類型論と活動の実際（専門職としての教育支援人材、特別分野を持った教育支援人材、補助者としての教育支援人材、調整者としての教育支援人材）を知り、『教育支援人材』をテーマとしたワークショップを通して、今後さらに深めるべき「教育支援人材」の論点を洞察する」という観点から、図表Ⅵ-5-1のような授業シラバス（案）に整理した。内容構成については筆者の経験値から小学校を想定したものとなっている。

また、シラバスの枠組みとしては①子どもの多様性と学校教育実践の多様性→②それを支える教育支援人材の必要性と協働の課題や政策動向→③教育支援人材の類型と実際→④教育支援人材としての理念とアイデンティティ→⑤「教育支援人材」とは何か、という主体的学び、の5段階で構成している。

第5章　「(仮称) 教育支援人材論」プロトタイプの開発

回	内　容	学習のねらい	参考資料／備考
1	ガイダンス	「教育支援人材」養成をめぐる動向、本講義のねらい、本講義の進め方、他	HATOプロジェクト内教育支援人材養成PJ報告書等
2	今日の学校教育事情	映像資料等を通して、小学校の校内・校外学習における教員以外の人材が関わる様子、特別な支援が必要な児童に対する学級内外における個別支援の様子、専門職と協働した家族支援の様子など、教育支援人材が既に協働し始めている現状を知る。	各種教育DVD、放映番組録画など
3	子どもの多様性・教育実践の多様性と教育支援人材の必要性	第2講でイメージされた学校教育事情を踏まえて、すでに協働し始めている多様な教育支援人材を捉える視点や取り組みの実際、様々な困難な状況に置かれている児童の実態に対する専門的な教育支援人材の必要性をより深く実感することができる。	木原 (2010)、DVD「スクールソーシャルワーカーの仕事」など
4	「チーム学校」の提唱と教育支援人材をめぐる論点	2014年度に提唱された「チーム学校」の枠組みや背景について、教育再生実行会議第五次提言の概要を知るとともに、教師の側の「教育支援人材」に対するスタンスや「教育支援人材」をめぐる論点を理解する。	大澤克美 (2015) 小学校における社会科・理科・体育科の学習指導に関する調査研究報告書など
5	多様な教育支援人材とその実際①	専門職としての教育支援人材とその実際を知る (各種行政・生涯学習機関・スポーツ施設等の教育関連施設や教育関連NPO等において専門職員として雇用され、学校と協働する人材)	松田 (2015)、など ＊なお、可能であれば当該分野のゲストスピーカーや協働経験のある教師を招き、仕事／活動内容に関するショートレクチャー、授業担当者との対談などを通して受講生に学校教育における各教育支援人材のリアリティを伝えることが望ましい。
6	多様な教育支援人材とその実際②	特別分野を持った教育支援人材とその実際を知る (スクールカウンセラー、スクールソーシャルワーカー、学校コンサルタント等の特別分野を持ち、常勤・非常勤として学校と協働する人材)	
7	多様な教育支援人材とその実際③	補助者としての教育支援人材とその実際を知る (情報支援員、学習支援員等の学校内で教師と協働しながら児童生徒を支援したり、ゲストティーチャーや登下校見守りなど地域のボランティアとして学校と協働する人材)	
8	多様な教育支援人材とその実際④	調整者としての教育支援人材とその実際を知る (尼崎市の学力向上推進委員会におけるコーディネーター・アドバイザーや力量ある特別支援教育コーディネーター等、教育支援者としてコーディネートと専門性の両面をもつ教育支援者)	
9	中間まとめ	ワークショップにおける視点の設定に向けた、これまでの「教育支援人材」の整理と検討 (各教育支援人材の特徴・差異、学校・教師と協働する上での課題、子どもが「繰り返し会って欲しい」と望むような教育支援人材の資質等)	ワールドカフェ方式を用い、この方式に慣れることもねらいの一つである。
10	「子どもの権利をまもる」人材の役割	教師も教育支援人材も「子どもの最善の利益」を常に意識しながら、とりわけ学校教育においては子どもの「能力と発達と学習」を全面的に、かつ十二分に保障する必要がある、という理念を児童権利条約等を通して再確認する。	小口尚子・福岡鮎美訳 (1995)『子どものための「子どもの権利条約」』、小学館など
11	教育支援人材としての私たち	履修学生が所属専攻・コース別に「自らの専門性が教育支援人材としてどのように位置づくのか／位置づきうるのか」についてグループディスカッションを行い、各専攻・コースごとに発表し合い、それぞれの特色を知る。	東京学芸大学では新設の教育支援課程・教育支援専攻の7コース4サブコース。
12	ワークショップ準備	第9～11講をベースとした「教育支援人材」を考える視点の整理とプレゼンテーション資料の作成	複数グループで作成し、全体で一つにしあわせる、あるいは複数のプレゼンテーションを準備する、いずれでもよい。
13+14	ワークショップ「教育支援人材って何？」	◆13：00～「教育支援人材」に関するプレゼンテーション (第11講で用意したもの) ◆13：30～ (ワールドカフェ) 方式のワークショップ (45分)×2セッション (学生全員が半分ずつ竹村&加瀬島、宮下&黒川島を必ずまわって、気楽にトークする。学生とゲスト間での化学反応を引き出す手立て) ◆15：00～休憩 ◆15：15～まとめ① (ホワイトボードを用意して、ワールドカフェを通して到達した「教育支援人材」論を集約しつつ議論を展開。2グループの島長同士の化学反応を引き出す手立て) ◆16：10～終了	加瀬進 (2015) 多職種連携教育に向けたワークショップの試み―「教育支援人材って何？」をめぐる討論―、東京学芸大学紀要総合教育科学系II第66集、1-7
15	まとめと評価テスト	先行研究における「教育支援人材」論の到達点と本講義における学びを通してたどり着いた「教育支援人材」論の到達点を比較整理した上で、「教育支援人材の在り方と今後の課題」について論述テストを行う。	

＊木原俊行 (2010) 1-3 定義―教育支援人材の概念と役割／類型、ボランティア概念との関係、日本教育大学協会編『教育支援人材育成ハンドブック』、41-47
＊松田恵示 (2015) 先導的実践プログラム部門　多様な学校環境への取り組み　教育支援人材養成プロジェクト、平成26年度活動概要、56-59

図表Ⅵ-5-1　「(仮称) 教育支援人材論」シラバス案 (2015年10月現在)

5. おわりに

　本取組の提案と並行して、表記共通科目の内容を検討する「カリキュラムWG」にソーシャルワークコース担当者として参画してきた。ここでいう専攻共通科目とは1年次における「教育支援概論」と2年次における「教育支援演習」を指すが、筆者が構想する「(仮称)教育支援人材論」から「(仮称)教育支援協働演習」への展開と軌を一にする東京学芸大学版の「フィールド・トライアル」といえるだろう。

　「教育支援概論」は教育支援専攻の学生185名を2クラスに分け、各コースの担当教員が「基礎講義－ゲストスピーカーによる実践紹介－まとめの講義と小テスト」という構成で3コマずつオムニバス形式により進められる授業である。前期と後期に各々4つのコースの講義を受けることで、1年生段階でE類全コースの概要を知ることを目的としている。

　半期の「教育支援概論」を終えた時点で集約した学生のリアクションであるが、予想以上に他コースの理解と興味を深め、「せっかく複数コースの学生がいるクラスなので、もっと話し合ったりする時間がほしかった」という大切にしたい意見も少なからず見受けることができた。

　今後は本学のみならず、HATOを構成する諸大学における同様の取組の成果と課題を集約・分析して、「教育支援人材」の養成に資する講義・演習・実習の開発に努めていく所存である。

[引用・参考文献]
・加瀬　進（2014）「チームアプローチ力を育てる大学カリキュラム」『平成25年度加瀬WG報告書』
・加瀬　進（2015）「多職種連携教育に向けたワークショップの試み―『教育支援人材って何?』をめぐる討論―」『東京学芸大学紀要　総合教育科学系Ⅱ　第66集』pp.1-7

第 6 章　学生の学外活動への参加から考える
　　　　　チームアプローチの力量形成の可能性

松尾直博

1. はじめに

　教育の現場から聞こえる、教育支援人材（スクールカウンセラーやスクールソーシャルワーカーなど）についての評価は概ねよいものが多い。教師とは異なる専門性と役割を持つ教育支援人材が教育現場に関わることにより、今までは解決困難であった事例で著しい改善、解決が見られたという声も多く聞く。

　しかし、少しではあるが次のような嘆きの声も聞かれる。「人柄はいいと思うんだけど、自分で判断して動けない。動かない。指示したことはやってくれるんだけど。うちのような学校では相談室にこもっていても効果的な仕事はできない」「1 人で勝手に動きすぎる。動くタイミングが悪い。全体を見て、連携しながら動いてほしい」などである。教育現場は、多くの人が関わり合いながら刻々と事態が変化する場所である。自律的な判断力が求められ、同時にさまざまな人と連携しながら、全体を見て、タイミングを見計らって動かなければならない。そのような資質が育っていないと、「指示がないと動けない人」「1 人で勝手に動く人」になってしまう。

　教育支援人材になる人は、学生時代にボランティアなどを経験している人も多い。そこでは、働いたあとに支援の対象となる人との直接の関わり方については、ある程度技術を身につける場合もある。しかし、ボランティアの場合は、ボランティア先の教師などの指示に従ったり、大学の指導教員の指示に従ったりして支援に関わることが多いであろう。学生であり、ボランティアという立場を考えれば当然なのではあるが、それでは自ら判断する力、連携する力がつきにくいのも事実である。

2. 教育支援人材に求められる力量の次元

図Ⅵ-6-1 に、下山（2000）の「心理臨床の三つの次元」を示した。心理臨床とは、主に心理士が行う支援活動等のことであるが、教育支援の現場全体にも参考になる考え方であろう。「コミュニケーション」の次元は、傾聴を中心としながら、対象者とコミュニケーションを行う次元である。相手との関係性を築くことが重要であり、高度な技術は長年の経験で身につくことではあるが、学生がボランティアをしながらもある程度の力は育つと思われる。

「ケースマネジメント」の次元は、事例を見取り、事例の物語を読み取り、どのタイミングでどのような支援を行うかをマネジメントする次元である。ケースマネジメントの力は、学生がボランティアや見学、体験実習ではなかなか身につけられない力である。未熟で、責任を負えない立場である学生に任せるわけにもいかず、現場の指導的な立場の人か、大学教員がケースマネジメントは行い、学生には指示に従わせることが多いであろう。

「システムマネジメント」の次元は、対象者を支援するシステムを構築し、複合的な支援が機能する舞台設定をすることである。人とつながり、人をつなげていく力であり、これも学生がボランティアなどでは獲得することが難しい力である。学生ボランティアという立場では、なかなかシステムを構築したり、修正したりする役割を担わせることが少ないからである。

先に述べた、教育現場から教育支援人材への嘆きは、「ケースマネジメントの

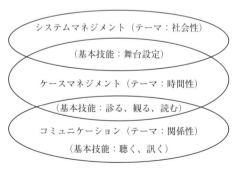

図Ⅵ-6-1　心理臨床の三つの次元（下山、2000）

力」「システムマネジメントの力」が育っていないことが影響しているともいえよう。では、学生という立場では、ケースマネジメント、システムマネジメントの力は育てることはできないのだろうか。学生の姿を見ていると、そうではないと感じることもある。

たとえば大学教員から紹介されたボランティアや、自治体や学校が募集したボランティアに従事する学生は、基本的に従順で、指示に従って動いているように感じるが、自分たちが主体となって活動しているボランティアサークルの上級生などの動きを見ていると、「ケースマネジメントの力」「システムマネジメントの力」が育っているような印象を受ける。イベントを企画し、スケジュールを管理し、子どもなどの参加者との関わり方も自分たちで判断しつつ、時には後輩にアドバイスし、保護者や関係者との大人とも上手に交渉、連携し、活動を成功に導く。大学教員や教育現場の教職員が、学生は未熟で、任せられないと思っているだけで、適切な機会とサポートがあれば、学生は「ケースマネジメントの力」「システムマネジメントの力」を身につけられるのかもしれない。ここで紹介する事例は、筆者が学生の「ケースマネジメントの力」「システムマネジメントの力」を育てることを意図して行った活動である。

3. 学生の学外活動への参加の事例

(1) 事例1：商店街が中心となって主催した
　　　　子どものお仕事体験イベントへの参加

商店街が中心となる実行委員会が主催した、子どものお仕事体験イベントが開催されることを筆者が知り、実行委員と交渉して、企画段階から学生を参加させてもらうことになった。主催団体は東京都国分寺市にある「ぶんじマルシェ実行委員会」であり、イベント名は「ぶんザニア」である。ぶんザニアの内容は、小学生以下の子ども（保護者同伴）が商店街で職場体験をするイベントである。前年（平成25年）、第1回が予定されていたが、台風のため中止となり、実質的にはこの年（平成26年）が第1回目の開催であった。企画段階から継続的に会議に参加したメンバー（「コア・メンバー」と呼ぶ）は、教養系（教員免許の取得を義務づけない課程）のカウンセリング専攻2年生の学生1名であった。この学生は、商店街で行われる週1日の会議に参加したり、実行委員会の方とLINEで

Ⅵ　教育支援を支える大学での「学び」

やりとりしたりなど、企画段階から積極的に関わった。

　イベント当日は、さらに本学からはカウンセリング専攻学生2名（3年生1名、4年生1名）、教員養成系学生3名（3年生3名）が参加した。当日のイベント運営に関わるスタッフは、商店街に勤務する方、他大学の学生など多数である。中心メンバー（実行委員会）を除いて、ほとんどが当日のみの参加である。

　本学学生が主に任されたのは「縁日販売員」パビリオンである。他のパビリオンと同じく、子どもたちがお仕事体験をする場所でもあるが、子どもたちが他のパビリオンでお仕事体験をして手に入れた通貨で買える駄菓子を販売するという複雑な活動を必要とする場所である。主な流れと業務は以下の通りである。

・1時間あたり10名（幼児〜小学生）の子どもが販売員として来る。
・仕事の業務を子どもに伝える。
・1時間の業務を終えたら通貨を子どもに支払う。
・ほとんどが初対面の商店街スタッフ・学生とコミュニケーションを取りながら、店の配置、商品のレイアウト、店のオペレーションを考えて実行する。

　学生たちは、想像以上に業務を的確に行えた。自分たちの判断で、必要な指示を必要な人に聞き、ほぼ初対面の人と的確に連携をとりながら、問題なくイベントを終えた。子どもたちと上手に関わるだけでなく、たくさんの大人とやりとりをしながら、業務を行っていた。ただ駄菓子を売るとか、子どもたちと関わるなどの活動より、包括的で、判断力を問われる活動であったが、十分に役割を果たしたと思われる。特にコア・メンバーだった学生は、実行委員会の方と関係性ができていたため、適切なコミュニケーション、判断ができ、重要な役割を果たしたといえよう。

（2）事例2：公立小中学校の総合的な支援活動への学生の参加

　近隣の小学校1校、中学校1校に本学の教育支援課程設立の目的を説明し、学生がボランティア体験できる場を与えていただきたいと筆者が依頼した。依頼の場にコア・メンバーである研究室の学生2名（いずれも開始時カウンセリング専攻3年生）も同席した。コア・メンバーの学生は、必要に応じて自らも支援者として関わる場合もあるが、主な目的はボランティアのマネジメントである。

①中学校からの依頼と対応

　中学校からは、運動会の静止画と動画の記録者が欲しいという要望があった。運動会当日は、教師は非常に忙しく、生徒の様子を記録に残すのが難しいため、記録者がいると助かるということであった。コア・メンバーの2人が当日記録者として参加した。2年目も同じ依頼があり、この年はコア・メンバーの1人と、教員養成系の学生1名が参加した。

　また、体育の授業のダンスの単元で、サポートしてくれる学生が欲しいという要望があった。コア・メンバー中心になって探したが、人材が見つからなかったため、要望には応えられなかった。人材の確保は、ボランティアのマネジメントにおいて、重要な課題であることが感じられた。

　さらに、中学1年生の地域を回るフィールドワークに、補助者として各班をサポートする学生が欲しいという依頼があった。コア・メンバーが学生、院生に声をかけ、人集めを行った。当日は、カウンセリングコースの1年生2名と、大学院生2名が参加して、生徒たちのサポートを行った。

②小学校からの依頼と対応

　小学校からは授業中に教室に入って、子どもたちをサポートしてくれる人材が欲しいという要望があった。ボラティア募集前に、筆者とコア・メンバーの学生2名で、授業参観を行った。小学校の1週間の時間割の中で、どの曜日のどの時間には学校全体で何人欲しいかという形で要望を学校側でまとめてもらい、コア・メンバーが実際にボランティアとして活動する学生の募集と調整を行った。ボランティア学生の数は、学校からの要望の数には届いていないが活動は概ね順調で、可能であればさらに多くの学生のボランティアに来てもらいたいという要望がある。学校との連絡などは、基本的にコア・メンバーの学生が直接行っている。

4. 教育支援人材養成に必要な学生の体験

(1) 思い切って学生に本物（本物に近いもの）を早めに体験させる

　ここで紹介した事例と、われわれの取組全体を通じて、教育支援人材になる学生に、どのような体験、あるいは体験を通じた学びが必要かを考察してみる。1つは、「Problem Based Learning（問題に基づく学習）」や「Project Based Learning

(プロジェクトに基づく学習)」の可能性である。これらの学習は、与えられた現実的な課題について、少人数のチームで問題解決をめざしていくものである。伝統的な「系統的な学習」とは異なる発想、異なるプロセスを有する学習である。「お仕事体験イベントに企画から参加する」、「学校の課題に合わせたボランティアをマネジメントする」という問題、課題を通じて学ぶことにより、学生は主体的な判断力、大人や学生との交渉術などを学んでいくと予想される。必要な知識を自分で学んだり、大学教員やその他の方に自ら聞いたりしなければいけないことも多く発生する。今回の事例では、アカデミックな学びというよりは、プラクティカルな学びの要素が多かったといえるが、学生は大学生活の早い段階から本物の問題、本物の課題を体験した方が、学ぶことも多いように感じている。

(2) チームアプローチの新しい考え方を取り入れる

　エドモンドソン (2014) で強調されているように、われわれは新しいチームアプローチの発想を取り入れる必要があるだろう。古典的な、ピラミッド構造を持つ、固定的なメンバーで長期間活動するチームというのはこれから減少していき、メンバーも構造も流動的で、短期間プロジェクトに集まり、終わると解散したり、同じ人間が複数のプロジェクトに同時に参加したりするチームが増加していくと考えられる。それは、名詞の「チーム」ではなくて、動詞の「チーミング」を重視する考え方である。流動的なさまざまな組織の中で、的確にチームを形成できる、チーミングの力がこれから必要とされる。それは、教育支援人材においても同様であろう。

　そのためには、学生にさまざまなチームを経験させる（単発イベント。数カ月〜年間の取組など）。チーム構成員の中に、専門性や年齢、文化的な多様性のあるチームを経験させることも重要であろう。立場（学生であるとか、院生であるとか、何年生であるとか）にこだわらず、よい意見は採用し、リーダーシップの取れる者であれば、思い切ってそのような役割と責任のあるポジションにつけることも重要であろう。企画力やリーダーシップ力は、チームアプローチに不可欠なように感じている。

　また、エドモンドソン (2014) に書かれているような「実行する組織」だけでなく、「学習する組織」という発想も必要であろう。現代の複雑な課題に向き合うためには、すでに持っている知識や技能だけで、何かを実行していく組織では

対応できないことも多い。実行しながらも、常に学び続ける組織が求められている。学生の時期にそのようなチームを経験しておくことが、将来の基盤となるであろう。

5. おわりに

　大学教員などの指導的な立場にある者が、学生（チーム）に口を出しすぎたり、筋道をつけすぎたりすると、学生は指導者に依存し、萎縮し、遠慮し、自らの成長を感じ取れなくなる。もちろん、ある程度の配慮や適切なサポートはしつつも、もっと学生に高い期待をして、任せてもよいのではないだろうか。学生が関わる学外の関係者にも、ある程度こちらの意図を伝えておけば、直接学生とコミュニケーションを取っていただけると感じている。

[引用・参考文献]
・エイミー・C・エドモンドソン（2014）『チームが機能するとはどういうことか―「学習力」と「実行力」を高める実践アプローチ』英治出版
・下山晴彦（2000）『心理臨床の基礎1　心理臨床の発想と実践』岩波書店

Ⅵ 教育支援を支える大学での「学び」

第7章 学校外におけるフィールド体験の意義
——「多様なフィールド実習」を通して——

中山弘之

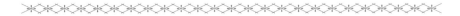

1. はじめに

　愛知教育大学大学院教育実践研究科（以下、愛教大教職大学院）は、学校におけるミドルリーダー、若手のリーダーとなる教員の養成をめざしている。そこでは原則として学校教員として必要な諸力を育成するカリキュラムが編成されているが（共通科目、専門科目、実習科目）、愛教大教職大学院においては、大きな特徴の1つとして、実習科目の中に学校以外の諸機関との連携のあり方について学ぶ科目が置かれている。ここでは、その科目である「多様なフィールド実習」の目的、内容、成果などについて、明らかにしていきたい。

2. 「多様なフィールド実習」の目的

　「多様なフィールド実習」は、2年前期に1週間行われる実習科目である。シラバスによると、この実習の目的は、第一に「多様な児童生徒理解と教育的手法の獲得」である。これは、「学校以外の場において、子ども（利用者）へのサービス提供や支援の手法を体験することで、教師としての児童生徒理解や教育的手法の幅を広げる」というものである。第二は、「社会連携・社会貢献」で、「学校における教育上の目標を達成したり、児童生徒の抱える問題を解決したりするために、多様な機関や団体と連携する方法や、学校として地域社会に貢献する方法を身につける」というものである。

　愛教大教職大学院では、子どもの問題行動に着目しながら子どもの生活背景や発達課題の理解と働きかけの方法を深める科目として、「問題行動の理解と生徒

指導・相談活動の進め方」（共通科目）や「問題行動対応演習」（専門科目）などが設置されているが、「多様なフィールド実習」はこうした科目で得た認識や手法を体験的に検証する場にもなっているといえる。

3．実習先と実習内容

　実習先としては、児童福祉施設・事業、社会教育施設、子育て支援ネットワーク組織、適応指導教室、民間企業などがある。

　児童福祉施設・事業としては、児童養護施設、乳児院、児童自立支援施設、障害児通所支援事業所などがある。児童養護施設・乳児院では、さまざまな事情（虐待、家庭環境など）で家庭での生活ができない子どもへの支援を体験的に学んでいる。児童自立支援施設では、非行歴やさまざまな事情のため家庭で生活できない子どもへの支援を体験的に学んでいる。障害児通所支援事業所は、障がいを持つ子どもと健常児を対象としたデイサービスを体験的に学ぶものである。

　社会教育施設としては、図書館、博物館などがある。図書館では、図書館業務（窓口や配架）全般を体験するとともに、子ども向け図書コーナーの工夫と実際について学ぶ。博物館では、地質・動植物の標本を多数展示している博物館において、博物館業務を体験的に学んでいる。

　子育て支援ネットワークでは、子育て中の保護者向けの講座、行政・民間をつなぐイベントなどへの参加を通して、家庭・地域と学校との子育てネットワークのあり方について学んでいる。

　適応指導教室では、不登校児童生徒への支援を体験的に学んでいる。

　民間企業は、現時点では、新聞社のNIE活動について体験的に学び、また新聞取材の進め方について学ぶ中から、学校における教材研究のあり方や学校と新聞社との連携について考えている。

4．実習の進め方

　「多様なフィールド実習」の進め方は、次の通りである。

　①院生の実習先希望調査を行い、希望をふまえつつ実習先を決定する。②担当教員による事前指導。ここでは特に、主体的に学ぶこと、守秘義務の遵守を中心

Ⅵ　教育支援を支える大学での「学び」

に指導する。③院生が巡回担当教員とともに実習先を事前訪問する。ここで、実習先の概要を知るとともに、実習内容・注意事項を理解する。④院生が実習計画書を作成し提出する。計画書では、フィールドでの活動に関する目標のほか、児童生徒理解や教育的手法についての目標、社会連携・社会貢献についての目標も立てる。巡回担当教員は実習計画書作成に際し、院生に指導助言を行う。⑤実習はおおむね7月から8月に行われる。巡回担当教員は、実習期間中に1回巡回を行う。⑥実習終了後、院生は、実習計画書、実習記録、実習報告書、出勤簿をとりまとめて巡回担当教員に提出する。

5. 実習を通して何を学んでいるのか

　以上のような形で進めている「多様なフィールド実習」において、院生たちは、どのような学びを得ているのだろうか。ここでは、現在国で検討が進められている「チームとしての学校」において、スクールソーシャルワーカーやスクールカウンセラーなどいわば福祉的な職に注目が集まっていることに鑑み、児童福祉施設における実習を例に、実習における学びについて見ていきたい。

　2015年度の「多様なフィールド実習」では、32名の受講生のうち14名が児童福祉施設において実習している（児童養護施設7名、児童自立支援施設2名、障害児通所支援事業所3名、乳児院2名）。実習終了後に提出される実習報告書には受講生の振り返りと学びが記されているが、その記述で注目されるのは、次の3点である。

　第一は、受講生の多くが、子どもへの学校外における生活環境に視野を広げることで子ども理解が深まるということを学んでいることである。たとえば、児童自立支援施設で実習したある院生は、子どもの問題行動に遭遇した際、原因が家庭環境によるものなのか、心理的な発達段階上の課題なのか、あるいは子どもの本人の資質などによるものなのかを見分けながら子どもを理解する視点を学んだという。ここからは、学習指導にとどまらず、子どもの生活場面への支援をも担う児童福祉施設で実習することを通して、子ども理解の方法が深まりを見せていることをうかがい知ることができる。

　第二は、困難を抱える子どもに対する働きかけの配慮を知ることで、子どもへの支援・指導における本質的な視点に迫りつつあることである。たとえば、障害

児通所支援事業所で実習したある院生は、職員の子どもへの働きかけを通して、支援をすべき場面と子ども自身に取り組ませる場面を見極めることの大切さに気づいている。ここには、障害を持つ子どもも含めた子どもへの働きかけの中から、職員の支援・指導の本質的な部分に、実習生が気づきつつある姿を看取することができよう。

　第三は、学校が地域の関係者・関係機関と連携する際、子どもについての情報共有や子ども理解の深化こそが軸となるべきことを学んでいることである。児童養護施設で実習したある院生は、学校と児童養護施設との連携に関して、職員から、児童養護施設の子どもは背負っている背景が大きいことを理解したうえで対応してほしいと言われたという。こうした職員の指摘からは、学校と地域の関係者・関係機関が連携しようとする際、形だけの連携では意味がなく、子どもについての情報共有と子ども理解の深化のためにこそ連携が必要だという問題意識を見て取ることができる。そして、児童福祉の現場におけるこうした問題意識に実習生も学んでいる姿をうかがい知ることができる。

6. おわりに

　子どもが示す困難への支援のためには、教員が学校での姿にとどまらない子どもの生活上の背景を理解し、かつ、こうした子ども理解を軸とした学校以外の諸機関・団体との連携への視野を持つことが必要である。

　「多様なフィールド実習」には課題がないわけではないが、上記のような子ども理解や連携への視野の獲得に向けては、学校外におけるフィールド体験が有効であることを示している。つまり、学校外におけるフィールド体験は、教員をめざす学生が教育支援の考え方を体験的に身につけるうえで意義を持つということができるだろう。

おわりに

　「教育支援」という言葉が、学校や地域の教育現場で頻繁に使われ始めたのは、比較的最近のことである。また、そもそも「教育支援」という教育領域や、それを専門にした研究もまだまとまっては存在しておらず、この概念とそれにつらなる教育の実践的な要請が今後強まるほどに、そのような領域や研究の必要性も高まってくるものと思われる。

　本書の執筆者は、「はじめに」でも記したように、大学が連携したあるプロジェクトに参加した研究者の集まりである。この意味では、決して「教育支援」を対象にした研究のみを専門とする集団ではない。むしろ、個別の専門領域を一方では持ちつつ、「教育支援」という領域に対して、連携と協働を志し、いわば「ダブル・メジャー」の心持ちで携わろうとしている研究者の集まりである。このことはもちろん、本書の内容に関して、弱みでもあれば強みにもなりうる。

　「教育支援」に対する本書における研究者間の「チームアプローチ」が成功しているかどうかは読者に委ねるほかないが、これを礎に、今後も研究と教育を進めていきたいと思う気持ちは強いところではあるので、忌憚のないご意見を、継続的にいただければ大変幸いである。

　最後になったが、本書をこのような形でまとめることができたのも、遅々として進まない原稿執筆や編集作業に対して、根気強く、的確なアドバイスのもと緻密に高いレベルで支えてくださった、編集者の河合篤子さん、ならびに書肆クラルテ社長の秋山洋一さんのおかげである。お二人からいただいた特別なお力添えに応えるためにも、これからの求められる教育のあり方とそれを支える教育者育成に関して、本書をスタートにしっかりと執筆者一同が役割を果たしていくことができればと思うところである。お二人には、心よりのお礼を重ねて申し上げる次第である。

2016年7月

松田恵示、大澤克美、加瀬　進

執筆者紹介（五十音順）

朝倉隆司（あさくら・たかし）　執筆担当：Ⅱ 第3章
東京学芸大学教授（健康社会学、学校保健）
朝倉隆司『養護教諭のための調査研究法入門―疑問や悩みを力に変える！―』少年写真新聞社、2013年
山崎喜比古・朝倉隆司：編著『生き方としての健康科学 第五版』有信堂、2011年

新崎国広（あらさき・くにひろ）　執筆担当：Ⅱ 第4章、Ⅵ 第3章
大阪教育大学准教授（ソーシャルワーク）
新崎国広：編著『なぎさの福祉コミュニティを拓く―福祉施設の新たな挑戦―』大学教育出版、2013年
福祉教育指導資料集『ぬくもり』執筆・監修、大阪府教育委員会、2010年

岩満賢次（いわみつ・けんじ）　執筆担当：Ⅵ 第4章
愛知教育大学准教授（地域福祉論）
「若者支援体制におけるローカル・パートナーシップ組織が与えた影響―子ども・若者支援地域協議会を事例として―」『日本の地域福祉』日本地域福祉学会、28(28) pp. 43-53、2015年
「日英の若年無業者支援の実施体制とローカルガバナンスの関係―地域若者サポートステーションとコネクションズ・サービスに着眼して―」『中国・四国社会福祉研究』日本社会福祉学会中国・四国ブロック：編、創刊号、pp. 10-21、2012年

大澤克美（おおさわ・かつみ）　執筆担当：Ⅰ 第4章
東京学芸大学教授（社会科教育学）
大澤克美：編著『教科教育学シリーズ02 社会科教育』一藝社、2015年
大澤克美『「確かな学力」を育む小学校社会科の授業づくり―これからの学習指導に求められる専門性―』東洋館出版社、2008年

加瀬 進（かせ・すすむ）　執筆担当：Ⅱ 第 2 章、Ⅳ 第 1 章、Ⅵ 第 5 章
東京学芸大学教授（特別支援教育、ソーシャルワーク）
加瀬 進・高森裕子「多職種連携に向けた『サポートブック』の導入と活用実態に関する基礎的研究―2011 年度市区町村悉皆調査を手がかりに―」『東京学芸大学紀要 総合教育科学系Ⅱ』第 64 集、pp. 75-86、2013 年
加瀬 進：編著『福祉と教育の WE コラボ―障害児の〈育ち〉を支える―』エンパワメント研究所、2009 年

木原俊行（きはら・としゆき）　執筆担当：Ⅰ 第 1 章、Ⅵ 第 2 章
大阪教育大学教授（教育方法学、教師教育）
日本教育工学会：監修、木原俊行・寺嶋浩介・島田 希：編著『教育工学的アプローチによる教師教育』ミネルヴァ書房、2016 年
木原俊行『活用型学力を育てる授業づくり―思考・判断・表現力を高めるための指導と評価の工夫―』ミネルヴァ書房、2011 年

君塚仁彦（きみづか・よしひこ）　執筆担当：Ⅲ 第 1 章
東京学芸大学教授（博物館学、歴史学）
君塚仁彦ほか：編著『現代に活きる博物館』有斐閣、2012 年
「国立教員養成大学における博物館実習の特色と可能性」『博物館研究』571 号、2016 年

倉持伸江（くらもち・のぶえ）　執筆担当：Ⅲ 第 2 章
東京学芸大学准教授（社会教育学、成人教育学）
日本社会教育学会：編『地域を支える人々の学習支援―社会教育関連職員の役割と力量形成―』分担執筆、東洋館出版社、2015 年
中村 香・三輪建二：編『生涯学習社会の展開』分担執筆、玉川大学出版部、2012 年

腰越 滋（こしごえ・しげる）　執筆担当：Ⅴ 第 3 章
東京学芸大学准教授（教育社会学）
腰越 滋：編著『(教師のための教育学シリーズ 第 11 巻) 子どもと教育と社会』学文社、2016 年
「読書を支える活動や行動とは何か？：『第 58 回学校読書調査』分析 data の構造方程式モデリング」『東京学芸大学紀要 総合教育科学系Ⅰ』第 65 集、pp.19-34、2014 年

佐藤由佳利（さとう・ゆかり）　執筆担当：Ⅵ　第1章
北海道教育大学教授（臨床心理学）
「学校における子どもの自殺予防プログラム」『北海道教育大学　学校臨床心理学研究』
　　11巻、pp. 19-25、2013年
村瀬嘉代子・傳田健三：編『対人援助者の条件』分担執筆、金剛出版、pp. 233-270、
　　2011年

下村美刈（しもむら・みかり）　執筆担当：Ⅵ　第4章
愛知教育大学教授（臨床心理学）
愛知県健康福祉部：編『家族再生のための地域型家族支援マニュアル』分担執筆、愛
　　知県健康福祉部、2004年
「DV被害女性のPTSDリスク及びロールシャッハに見られる特徴―母子生活支援移
　　設入所中のDV被害女性を対象として―」『愛知教育大学研究報告　教育科学編』
　　第58輯、pp. 73-78、2009年

杉森伸吉（すぎもり・しんきち）　執筆担当：Ⅰ　第3章
東京学芸大学教授（社会心理学）
「個人のチームワーク能力を測定する尺度の開発と妥当性の検討」『社会心理学研究』
　　27(3)、pp. 139-150、2012年
「文化社会心理学の観点からいじめを読み解く」『日本健康相談活動学会誌』3(1)、pp.
　　15-20、2008年

鈴木　聡（すずき・さとし）　執筆担当：Ⅰ　第6章
東京学芸大学准教授（体育科教育学、教師教育）
鈴木直樹・梅澤秋久・鈴木　聡・松本大輔：編著『学び手の視点から創る　小学校の体
　　育授業』大学教育出版、2013年
大貫耕一・鈴木　聡：編著『体育の本質がわかる授業① 低学年の体育』日本標準、
　　2008年

鈴木秀人（すずき・ひでと）　執筆担当：Ⅴ　第2章
東京学芸大学教授（体育科教育学）
鈴木秀人ほか：編著『第四版　小学校の体育授業づくり入門』学文社、2016年
鈴木秀人『変貌する英国パブリック・スクール』世界思想社、2002年

鈴木直樹（すずき・なおき）　執筆担当：Ⅳ　第3章
東京学芸大学准教授（体育科教育学）
鈴木直樹『体育の学びを豊かにする「新しい学習評価」の考え方―学習評価としてのコミュニケーション―』大学教育出版、2008年
鈴木直樹・梅澤秋久・鈴木　聡・松本大輔：編著『学び手の視点から創る　小学校の体育授業』大学教育出版、2013年

田嶌大樹（たじま・ひろき）　執筆担当：Ⅳ　第2章
東京学芸大学特命助教（スポーツ社会学、体育科教育学）
『「教育困難校」における体育授業の存在論的研究』東京学芸大学大学院教育学研究科修士論文（未公刊）、2015年
「学生による教育支援活動に関する調査研究（第一報）」『附属学校と協働した教員養成系大学による「経済的に困難な家庭状況にある児童・生徒」へのパッケージ型支援に関する調査研究プロジェクト　平成27年度報告書』東京学芸大学パッケージ型支援プロジェクト、pp. 39-50、2016年

中西　史（なかにし・ふみ）　執筆担当：Ⅲ　第3章
東京学芸大学講師（植物生理学、生物教育）
「東京都小学校教員の授業に対する意識―社会科と理科を中心に―」『日本教育大学協会研究年報』31、2013年
広木正紀・内山裕之：編著『小・中・高一貫カリキュラムへの改革を先取りした理科の授業づくり―生活に有用な探究的学びや、社会とのつながりを見据えた工夫事例集―』分担執筆、東京書籍、2012年

中山弘之（なかやま・ひろゆき）　執筆担当：Ⅵ　第7章
愛知教育大学准教授（社会教育）
新海英行：編『現代日本社会教育史論』分担執筆、日本図書センター、2002年
川口洋誉・中山弘之：編著『未来を創る教育制度論』分担執筆、北樹出版、2013年

藤本光一郎（ふじもと・こういちろう）　執筆担当：Ⅳ　第4章
東京学芸大学准教授（地質学、地学教育）
産業技術総合研究所：編『地震と活断層』分担執筆、丸善、2004年
長谷川　正・松川正樹：編『小学校教員のための理科教育』分担執筆、東京学芸大学出版会、2011年

松浦 執（まつうら・しゅう）　執筆担当：Ⅰ 第2章
東京学芸大学教授（理科教育）
形の科学会：編『形の科学百科事典』分担執筆、朝倉書店、2004年
T. F. Nonnenmacher, G. A. Losa, E. R. Weibel 編『Fractals in Biology and Medicine』分担執筆、Birkhaeuser、1994年

松尾直博（まつお・なおひろ）　執筆担当：Ⅱ 第1章、Ⅵ 第6章
東京学芸大学准教授（教育心理学、臨床心理学）
小林正幸・橋本創一・松尾直博：編『教師のための学校カウンセリング』有斐閣、2008年
石井正子・松尾直博：編著『教育心理学─保育者をめざす人へ─』樹村房、2011年

松田恵示（まつだ・けいじ）　執筆担当：序章、Ⅰ 第5章
東京学芸大学教授（スポーツ社会学、文化社会学、教育社会学）
井上 俊・永井良和：編著『今どきコトバ事情─現代社会学単語帳─』分担執筆、ミネルヴァ書房、2016年
加野芳正：編著『マナーと作法の社会学』分担執筆、東信堂、2014年

渡部竜也（わたなべ・たつや）　執筆担当：Ⅴ 第1章
東京学芸大学准教授（社会科教育学）
渡部竜也『アメリカ社会科における価値学習の展開と構造』風間書房、2015年
渡部竜也『世界初 市民性教育の国家規模カリキュラム』春風社、2016年

教育支援とチームアプローチ
―― 社会と協働する学校と子ども支援 ――

2016年9月30日　第1版1刷

編　　　者	松田恵示・大澤克美・加瀬　進
発　行　者	秋山洋一
発　行　所	株式会社書肆クラルテ

　　　　　〒603-8237　京都市北区紫野上若草町31-1
　　　　　電話・FAX　075-495-4839
　　　　　ホームページ　http://www.clartepub.co.jp

発　売　元　株式会社朱鷺書房

　　　　　〒533-0031　大阪市東淀川区西淡路1丁目1-9
　　　　　電話　06-6323-3297／FAX　06-6323-3340
　　　　　振替　00980-1-3699
　　　　　ホームページ　http://www.tokishobo.co.jp

印刷・製本　尼崎印刷株式会社

本書を無断で複写・複製することを禁じます。
落丁・乱丁はお取り替えいたします。
定価はカバーに表示してあります。
©2016 Keiji Matsuda & Katsumi Osawa & Susumu Kase
Printed in Japan
ISBN 978-4-88602-655-2　C3037